"十二五"职业教育国家规划教材
经全国职业教育教材审定委员会审定

21世纪高职高专精品教材
财务会计类



Caijing Fagui Yu
Kuaiji Zhiye Daode

# 财经法规与会计职业道德

（第二版）

刘玉梅　林迎春　主编
范雪飞　副主编

东北财经大学出版社
Dongbei University of Finance & Economics Press
大连

**图书在版编目（CIP）数据**

财经法规与会计职业道德 / 刘玉梅，林迎春主编．—2版．—大连：东北财经大学出版社，2015.7（2017.7重印）

（21世纪高职高专精品教材·财务会计类）

ISBN 978-7-5654-2012-2

Ⅰ．财… Ⅱ．①刘… ②林… Ⅲ．①财政法-中国-高等职业教育-教材 ②经济法-中国-高等职业教育-教材 ③会计人员-职业道德-高等职业教育-教材 Ⅳ．①D922.2 ②F233

中国版本图书馆CIP数据核字（2015）第152238号

东北财经大学出版社出版

（大连市黑石礁尖山街217号 邮政编码 116025）

教学支持：（0411）84710309

营 销 部：（0411）84710711

总 编 室：（0411）84710523

网 址：http：//www.dufep.cn

读者信箱：dufep@dufe.edu.cn

大连力佳印务有限公司印刷 东北财经大学出版社发行

幅面尺寸：185mm×260mm 字数：371千字 印张：16.5

2015年7月第2版 2017年7月第6次印刷

责任编辑：张旭凤 张爱华 责任校对：孙 萍

封面设计：冀贵收 版式设计：钟福建

定价：28.00元

# 第二版前言

作为财务活动的主体，会计人员的行为会直接影响会计信息的真实与否，因此会计工作特定的职业使命要求会计人员严格遵守国家的财经法规，切实贯彻国家的会计制度，充分履行会计监督的职责，行使好会计的各种职能。财经法规是会计各项工作的强制性规范，职业道德则贯穿于会计工作的所有领域和整个过程，是通过将外在的要求转化为内在的精神动力而发挥作用的非强制性规范。财经法规与会计职业道德是会计工作环境的精华所在。

高职高专财会类专业的毕业生除了要具备较高的会计专业理论和技能之外，还需要极强的法制观念和职业道德观念。本书依照财政部最新企业会计准则以及2014年修订的《会计从业资格考试大纲》的“财经法规与会计职业道德”部分，结合高职高专教学特点编写而成，既贴近实务工作案例，又有针对性地联系应考题目，在满足学生理论联系实际的学习要求的同时，便于学生参加会计从业资格考试。

本书各章开篇的“知识全景图”便于学生了解各章知识体系；“实务指南”是各节知识点在实务中的具体应用和拓展，引导学生理论联系实际；“考场指南”则梳理归纳了每一章的考点，便于学生备考。

本书由辽宁金融职业学院刘玉梅、林迎春任主编，范雪飞任副主编，具体分工如下：刘玉梅编写第一章，林迎春编写第二章和第四章，范雪飞编写第三章和第五章。

在本书编写过程中，我们参阅了大量文献资料，在此向相关作者表示诚挚的谢意！

由于时间仓促，作者水平有限，书中错误或遗漏在所难免，敬请各位读者批评指正。

编　者

2015年5月

# 目　录

# 第一章　会计法律制度

## 知识全景图

- 会计法律制度
  - 体系构成
    - 会计法律
    - 会计行政法规
    - 会计部门规章
    - 地方性会计法规
  - 会计工作管理体制
    - 行政管理
    - 自律管理
    - 单位会计工作管理
  - 法规内容
    - 会计核算
      - 会计核算的总体要求
      - 会计凭证
      - 会计账簿
      - 财务会计报告
      - 财产清查
      - 会计档案管理
    - 会计监督
      - 单位内部会计监督
      - 政府监督
      - 社会监督
    - 会计机构和人员
      - 会计机构的设置
      - 代理记账
      - 会计从业资格
      - 会计专业职务及会计专业技术资格
      - 会计工作岗位设置
      - 会计人员的工作交接
  - 法律责任
    - 行政责任
      - 行政处分
      - 行政处罚
    - 刑事责任
      - 主刑
        - 管制
        - 拘役
        - 有期徒刑
        - 无期徒刑
        - 死刑
      - 附加刑
        - 罚金
        - 剥夺政治权利
        - 没收财产

## ◆ 学习目标

1. 了解我国会计法律制度的构成、基本内容及制定权限
2. 了解会计工作管理体制的内容
3. 掌握会计核算的基本要求，熟知会计凭证、会计账簿、财务会计报告和会计档案的主要内容
4. 了解我国“三位一体”的会计监督体系
5. 掌握会计机构设置和会计人员配备的基本要求
6. 了解会计违法行为的特征及应承担的法律责任

## 案例导引

**会计新生入学启蒙**

小王是高职会计专业大一新生的辅导员，开学伊始，同学们对所学专业还一无所知，不知道要学些什么、怎么学。为了解决同学们心中的困惑，提高学习动力，小王组织了“职业生涯规划”的主题班会。会上，她为同学们准备了两份法规文件——《中华人民共和国会计法》(以下简称《会计法》)和《会计基础工作规范》。她解释说：“会计工作是政策性和专业性都很强的技术工作，所以受欢迎的会计人员必须熟知会计法律制度，熟练掌握会计专业技术，并具有良好的职业道德。《会计法》在会计法律体系中具有最高的法律效力，《企业会计制度》、《企业会计准则》的颁布实施都要遵照《会计法》的基本原则。这些是我们要学习的主要理论知识。《会计基础工作规范》是对所有单位会计基础工作的基本规范，是我们要学习的主要专业技术。”会后，小王给同学们布置了作业：①阅读并熟悉《会计法》和《会计基础工作规范》两份法规文件；②确定自己的初级目标；③查找目前我国实行的其他会计法律法规，了解其基本内容。

请问：如何理解会计工作的“政策性”和“专业性”?

分析提示：“政策性”是指会计人员要熟知国家经济、财税政策及各项法律制度。“专业性”是指熟悉会计工作流程，规范制作会计凭证、登记账簿、对账、编制报表和财产清查；熟悉银行业务和报税流程；熟练应用财务软件和办公软件。

# 第一节　会计法律制度的构成

会计法律制度是指由国家权力机关和行政机关制定的，用来规范各种会计工作的各项规范性文件的总称。目前，我国会计法律制度体系主要包括会计法律、会计行政法规、会计部门规章、地方性会计法规。

## 一、会计法律

会计法律是指由全国人民代表大会及其常务委员会经过一定立法程序制定的有关会计工作的法律。我国目前有两部会计法律，分别是《中华人民共和国会计法》和《中华人民共和国注册会计师法》（以下简称《注册会计师法》）。

### （一）《会计法》

1985年1月21日第六届全国人民代表大会常务委员会第九次会议通过了《会计法》，自1985年5月1日起施行；1993年12月29日第八届全国人民代表大会常务委员会第五次会议通过了《关于修改〈中华人民共和国会计法〉的决定》，自公布之日起施行；1999年10月31日第九届全国人民代表大会常务委员会第十二次会议修订《会计法》，自2000年7月1日起施行。现行的《会计法》共有7章52条，主要对会计工作总则、会计核算、公司和企业会计核算的特别规定、会计监督、会计机构和会计人员以及法律责任等方面作了具体的规定。

《会计法》是会计法律制度中层次最高的法律规范，是制定其他会计法规的依据，也是指导和规范会计工作的最高准则。

1.《会计法》的立法宗旨

《会计法》的立法宗旨是规范会计行为，保证会计资料真实、完整，加强经济管理和财务管理，提高经济效益，维护社会主义市场经济秩序。

2.《会计法》的适用范围

法律的适用范围一般是指法律的效力范围，包括三个方面的内容，即法律的适用对象、法律在地域上的适用范围以及法律在时间上的效力范围。

（1）《会计法》的适用对象。

《会计法》的调整对象是会计机构、会计人员及其领导与会计主管机关及其他有关机关之间的监督管理关系。根据《会计法》的调整对象，《会计法》适用两类人：一是办理会计事务的单位和个人，根据第二条的规定，包括国家机关、社会团体、公司、企业、事业单位和其他组织；二是会计主管机关和其他有关机关，包括各级财政部门以及审计、税务、人民银行、证券监管、保险监管等部门。

（2）《会计法》在地域上的适用范围。

《会计法》对地域适用范围未作规定。根据我国法律的习惯，应理解为适用于除中国香港特别行政区、澳门特别行政区、台湾地区之外的中华人民共和国领域。中国香港特别行政区、澳门特别行政区、台湾地区的会计事务不受《会计法》约束。

按照国际通行的惯例，企业国籍以设立地为依据。在中国境外设立的中国投资企业，以所在国的法律为依据设立，属于所在国法人，应当执行所在国的法律，不受中国法律的约束。但是，这些企业在向国内提供财务会计报告和其他会计资料时，应当按照国内法律和投资主体的要求进行。至于我国驻外使领馆等，由于不受外国管辖又不与所在国直接发生经济业务，所以只执行国内会计法律，不执行所在国的会计法律。

（3）《会计法》在时间上的效力范围。

从2000年7月1日起，1999年10月31日经修订发布的《会计法》发生法律效力，修订前的《会计法》效力终止。修订后《会计法》对2000年7月1日以前发生的会计行为，没有追溯力。

**(二)《注册会计师法》**

《注册会计师法》于1993年10月31日，经第八届全国人民代表大会常务委员会第四次会议通过，1993年10月31日中华人民共和国主席令第十三号公布，自1994年1月1日起施行；2014年8月31日，根据第十二届全国人民代表大会常务委员会第十次会议通过的《全国人民代表大会常务委员会关于修改〈中华人民共和国保险法〉等五部法律的决定》修改。

1.《注册会计师法》的立法宗旨

《注册会计师法》共有7章46条，其立法宗旨是为了发挥注册会计师在社会经济活动中的鉴证和服务作用，加强对注册会计师的管理，维护社会公共利益和投资者的合法权益，促进社会主义市场经济的健康发展。《注册会计师法》对注册会计师行业管理体制、注册会计师考试和注册、会计师事务所组织形式和业务范围以及法律责任等进行了系统规范，为注册会计师行业发展提供了有力的法律保障。

2.《注册会计师法》的适用范围

(1)《注册会计师法》的适用对象。

《注册会计师法》的适用对象是注册会计师、会计师事务所及注册会计师协会。注册会计师是指依法取得注册会计师证书并接受委托从事审计和会计咨询、会计服务业务的执业人员。注册会计师执行业务应当加入会计师事务所，可依法承办会计咨询、会计服务业务。会计师事务所是依法设立并承办注册会计师业务的机构。会计师事务所可以由注册会计师合伙设立，合伙人对会计师事务所的债务承担连带责任。注册会计师协会是由注册会计师组成的社会团体。注册会计师应当加入注册会计师协会。中国注册会计师协会依法拟定注册会计师执业准则、规则，报国务院财政部门批准后施行。

(2)《注册会计师法》在地域上的适用范围。

《注册会计师法》适用除中国香港特别行政区、澳门特别行政区、台湾地区之外的中华人民共和国领域。《注册会计师法》第二十九条规定："会计师事务所受理业务，不受行政区域、行业的限制，但是，法律、行政法规另有规定的除外。"此外，《注册会计师法》第四十四条还规定："外国人申请参加中国注册会计师全国统一考试和注册，按照互惠原则办理。外国会计师事务所需要在中国境内临时办理有关业务的，须经有关的省、自治区、直辖市人民政府财政部门批准。"

(3)《注册会计师法》在时间上的效力范围。

修改后的《注册会计师法》自2014年8月31日起施行。

**【例1-1】**(判断)我国会计法律制度中层次最高的法律规范是《会计法》和《注册会计师法》。(　　)

【解析】×。《注册会计师法》是为加强对注册会计师的管理，规范会计师事务所及注册会计师行为而制定的会计法律，而《会计法》才是调整我国经济生活中会计关系的总规范，是会计法律制度中层次最高的法律规范，是指导和规范会计工作的最高准则，也是制定其他会计法规的依据。

## 二、会计行政法规

会计行政法规是指由国务院制定并发布，或者由国务院有关部门拟订并经国务院批准发布，调整经济生活中某些方面会计关系的法律规范。例如，国务院发布的《总会计师条例》、《企业财务会计报告条例》等。

《总会计师条例》是国务院于1990年12月31日发布的，根据2011年1月8日《国务院关于废止和修改部分行政法规的决定》修订，是对《会计法》中有关规定的细化和补充，主要规定了单位总会计师的职责、权限、任免、奖惩等。

《企业财务会计报告条例》是国务院2000年6月21日发布的，自2001年1月1日起实施。它是对《会计法》中有关财务会计报告规定的细化。它主要规定了企业财务会计报告的构成、编制、对外提供的要求和法律责任等。

## 三、会计部门规章

会计部门规章是指国家主管会计工作的行政部门即财政部以及其他相关部委根据法律和国务院的行政法规、决定、命令，在本部门的权限范围内制定的、调整会计工作中某些方面内容的国家统一的会计准则制度和规范性文件。它包括国家统一的会计核算制度、会计监督制度、会计机构和会计人员管理制度及会计工作管理制度等。国务院其他部门根据其职责权限制定的会计方面的规范性文件也属于会计部门规章，但必须报财政部审核或者备案。会计部门规章不得与宪法、法律和行政法规相违背，其效力低于宪法、法律和行政法规。例如，《会计基础工作规范》、《财政部门实施会计监督办法》、《企业会计准则——基本准则》、《企业会计准则——具体准则》、《企业会计准则——应用指南》、《会计从业资格管理办法》等。

《会计基础工作规范》于1996年6月17日以财政部第19号部长令签发，适用于国家机关、社会团体、企业、事业单位、个体工商户和其他组织的会计基础工作。其内容主要包括会计机构的设置和会计人员的配备、会计人员的职业道德、会计工作交接、会计核算的一般要求、填制会计凭证、登记会计账簿、编制财务报告、会计监督、内部会计管理制度等。

《财政部门实施会计监督办法》于2001年2月20日以财政部第10号部长令签发，是财政部为了规范财政部门会计监督工作，保障财政部门有效实施会计监督，保护公民、法人和其他组织的合法权益，根据《会计法》、《中华人民共和国行政处罚法》（以下简称《行政处罚法》）、《企业财务会计报告条例》等有关法律、行政法规制定的。它适用于国务院财政部门及其派出机构和县级以上地方各级人民政府财政部门对国家机关、社会团体、公司、企业、事业单位和其他组织执行《会计法》与国家统一的会计制度的行为实施监督检查以及对违法会计行为实施行政处罚。

财政部于2006年2月15日以第33号令形式发布的《企业会计准则——基本准则》、财政部分别于2006年2月15日和2006年10月30日以文件形式印发的《企业会计准则——具体准则》（共38个）和《企业会计准则——应用指南》构成了目前我国的企业会计准则体系。

财政部于2006年12月4日以第41号令形式发布的《企业财务通则》，于2007年1月1日起在上市公司范围内施行，并鼓励其他企业执行。新《企业财务通则》共10章78条，包括总则、企业财务管理体制、资金筹集、资产运营、成本控制、收益分配、重组清算、信息管理、财务监督及附则。

**【例1-2】**（判断）我国2006年2月15日由财政部发布的《企业会计准则——基本准则》及《企业会计准则——具体准则》均属于会计部门规章。（　　）

【解析】√。《企业会计准则——基本准则》、《企业会计准则——具体准则》（共38个）和《企业会计准则——应用指南》均属于会计部门规章。

**【例1-3】**（多选）下列各项中，属于会计部门规章的是（　　）。

A.《会计从业资格管理办法》　　B.《会计人员继续教育规定》

C.《企业会计准则第1号——存货》　　D.《企业会计准则——应用指南》

【解析】ABCD。除了会计法律和行政法规之外，都属于会计部门规章。

## 四、地方性会计法规

地方性会计法规是指由省、自治区、直辖市人民代表大会或其常务委员会在同宪法、会计法律、会计行政法规、会计部门规章不相抵触的前提下，根据本地区情况制定发布的关于会计核算、会计监督、会计机构和会计人员以及会计工作管理的规范性文件。例如，《四川省会计管理条例》、《辽宁省会计管理条例》、《湖南省实施〈中华人民共和国会计法〉办法》。

地方性会计法规仅在本行政辖区内有法律效力。计划单列市、经济特区的人民代表大会及其常务委员会在宪法、会计法律和会计行政法规允许范围内制定的会计规范性文件，也属于地方性会计法规。

**实务指南**

### 关于现行各会计制度、会计准则适用范围的总结

现行的会计制度、会计准则各有不同的适用范围，不同类型的企业如何选择呢？

目前我国的会计制度体系比较特殊，一方面是制度与准则并行，另一方面是相对统一的制度与行业制度并行。目前相对统一的制度也另有区分：首先，分为营利性组织会计制度和非营利性组织会计制度。其中营利性组织会计制度包括《企业会计制度》、《小企业会计制度》和《个体工商户会计制度》等。这些制度实际上取代了以前的分行业会计制度，与企业会计准则并行。非营利性组织会计制度包括《事业单位会计制度》、《民间非营利组织会计制度》、《村集体经济组织会计制度》等。其次，在统一的会计制度之下，针对一些具有特殊性的行业发布了会计核算办法，如《施工企业会计核算办法》、《水运企业会计核算办法》、《信托业务会计核算办法》、《电影企业会计核算办法》、《铁路运输企业会计核算办法》、《农业企业会计核算办法》、《投资公司会计核算办法》、《保险中介公司会计核算办法》、《新闻出版业会计核算办法》等。最后，还针对一些特殊业务公布了一系列的会计处理规定，如《企业交纳土地增值税会计处理规定》、《民航基础设施建设基金有关会计处理规定》、《民航机场管理建设费征收管理方式改革后有关会计

处理规定》等。

以上可以大致发现，因个人独资企业和合伙企业本身的特殊性，目前并没有直接适用于这两种形式企业的会计制度。《小企业会计制度》中特别规定，执行《小企业会计制度》的范围不包括以个人独资及合伙形式设立的小企业。这是因为：无论《企业会计制度》还是《小企业会计制度》，针对的都是公司制企业的法律、组织和经济特性制定的会计制度，而合伙和个人独资企业作为应该负无限责任的非法人企业，与公司制企业有着本质的差别。比较之下，其法律和经济特性都更接近于个体工商户，而且其损益和权益业务的特性也更适宜采用《个体工商户会计制度》。

资料来源　新华社.财税会计[EB/OL].[2015-04-06].http：//www.gx.xinhuanet.com/gxzj/school/wz01/zp5.htm.

**考场指南**

1.我国会计法律制度体系：由会计法律、会计行政法规、会计部门规章、地方性会计法规构成。

2.会计法律：由全国人民代表大会及其常务委员会制定，有《会计法》、《注册会计师法》等。

3.会计行政法规：由国务院制定并发布，有《总会计师条例》、《企业财务会计报告条例》等。

4.会计部门规章：《财政部门实施会计监督办法》、《会计从业资格管理办法》、《代理记账管理办法》、《企业会计准则——基本准则》等均属于会计部门规章。

5.地方性会计法规：冠以省、自治区、直辖市等地方名称的会计法规均属于地方性会计法规。

# 第二节　会计工作管理体制

会计工作管理体制是划分会计管理工作职责权限关系的制度，包括会计工作管理的组织形式、管理权限的划分、管理机构的设置等内容。目前，我国已形成了行政管理、自律管理和单位会计工作管理各有侧重、相辅相成的会计工作管理体制。

## 一、会计工作的行政管理

我国会计工作的行政管理遵循“统一领导，分级管理”的原则，国务院财政部门主管全国的会计工作，县级以上地方各级人民政府财政部门管理本行政区域内的会计工作。财政部门履行的会计行政管理职能主要有：

### （一）会计准则制度及相关标准规范的制定和组织实施

会计准则制度及相关标准规范的制定和组织实施是财政部门管理会计工作最基本的职能，这是保证会计信息质量可靠、维护社会主义市场经济秩序稳定的重要保障。我国的会计准则制度及相关标准规范是指企事业单位会计准则及其应用指南、会计制度、内部控制规范和会计信息化标准等，其制定权在财政部，有关部门和地方应在财政部的统一规划和指导下，做好组织实施工作。

**（二）会计市场管理**

会计市场管理是社会主义市场经济条件下财政部门管理会计工作的一项重要职能，会计工作的性质决定了政府对会计市场必须进行管理。我国财政部门对会计市场的管理主要包括会计市场的准入、运行和退出管理。

会计市场的准入管理是指财政部门对会计从业资格的取得、代理记账机构的设立、注册会计师资格的取得及注册会计师事务所的设立等所进行的条件设定。

会计市场的运行管理是指财政部门对获准进入会计市场的机构和人员是否遵守各项法律法规，依据相关准则、制度和规范执行业务的过程及结果所进行的监督和检查。需要说明的是，获准进入会计市场的机构和人员是否持续符合相关的资格和条件，也属于会计市场的运行管理范畴。

会计市场的退出管理是指财政部门对在执业过程中有违反《会计法》、《注册会计师法》行为的机构和个人进行处罚，情节严重的，吊销其执业资格，强制其退出会计市场。

另外，会计市场管理还包括对会计培训市场的管理，其重点主要是对会计培训的师资、场所、教材、内容、要求及培训质量进行监督和检查，确保培训市场规范有序。

**（三）会计专业人才评价**

会计工作是一项专业性和政策性都很强的技术工作。为保证会计工作、会计资料的真实性、合法性和完整性，财政部对具体办理会计事务的会计人员的从业资格、职业道德、专业能力等方面作出了明确规定，建立了适用于不同层次、专业水准和能力要求的会计人才评价机制，从而对我国各类会计专业人才进行科学合理的评价，不断促进会计专业人才队伍的建设，提高会计职业素质。

目前，我国已初步形成了一个包含会计从业资格，初级、中级、高级会计专业技术资格，正高级会计师资格（含全国会计领军人才）的具有梯度发展级次的会计人才培养评价体系。会计从业资格需要通过考试取得，这是会计工作的一种准入机制，主要由各省级财政部门负责组织实施。初级、中级、高级会计专业技术资格也需要通过考试取得。会计专业技术资格考试实际上是对初级、中级和高级会计人才评价的一种方式，具体由财政部门组织实施，人力资源和社会保障部门进行监督指导。此外，财政部和地方财政部门对先进会计工作者的表彰奖励也属于会计人才评价的范畴。

**（四）会计监督检查**

会计监督检查是会计的基本职能之一，是我国经济监督体系中的重要组成部分，经济越发展，越需要加强会计监督检查。会计监督检查是规范会计秩序，依法打击违法行为，保证会计信息质量，保护国家、投资者、债权人及社会公众等各方面利益，维护社会主义经济秩序的重要手段。会计监督检查也是财政部门管理会计工作的重要职能。我国财政部门实施的会计监督检查包括会计信息质量检查和会计师事务所执业质量检查。对会计信息质量检查主要是综合治理会计信息失真问题，提高会计信息质量；对会计师事务所执业质量检查主要是确保注册会计师客观公正地发挥审计鉴证作用。财政部门在会计监督检查中对违反《会计法》、《注册会计师法》等会计法律法规的行为有权依法实施行政处罚。

**【例1-4】**（单选）我国财政部门履行会计行政管理的最基本职能是（　　）。

A.会计监督检查

B.会计市场管理

C.会计准则制度及相关标准规范的制定和组织实施

D.会计专业人才评价

【解析】C。会计准则制度及相关标准规范的制定和组织实施是保证会计信息质量可靠、维护社会主义市场经济秩序稳定的重要保障，因此它是财政部门管理会计工作最基本的职能。

**【例1-5】**（多选）我国财政部门对会计市场的管理主要包括（　　）。

A.会计市场的准入管理

B.会计市场的运行管理

C.会计市场的退出管理

D.会计培训市场的管理

【解析】ABCD。我国财政部门对会计市场的管理主要包括会计市场的准入、运行和退出管理。除此之外，会计市场管理还包括对会计培训市场的管理，其重点主要是对会计培训的师资、场所、教材、内容、要求及培训质量进行监督和检查，确保会计培训市场规范有序。

## 二、会计工作的自律管理

会计工作的自律管理不同于行政管理，是指相关会计行业协会或组织根据会员一致的意愿，自行制定规则，并据此对各成员进行管理，以促进成员之间的公平竞争和本行业的有序发展。会计行业的自律管理有利于从另一方面进一步督促会计人员依法开展会计工作、树立良好的行业风气、促进行业的健康发展，是对会计工作的行政管理的一种非常有益的补充。我国目前会计工作的自律管理组织主要有中国注册会计师协会、中国会计学会和中国总会计师协会。

### （一）中国注册会计师协会

注册会计师协会是指由注册会计师组成的社会团体，履行行业自律管理职能。中国注册会计师协会是注册会计师的全国组织，省、自治区、直辖市注册会计师协会是注册会计师的地方组织。中国注册会计师协会的宗旨是服务、监督、管理、协调，即以诚信建设为主线，服务本会会员，监督会员执业质量、职业道德，依法实施注册会计师行业管理，协调行业内、外部关系，维护社会公众利益和会员合法权益，促进行业健康发展。

中国注册会计师协会依法拟定注册会计师执业准则、规则，报国务院财政部门批准后施行。注册会计师协会应当支持注册会计师依法执行业务，维护其合法权益，向有关方面反映其意见和建议，并对注册会计师的任职资格和执业情况进行年度检查。对违反行业自律管理规范的行为，注册会计师协会予以惩戒。注册会计师应当加入注册会计师协会。

### （二）中国会计学会

中国会计学会创建于1980年，是财政部所属由全国会计领域各类专业组织，以及会计理论界、实务界会计工作者自愿结成的学术性、专业性、非营利性社会组织。

中国会计学会的业务范围是：①组织协调全国会计科研力量，开展会计理论研究和学术交流，促进科研成果的推广和运用；②总结我国会计工作和会计教育经验，研究和推动会计专业的教育改革；③编辑出版会计刊物、专著、资料；④发挥学会的智力优势，开展多层次、多形式的智力服务工作，包括组织开展中高级会计人员培养、会计培训和会计咨询与服务等；⑤开展会计领域国际学术交流与合作；⑥发挥学会联系政府与会员的桥梁和纽带作用，接受政府和其他单位委托，组织开展有关工作；⑦其他符合学会宗旨的业务活动。

**【例1-6】**（判断）我国对会计工作的管理主要是依靠财政部门所进行的行政管理。（　）

【解析】×。在我国，除了依靠财政部门履行会计行政管理职能之外，还需要会计自律管理组织从另一方面进一步督促会计人员依法开展会计工作，自律管理是对会计工作的行政管理的一种非常有益的补充。

### （三）中国总会计师协会

中国总会计师协会是经财政部审核同意，民政部正式批准，依法注册登记成立的跨地区、跨部门、跨行业、跨所有制的非营利性国家一级社团组织，是总会计师行业的全国性自律组织，其主管单位和业务指导单位均为国务院财政部，是由全国企业、行政事业单位总会计师和履行总会计师职责的会计师自愿结成的全国性组织、行业自律组织、非营利性社会组织，具有社会团体法人资格。

其中，总会计师包括总会计师、首席财务官、管理合伙人、财务主管、财务总监等；履行总会计师职责的会计师包括在企业、行政事业单位和民间非营利组织中的会计师。

中国总会计师协会的业务范围是：①依照有关规定，组织开展总会计师、履行总会计师职责的会计师及高级财会人员的岗位培训和继续教育；组织开展会计人员岗位培训和继续教育；②组织开展总会计师任职资格认证和总会计师后备人员的职业资质培训认证工作；③依法主办本会的刊物和网站，编辑出版本会业务范围内相关的书籍、资料，以各种形式开展行业宣传和业务培训；④组织会计理论研究，开展专题调研，提供政策建议；⑤组织会计信息交流，开展业务咨询服务；⑥代表我国总会计师行业开展对外交流和国际交往活动；⑦制定行业自律规范，开展诚信守法教育，促进会计人员树立良好职业道德；⑧为维护会员合法权益提供法律帮助；⑨接受财政部和有关部门授权和委托，组织开展有关工作。

## 三、单位会计工作管理

我国财政部门对会计工作的管理是一种社会管理，属于外部管理活动，而单位作为法人独立进行的会计工作则属于单位内部的管理活动。单位会计人员从事会计工作，应由所在单位负责组织管理。单位会计工作管理主要包括单位会计工作管理的责任主体、会计人员的管理制度和任职资格以及单位内部会计管理制度。

各单位内部会计管理应建设哪些制度，各项制度应包括哪些内容，并无统一规定和要求。不同地区、不同部门和行业的会计单位可根据自身会计核算和业务管理的需要、自身内部控制系统的状况以及查错防弊的设计，作出不同的选择。

通常情况下，单位内部会计管理制度包括：会计人员岗位责任制度、账务处理程序制度、内部牵制制度、稽核制度、原始记录管理制度、定额管理制度、财务收支审批制度等。

**（一）单位负责人的职责**

单位会计工作管理的责任主体是单位负责人。我国《会计法》规定，单位负责人负责单位内部的会计工作管理，应当保证会计机构、会计人员依法履行职责，不得授意、指使、强令会计机构和会计人员违法办理会计事项，并对本单位的会计工作和会计资料的真实性、完整性负责。

单位负责人是指单位法定代表人或者法律、行政法规规定代表单位行使职权的主要负责人。单位法定代表人（也称法人代表）是指依法代表法人单位行使职权的负责人，如公司制企业的董事长（执行董事或经理）、国有企业的厂长（经理）、国家机关的最高行政长官等。法律、行政法规规定代表单位行使职权的主要负责人是指依法代表非法人单位行使职权的负责人，如代表合伙企业执行合伙企业事务的合伙人、个人独资企业的投资人等。

单位负责人对会计工作负责的具体内容包括以下三个方面：①依法设置会计机构和会计人员；②依法从事会计行为；③单位负责人应承担违法责任。

**【例1-7】**（判断）某单位为加强内部管理，进一步健全岗位责任制，规定由会计机构负责人负责本单位内部的会计工作管理。（　　）

【解析】×。根据我国《会计法》的规定，单位负责人负责单位内部的会计工作管理，并对本单位的会计工作和会计资料的真实性和完整性负责。单位负责人是指单位法定代表人或者法律、行政法规规定代表单位行使职权的主要负责人。会计机构负责人不是单位负责人，显然没有负责本单位内部会计工作管理的职权。

**【例1-8】**（多选）下列属于单位负责人的包括（　　）。

A.单位的法定代表人　　B.个人独资企业的投资人

C.代表合伙企业执行合伙企业事务的合伙人　　D.公司的副经理

【解析】ABC。单位负责人是指单位法定代表人或者法律、行政法规规定代表单位行使职权的主要负责人。

**（二）会计机构的设置**

会计机构是指单位内部设置的办理会计事务的职能部门。会计人员是指依法在会计岗位上直接从事会计工作的人员。建立健全会计机构，配备数量和质量都相当的、具备从业资格的会计人员是各单位做好会计工作，充分发挥会计职能作用的重要保证。

各单位应当根据会计业务的需要，设置会计机构，或者在有关机构中设置会计人员并指定会计主管人员；不具备设置条件的，应当委托经批准设立从事会计代理记账业务的中介机构代理记账。

**(三) 会计人员的选拔任用**

《会计法》规定，从事会计工作的人员，必须取得会计从业资格证书。担任单位会计机构负责人（会计主管人员）的，除取得会计从业资格证书外，还应当具备会计师以上专业技术职务资格或从事会计工作3年以上经历。聘任会计专业职务应当通过相应级别的会计专业技术资格考试或考评，担任总会计师应当在取得会计师任职资格后，主管一个单位或者单位内一个重要方面的财务工作时间不少于3年。除总会计师职务之外，会计人员取得相关资格或符合有关任职条件后，能否具体从事相关工作，一般由所在单位自行决定。

《会计从业资格管理办法》规定，各单位不得任用（聘用）不具备会计从业资格的人员从事会计工作。不具备会计从业资格的人员，不得从事会计工作，不得参加会计专业技术资格考试或评审、会计专业职务的聘任，不得申请取得会计人员荣誉证书。

**(四) 会计人员回避制度**

回避制度是指为了保证执法或者执业的公正性，对可能影响其公正性的执法或者执业人员实行职务回避和业务回避的一种制度。回避制度已成为我国人事管理的一项重要制度。在会计工作中，由于亲情关系而共同作弊和违法违纪的案件时有发生，因此在会计人员中实行回避制度十分必要。

《会计基础工作规范》第十六条规定："国家机关、国有企业、事业单位任用会计人员应当实行回避制度。单位领导人的直系亲属不得担任本单位会计机构负责人、会计主管人员。会计机构负责人、会计主管人员的直系亲属不得在本单位会计机构中担任出纳工作。需要回避的直系亲属包括夫妻关系、直系血亲关系、三代以内旁系血亲以及配偶亲关系。"

**考场指南**

1. 我国会计工作管理体制主要包括会计行政管理、自律管理、单位会计工作管理等内容。

2. 我国会计工作管理体制的总原则是统一领导、分级管理。

3. 国务院财政部门主管全国的会计工作，县级以上地方各级人民政府财政部门管理本行政区域内的会计工作。

4. 单位负责人负责单位内部的会计工作管理，应当保证会计资料真实完整，保证会计机构和会计人员依法履行职责，不得授意、指使、强令会计机构和会计人员违法办理会计事项。

## 第三节　会计核算

会计核算是会计的基本职能之一，是会计工作的重要组成部分。我国会计法律制度对会计核算的依据、会计资料的基本要求以及会计年度、记账本位币、填制会计凭证、登记会计账簿、编制财务会计报告、财产清查、会计档案管理等都作出了统一规定。

## 一、会计核算的总体要求

### （一）会计核算的依据

《会计法》第九条规定："各单位必须根据实际发生的经济业务事项进行会计核算、填制会计凭证、登记会计账簿、编制财务会计报告。任何单位不得以虚假的经济业务事项或者资料进行会计核算。"

实际发生的经济业务事项是指各单位在生产经营或预算执行过程中发生的，包括引起或未引起资金增减变化的经济活动。以实际发生的经济业务事项为依据进行会计核算，是保证会计信息质量的重要前提，是填制会计凭证、登记会计账簿、编制财务会计报告的基础，是保证会计资料质量的关键。以虚假的经济业务事项或者资料进行会计核算，会使会计信息质量出现失真，极大地损害会计信息使用者的利益，扰乱社会经济秩序，是一种严重的违法行为。

### （二）会计资料的基本要求

会计资料是在会计核算过程中形成的、记录和反映实际发生的经济业务事项的资料，包括会计凭证、会计账簿、财务会计报告和其他会计资料。会计资料是会计核算的重要成果，是投资者作出投资决策、经营者进行经营管理、国家有关部门进行宏观调控的重要依据。因此，会计资料的基本要求主要有：

（1）会计资料必须符合国家统一的会计制度的规定，保证会计资料的真实性和完整性。

（2）任何单位和个人不得伪造、变造会计凭证、会计账簿和其他会计资料，不得提供虚假的财务会计报告。

①伪造会计凭证、会计账簿和其他会计资料是指以虚假的经济业务事项为前提编造不真实的会计凭证、会计账簿和其他会计资料。

②变造会计凭证、会计账簿和其他会计资料是指用涂改、挖补等手段来改变会计凭证、会计账簿等的真实内容，歪曲事实真相的行为，即篡改事实。

③提供虚假的财务会计报告是指通过编造虚假的会计凭证、会计账簿及其他会计资料或直接篡改财务会计报告上的数据，使财务会计报告不真实、不完整地反映财务状况和经营成果，借以误导、欺骗财务会计报告使用者的行为，即以假乱真。

**【例1-9】**（单选）某单位业务人员朱某在一家个体酒店招待业务单位人员，发生招待费800元。事后，他将酒店开出的收据金额改为1 800元，并作为报销凭证进行了报销。朱某的行为属于下列违法行为中的（　　）。

A.伪造会计凭证行为　　B.变造会计凭证行为

C.做假账行为　　D.违反招待费报销制度行为

【解析】B。变造会计凭证是指用涂改、挖补等手段来改变会计凭证的真实内容，歪曲事实真相的行为，即篡改事实。朱某将收据上的金额800元改为1 800元，属于变造会计凭证行为。

**【例1-10】**（多选）某地方财政部门进行执法检查时发现一家单位以虚假的经济事项编造了会计凭证和会计账簿，并据此编制了财务会计报告。对此，财政部门对该单位的违法行为应认定为（　　）。

A.伪造会计凭证行为　　B.变造会计凭证和会计账簿行为

C.伪造会计账簿行为　　D.提供虚假的财务会计报告行为

【解析】ACD。以虚假的经济业务事项为前提编造不真实的会计凭证、会计账簿和其他会计资料，属于伪造会计凭证、会计账簿和其他会计资料行为。通过编造虚假的会计凭证、会计账簿及其他会计资料或直接篡改财务会计报告上的数据，使财务会计报告不真实、不完整地反映财务状况和经营成果，借以误导、欺骗财务会计报告使用者的行为，属于提供虚假的财务会计报告行为。

### （三）会计核算的其他要求

1.依法建立账册

建立账册是如实记录和反映经济活动情况的前提。各单位应当按照《会计法》和国家统一的会计制度的规定建立会计账册，进行会计核算，及时提供合法、真实、完整的会计信息。不具备建账条件的，应当实行代理记账。

2.明确会计核算的内容

会计核算的内容是指应当进行会计核算的经济业务事项。《会计法》规定，下列经济业务事项应当办理会计手续，进行会计核算：

（1）款项及有价证券的收付。

（2）财物的收发、增减和使用。

（3）债权债务的发生和结算。

（4）资本、基金的增减。

（5）收入、支出、费用、成本的计算。

（6）财务成果的计算和处理。

（7）其他需要办理会计手续、进行会计核算的事项。

3.正确采用会计处理方法

会计处理方法是指在会计核算中所采取的具体方法，通常有外币折算的会计处理方法、存货计价方法、长期股权投资的会计处理方法、资产减值准备的会计处理方法、收入确认方法、企业所得税的会计处理方法、企业合并会计处理方法、编制合并会计报表的方法等。采用不同的会计处理方法，会影响会计资料的可比性，进而影响会计信息的质量。因此，各单位采用的会计处理方法，前后各期应当一致，不得随意变更；确有必要变更的，应当按照国家统一会计制度的规定进行变更，并将变更的原因、情况及影响在财务会计报告中说明。

满足下列条件之一的，可以变更会计政策：一是法律、行政法规或者国家统一的会计制度等要求变更；二是会计政策变更能够提供更可靠、更相关的会计信息。

4.以公历年度为会计年度

会计年度是指人为划分的以年度为单位进行会计核算的时间区间。我国规定的会计年度自公历1月1日起至12月31日止。每一个会计年度还可以按照公历日期具体划分为半年度、季度和月度，以满足单位经营管理和投资者对会计资料的需要。

5.以人民币为记账本位币

记账本位币是指日常填制会计凭证、登记会计账簿和编制财务会计报告时用以计量的货币。我国规定会计核算以人民币为记账本位币。

业务收支以人民币以外的货币为主的单位，可以选定其中一种货币作为记账本位币，但是编报的财务会计报告应当折算为人民币。境外单位向国内有关部门编报的会计报表，应当折算为人民币。

**【例1-11】**（判断）某企业的业务收支以美元为主，因此该企业可以选定美元为记账本位币。（ ）

【解析】√。根据《会计法》的规定，业务收支以人民币以外的货币为主的单位，可以选定其中一种货币作为记账本位币，但是编报的财务会计报告应当折算为人民币。

6.会计电算化必须符合国家统一的会计制度的规定

使用电子计算机进行会计核算的，即会计电算化，其软件及其生成的会计凭证、会计账簿、财务会计报告和其他会计资料，应当符合财政部《会计电算化工作规范》等国家统一的会计制度的规定。

实行会计电算化的单位，其有关电子数据、会计软件资料等应当作为会计档案进行管理。

7.正确使用会计记录文字

我国境内所有国家机关、社会团体、公司、企业、事业单位和其他组织的会计记录文字都应当使用中文。在民族自治地方，会计记录可以同时使用当地通用的一种民族文字。在中华人民共和国境内的外商投资企业、外国企业和其他外国组织的会计记录可以同时使用一种外国文字。

**【例1-12】**（判断）某外商投资企业作为子公司，采用了由母公司统一配置的以英语为文字界面的会计系统软件，并以英语作为会计记录的唯一文字。（ ）

【解析】×。根据我国相关会计法律制度的规定，我国境内所有单位的会计记录文字都应当使用中文，外商投资企业可以在使用中文的同时使用一种外国文字。实行会计电算化的单位，其会计软件应当使用中文提示。

## 二、会计凭证

会计凭证是记录经济业务事项的发生和完成情况、明确经济责任并作为记账依据的书面证明，是会计核算的重要会计资料。

会计凭证按照填制程序和用途的不同分为原始凭证和记账凭证。

### （一）原始凭证

原始凭证是在经济业务事项发生时由经办人员直接取得或者填制、用以表明某项经济业务事项已经发生或完成情况、明确有关经济责任的一种原始凭据。它是编制记账凭证的原始依据，是会计核算的基础。

1.原始凭证的种类

原始凭证按其来源不同，可分为外来的原始凭证和自制的原始凭证；原始凭证按其填制手续及内容不同，可分为一次凭证、累计凭证和汇总凭证；原始凭证按其格式不同，可分为通用凭证和专用凭证。

2.原始凭证的内容

原始凭证的内容必须具备：凭证的名称；填制凭证的日期；填制凭证的单位名称或填制人的姓名；经办人员签名或者盖章；接受凭证单位名称；经济业务内容；数量、单价和金额。

3.原始凭证的填制和取得

（1）原始凭证的填制必须符合会计法律制度的规定，做到记录真实、内容完整、填制及时、书写清楚。

（2）原始凭证的取得：

①从外单位取得的原始凭证，必须盖有填制单位的公章；从个人取得的原始凭证，必须有填制人员的签名或者盖章。

②自制原始凭证必须有经办单位领导人或者其指定的人员签名或盖章。对外开出的原始凭证必须加盖本单位公章。

4.原始凭证的审核

对原始凭证进行审核，是确保会计资料质量的重要措施之一，也是会计机构、会计人员的重要职责。《会计法》第十四条第三款规定："会计机构、会计人员必须按照国家统一的会计制度的规定对原始凭证进行审核，对不真实、不合法的原始凭证有权不予接受，并向单位负责人报告；对记载不准确、不完整的原始凭证予以退回，并要求按照国家统一的会计制度的规定更正、补充。"

（1）凡填有大写和小写金额的原始凭证，大写与小写金额必须相符；购买实物的原始凭证，必须有验收证明；支付款项的原始凭证，必须有收款单位和收款人的收款证明。

（2）一式几联的原始凭证，应当注明各联的用途，只能以一联作为报销凭证。

一式几联的发票和收据，必须用双面复写纸（发票和收据本身具备复写纸功能的除外）套写，并连续编号。作废时应当加盖"作废"戳记，连同存根一起保存，不得撕毁。

（3）发生销货退回的，除填制退货发票外，还必须有退货验收证明；退款时，必须取得对方的收款收据或者汇款银行的凭证，不得以退货发票代替收据。

（4）职工公出借款凭据，必须附在记账凭证之后。收回借款时，应当另开收据或者退还借据副本，不得退还原借款收据。

（5）经上级有关部门批准的经济业务，应当将批准文件作为原始凭证附件；如果批准文件需要单独归档的，应当在凭证上注明批准机关名称、日期和文件字号。

（6）原始凭证记载的各项内容均不得涂改。原始凭证有错误的，应当由出具单位重开或者更正，更正处应当加盖出具单位印章。原始凭证金额有错误的，不得在原始凭证上更正，应当由出具单位重开。

**【例1-13】**（单选）关于原始凭证，下列说法中不正确的是（　　）。

A.自制原始凭证必须有经办单位领导人或者其指定的人员签名或盖章

B.发生销货退回的，除填制退货发票外，还必须有退货验收证明

C.经上级有关部门批准的经济业务，应当将批准文件作为原始凭证附件

D.原始凭证金额有错误的，应由出具单位更正，并加盖出具单位印章

【解析】D。根据《会计基础工作规范》的规定，原始凭证金额有错误的，不得在原始凭证上更正，而应当由出具单位重开。

5.原始凭证的保管

原始凭证作为重要的会计资料，应当按照有关会计档案保管的规定办法进行保管。

（1）对于数量过多的原始凭证，可以单独装订保管，在封面上注明记账凭证日期、编号、种类，同时在记账凭证上注明“附件另订”和原始凭证名称及编号。各种经济合同、存出保证金收据以及涉外文件等重要原始凭证，应当另编目录，单独登记保管，并在有关的记账凭证上相互注明日期和编号。

（2）原始凭证不得外借，其他单位如因特殊原因需要使用原始凭证时，经本单位会计机构负责人、会计主管人员批准，可以复制。向外单位提供的原始凭证复制件，应当在专设的登记簿上登记，并由提供人员和收取人员共同签名或者盖章。

（3）从外单位取得的原始凭证如有遗失，应当取得原开出单位盖有公章的证明，并注明原来凭证的号码、金额和内容等，由经办单位会计机构负责人、会计主管人员和单位负责人批准后，才能代作原始凭证。如果确实无法取得证明的，如火车、轮船、飞机票等凭证，由当事人写出详细情况，由经办单位会计机构负责人、会计主管人员和单位负责人批准后，代作原始凭证。

（4）企业和其他组织的原始凭证保管期限一般为15年。

**【例1-14】**（单选）其他单位因特殊原因需要使用原始凭证时，经本单位（　　）批准，可以复制。

A.会计机构负责人　　B.会计主管　　C.领导人　　D.负责人

【解析】A。根据《会计基础工作规范》的规定，原始凭证不得外借，其他单位如因特殊原因需要使用原始凭证时，经本单位会计机构负责人、会计主管人员批准，可以复制。另外，会计主管不同于会计主管人员，会计主管即主办会计，而会计主管人员是指一个单位内负责组织管理会计事务、行使会计机构负责人职权的负责人。

**【例1-15】**（多选）某单位因其客户需要复印本单位的购货发票，正确的做法是（　　）。

A.经财务部门负责人同意后可提供购货发票复印件

B.经请示单位负责人同意后可提供购货发票复印件

C.向客户提供的购货发票复印件，应当在专设的登记簿上登记

D.向客户提供购货发票复印件时，经办人和客户都要签名或盖章

【解析】ACD。根据《会计基础工作规范》的规定，其他单位如因特殊原因需要使用原始凭证时，经本单位会计机构负责人、会计主管人员批准，可以复制。向外单位提供的原始凭证复制件，应当在专设的登记簿上登记，并由提供人员和收取人员共同签名或者盖章。

**（二）记账凭证**

记账凭证是根据审核无误的原始凭证填制、对经济业务事项按其性质加以归类、确

定会计分录，并据以登记会计账簿的凭证。记账凭证按其反映经济业务的内容不同，可分为收款凭证、付款凭证和转账凭证；按其填列方式不同，可分为复式凭证和单式凭证。

1.记账凭证的内容

记账凭证的内容必须具备：填制凭证的日期；凭证编号；经济业务摘要；会计科目；金额；所附原始凭证张数；填制凭证人员、稽核人员、记账人员、会计机构负责人、会计主管人员签名或者盖章。收款和付款记账凭证还应当由出纳人员签名或者盖章。以自制的原始凭证或者原始凭证汇总表代替记账凭证的，也必须具备记账凭证应有的项目。

2.记账凭证的填制

会计机构、会计人员要根据审核无误的原始凭证填制记账凭证。

（1）填制记账凭证时，应当对记账凭证连续编号。一笔经济业务需要填制两张以上记账凭证的，可以采用分数编号法编号。

（2）记账凭证可以根据每一张原始凭证填制，或者根据若干张同类原始凭证汇总填制，也可以根据原始凭证汇总表填制，但不得将不同内容和类别的原始凭证汇总在一张记账凭证上。

（3）除结账和更正错误的记账凭证可以不附原始凭证外，其他记账凭证必须附有原始凭证。如果一张原始凭证涉及几张记账凭证，可以把原始凭证附在一张主要的记账凭证后面，并在其他记账凭证上注明附有该原始凭证的记账凭证的编号或者附原始凭证复印件。一张原始凭证所列支出需要几个单位共同负担的，应当将其他单位负担的部分，开给对方原始凭证分割单进行结算。

（4）如果在填制记账凭证时发生错误，应当重新填制。如果是已经登记入账的记账凭证，则按照规定的更正方法进行更正。

（5）记账凭证填制完经济业务事项后，如有空行，应当自金额栏最后一笔金额数字下的空行处至合计数上的空行处划线注销。

（6）填制会计凭证，字迹必须清晰、工整，并符合规定的要求：

①阿拉伯数字应当一个一个地写，不得连笔写。阿拉伯金额数字前面应当书写货币币种符号或者货币名称简写和币种符号。币种符号与阿拉伯金额数字之间不得留有空白。凡阿拉伯数字前写有币种符号的，数字后面不再写货币单位。

②所有以元为单位（其他货币种类为货币基本单位，下同）的阿拉伯数字，除表示单价等情况外，一律填写到角分；无角分的，角位和分位可写“00”，或者符号“—”；有角无分的，分位应当写“0”，不得用符号“—”代替。

③汉字大写数字金额如零、壹、贰、叁、肆、伍、陆、柒、捌、玖、拾、佰、仟、万、亿等，一律用正楷或者行书体书写，不得用0、一、二、三、四、五、六、七、八、九、十等简化字代替，不得任意自造简化字。大写金额数字到元或者角为止的，在“元”或者“角”字之后应当写“整”字或者“正”字；大写金额数字有分的，分字后面不写“整”或者“正”字。

④大写金额数字前未印有货币名称的，应当加填货币名称，货币名称与金额数字之

间不得留有空白。

⑤阿拉伯金额数字中间有“0”时，汉字大写金额要写“零”字；阿拉伯数字金额中间连续有几个“0”时，汉字大写金额中可以只写一个“零”字；阿拉伯金额数字元位是“0”，或者数字中间连续有几个“0”、元位也是“0”但角位不是“0”时，汉字大写金额可以只写一个“零”字，也可以不写“零”字。

**【例1-16】**（单选）某单位会计人员夏某在填制记账凭证过程中发生了以下事项，其中正确的是（　　）。

A.将若干张原始凭证进行汇总，根据汇总后的原始凭证汇总表填制记账凭证

B.一张更正错误的记账凭证未附原始凭证

C.由于一张购货发票涉及了另一单位，发票原件被对方保存，故根据发票复印件填制记账凭证

D.填制记账凭证时，因出现文字错误，遂用划线更正法予以更正

【解析】B。根据《会计基础工作规范》的规定，更正错误的记账凭证可以不附原始凭证。不同内容和类别的原始凭证不得汇总在一张记账凭证上。一张原始凭证所列支出需要几个单位共同负担的，应当将其他单位负担的部分，开给对方原始凭证分割单进行结算，而不应该用复印件代替。如果在填制记账凭证时发生错误，应当重新填制。

3.记账凭证的审核

记账凭证的审核内容主要包括：编制依据是否真实；填写项目是否齐全；金额计算是否正确；书写是否清楚等。

实行会计电算化的单位，对于机制记账凭证也要认真审核，做到会计科目使用正确、数字准确无误。打印出来的机制记账凭证要加盖制单人员、审核人员、记账人员及会计机构负责人、会计主管人员印章或者签字。

4.记账凭证的保管

记账凭证作为单位重要的会计档案，应妥善保管，避免散乱丢失。

（1）记账凭证应当连同所附的原始凭证或者原始凭证汇总表，按照编号顺序折叠整齐，按期装订成册，并加具封面，注明单位名称、年度、月份和起讫日期、凭证种类、起讫号码，由装订人在装订线封签处签名或者盖章。

（2）企业和其他组织的记账凭证保管期限一般为15年。

## 三、会计账簿

会计账簿是指由一定格式、相互联系的账页所组成，用来序时地、分类地记载和反映有关经济业务的会计簿籍。

### （一）会计账簿的设置

国家机关、社会团体、企业、事业单位和其他经济组织，要按照要求设置会计账簿，进行会计核算。不具备建账条件的，应实行代理记账。各单位发生的经济业务应当统一核算，不得违反规定私设会计账簿进行登记、核算。

根据规定，各单位应当依法设置以下会计账簿并保证其真实、完整：

1. 总账

总账也称总分类账，是根据会计科目（也称总账科目）开设的账簿，用于分类登记单位的全部经济业务事项，提供资产、负债、资本、费用、成本、收入和成果等总括核算的资料。总账一般采用订本账。

2. 明细账

明细账也称明细分类账，是根据总账科目所属的明细科目设置的，用于分类登记某一类经济业务事项，提供有关明细核算资料。明细账是会计资料形成的基础环节。明细账一般采用活页式。

3. 日记账

日记账是一种特殊的序时明细账，是按照经济业务事项发生的时间先后顺序，逐日逐笔地进行登记的账簿，包括现金日记账和银行存款日记账。日记账采用订本式。

4. 其他辅助账簿

其他辅助账簿也称备查账簿，是为备忘查询而设置的。在实际会计实务中，主要包括各种租借设备、物资的辅助登记或有关应收、应付款项的备查簿，担保、抵押备查簿等。

**（二）会计账簿的启用与登记**

1. 会计账簿的启用

按照《会计基础工作规范》第五十九条的规定，启用会计账簿时，应当在账簿封面上写明单位名称和账簿名称。在账簿扉页上应当附启用表，内容包括：启用日期，账簿页数，记账人员和会计机构负责人、会计主管人员姓名，并加盖名章和单位公章。记账人员或者会计机构负责人、会计主管人员调动工作时，应当注明交接日期、接办人员或者监交人员姓名，并由交接双方人员签名或者盖章。

启用订本式账簿，应当从第一页到最后一页按顺序编定页数，不得跳页、缺号。使用活页式账页，应当按账户顺序编号，并需定期装订成册。装订后再按实际使用的账页顺序编定页码，另加目录，记明每个账户的名称和页次。

2. 会计账簿的登记

《会计法》第十五条第一款规定：“会计账簿登记，必须以经过审核的会计凭证为依据，并符合有关法律、行政法规和国家统一的会计制度的规定。”登记会计账簿的基本要求如下：

（1）根据经过审核无误的会计凭证登记会计账簿。

（2）按照记账规则登记会计账簿。

①登记会计账簿时，应当将会计凭证的日期、编号、业务内容摘要、金额和其他有关资料逐项记入账内。

②各种账簿要按页次顺序连续登记，不得跳行、隔页。

③凡是需要结出余额的账户，应当定期结出余额。

④会计账簿记录发生错误时，应当按照规定的更正方法进行更正。更正方法一般有划线更正法、补充登记法、红字冲正法三种。

（3）实行会计电算化的单位，用计算机打印的会计账簿必须连续编号，经审核无误后装订成册，并由记账人员和会计机构负责人、会计主管人员签字或者盖章。总账和明细账应当定期打印。发生收款和付款业务的，在输入收款凭证和付款凭证的当天必须打印出库存现金日记账和银行存款日记账，并与库存现金核对无误。

**（三）账目核对**

各单位应当定期将会计账簿记录与实物、款项实有数相互核对，以保证账实相符；将会计账簿记录与会计凭证的有关内容相互核对，以保证账证相符；将会计账簿之间的对应记录相互核对，以保证账账相符；将会计账簿记录与会计报表有关内容相互核对，以保证账表相符。对账工作每年至少进行一次。

**（四）结账**

各单位应当按照规定定期结账，不得提前或者延迟。年度结账日为公历年度的每年12月31日，半年度、季度和月度结账日分别为公历年度每半年、每季、每月的最后一天。结账前，必须将本期内所发生的各项经济业务全部登记入账；结账时，应当结出每个账户的期末余额，年度终了结账时，所有总账账户都应当结出全年发生额的年末余额，并把全部账户的余额结转到下一会计年度。

**【例1-17】**（多选）某单位出纳人员胡某设置的库存现金日记账采用活页式账簿，银行存款日记账采用订本式账簿。为了分清每天的经济业务，胡某登记银行存款日记账时，在一张账页上登记完当天的经济业务后，次日的经济业务则在另一张账页上重新登记，并按10天一次结出余额。请问下列各项中，属于更正胡某错误做法正确的有（　　）。

A.库存现金日记账采用订本式账簿

B.银行存款日记账逐日逐笔进行登记

C.银行存款日记账每月结出一次余额

D.银行存款日记账每日结出一次余额

【解析】ABD。根据《会计基础工作规范》的规定，库存现金日记账和银行存款日记账必须采用订本式账簿，不能采用活页式账簿。登记账簿时应当按经济业务发生和完成时间的顺序，逐日逐笔连续登记，不得跳行、隔页，并且必须每天结出余额。

**（五）会计账簿的保管**

会计账簿是重要的会计资料，应当建立档案妥善保管。企业和其他组织的总账、明细账、日记账及辅助性账簿保管期限一般为15年，库存现金和银行存款日记账的保管期限为25年，固定资产卡片在固定资产报废清理后保管5年。

## 四、财务会计报告

**（一）财务会计报告的组成**

财务会计报告是指企业和其他有关单位对外提供的、反映单位某一特定日期财务状况和某一会计期间经营成果、现金流量等会计信息的文件。《企业财务会计报告条例》规定的财务会计报告组成包括会计报表、会计报表附注和财务情况说明书，其中会计报表包括资产负债表、利润表、现金流量表及相关附表。

会计报表附注是为便于会计报表使用者理解会计报表的内容而对会计报表的编制基础、编制依据、编制原则和方法及主要项目等所作的解释。《企业财务会计报告条例》

规定的会计报表附注至少应当包括下列内容：

（1）不符合基本会计假设的说明。

（2）重要会计政策和会计估计及其变更情况、变更原因及其对财务状况和经营成果的影响。

（3）或有事项和资产负债表日后事项的说明。

（4）关联方关系及其交易的说明。

（5）重要资产转让及其出售情况。

（6）企业合并、分立。

（7）重大投资、融资活动。

（8）会计报表中重要项目的明细资料。

（9）有助于理解和分析会计报表需要说明的其他事项。

财务情况说明书至少应当对下列情况作出说明：

（1）企业生产经营的基本情况。

（2）利润实现和分配情况。

（3）资金增减和周转情况。

（4）对企业财务状况、经营成果和现金流量有重大影响的其他事项。

财务会计报告分为年度、半年度、季度和月度财务会计报告。年度、半年度财务会计报告应当包括会计报表、会计报表附注和财务情况说明书。季度、月度财务会计报告通常仅指会计报表，会计报表至少应当包括资产负债表和利润表。

**【例 1-18】**（多选）下列属于我国《企业财务会计报告条例》规定的财务会计报告组成内容的是（　　）。

A.会计报表　　B.其他应当披露的相关信息

C.会计报表附注　　D.财务情况说明书

【解析】ACD。根据《企业财务会计报告条例》的规定，我国的财务会计报告由会计报表、会计报表附注和财务情况说明书组成。

**（二）财务会计报告的编制**

1.财务会计报告的编制目标

财务会计报告的编制目标是向财务会计报告使用者提供与企业财务状况、经营成果和现金流量等有关的会计信息，反映企业管理层受托责任履行情况，有助于财务会计报告使用者作出经济决策。财务会计报告使用者包括投资者、债权人、政府及其有关部门和社会公众等。

2.财务会计报告的编制依据

《会计法》第二十条规定："财务会计报告应当根据经过审核的会计账簿记录和有关资料编制，并符合本法和国家统一的会计制度关于财务会计报告的编制要求、提供对象和提供期限的规定；其他法律、行政法规另有规定的，从其规定。"

3.财务会计报告的编制要求

（1）企业应当于年度终了编报财务会计报告。国家统一的会计制度规定企业应当编报半年度、季度和月度财务会计报告的，从其规定。

（2）企业编制财务会计报告，应当根据真实的交易、事项以及完整、准确的会计账簿记录等资料，并按照国家统一的会计制度规定的编制基础、编制依据、编制原则和方法进行编制。

（3）企业应当依照规定，对会计报表中的各项会计要素进行合理的确认和计量，不得随意改变会计要素的确认和计量标准。

（4）企业在编制年度财务会计报告前，还应当按照规定全面结清资产、核实债务。

（5）企业编制年度和半年度财务会计报告时，对经查实后的资产、负债有变动的，应当按照资产、负债的确认和计量标准进行确认和计量，并按照国家统一的会计制度的规定进行相应的会计处理。

（6）企业应当按照国家统一的会计制度规定的会计报表格式和内容，根据登记完整、核对无误的会计账簿记录和其他有关资料编制会计报表，做到数字真实、计算准确、内容完整、说明清楚。

（7）会计报表之间、会计报表各项目之间，凡有对应关系的数字，应当相互一致；会计报表中本期与上期的有关数字应当相互衔接。

**（三）财务会计报告的对外提供**

（1）对外提供的财务会计报告所反映的会计信息应当真实、完整。任何组织或者个人不得授意、指使、强令企业编制和对外提供虚假的或者隐瞒重要事实的财务会计报告。

（2）财务会计报告的对外提供期限应当符合法律、行政法规和国家统一的会计制度的规定，具体为：月度财务会计报告应当于月份终了后6天内对外提供；季度财务会计报告应当于季度终了后15天内对外提供；半年度财务会计报告应当于半年度终了后60天内对外提供；年度财务会计报告应当于年度终了后4个月内对外提供。

（3）国有企业、国有控股的或者占主导地位的企业，应当至少每年一次向本企业的职工代表大会公布财务会计报告，并重点说明有关事项。

（4）企业依照《企业财务会计报告条例》的规定向有关各方提供的财务会计报告，其编制基础、编制依据、编制原则和方法应当一致，不得提供编制基础、编制依据、编制原则和方法不同的财务会计报告。

（5）财务会计报告须经注册会计师审计的，企业应当将注册会计师及其会计师事务所出具的审计报告随同财务会计报告一并对外提供。

（6）如果发现对外报送的财务会计报告有错误，应当及时办理更正手续。错误较多的，应当重新编报。

**（四）财务会计报告的保管**

财务会计报告也属于企业重要的会计档案，必须按照有关规定妥善保管。企业和其他组织的月度和季度财务会计报告的保管期限为3年，年度财务会计报告（决算）的保管期限为永久。

**（五）财务会计报告的签章程序**

财务会计报告应当由单位负责人和主管会计工作的负责人、会计机构负责人（会计主管人员）签名并盖章；设置总会计师的单位还须由总会计师签名并盖章。

### （六）财务会计报告的责任主体

单位负责人应当保证财务会计报告真实、完整，因此单位负责人是财务会计报告的责任主体。

【例1-19】（单选）我国财务会计报告的责任主体是（　　）。

A.总会计师　　B.单位负责人　　C.会计机构负责人　　D.单位领导人

【解析】B。根据我国《企业财务会计报告条例》的规定，单位负责人是财务会计报告的责任主体。

【例1-20】（多选）某中外合资经营企业于2015年3月份经董事会批准对外报送了2014年度财务会计报告。封面上有单位负责人、总会计师的签名。因该企业是2014年4月份开始营业的，单位负责人认为开业登记时，已聘请注册会计师进行了验资，且2014年经营未满12个月，因此在报送2014年度财务会计报告时无需再聘请注册会计师出具审计报告。请问该企业的做法中错误的有（　　）。

A.财务会计报告报送的时间不符合规定

B.财务会计报告封面上无会计机构负责人（会计主管人员）签名

C.财务会计报告封面上相关人员没有盖章

D.报送的财务会计报告未经审计，没有提供相应的审计报告

【解析】BCD。根据我国相关会计法律制度的规定，企业报送的财务会计报告应当由单位负责人和主管会计工作的负责人、会计机构负责人（会计主管人员）签名并盖章；须经注册会计师审计的，审计报告应当随同财务会计报告一并提供。该企业报送的财务会计报告没有会计机构负责人（会计主管人员）的签名并盖章，并且已签名人也没有盖章。同时，根据规定中外合资企业的财务会计报告必须由注册会计师审计，而该企业报送的财务会计报告未经审计及提供相应的审计报告，验资报告不能代替审计报告。

## 五、财产清查

财产清查是会计核算的专门方法之一。财产清查制度是通过定期或不定期、全面或部分地对各项财产物资进行实地盘点，以及对库存现金、银行存款、债权债务进行清查核实的一种制度。通过财产清查，可以查明账实是否相符，并制定相应措施，做到账实相符，保证会计资料的真实性。

## 六、会计档案管理

### （一）会计档案的范围和种类

会计档案是指会计凭证、会计账簿、财务会计报告等会计核算专业资料，是记录和反映单位经济业务事项的重要历史资料和证据。会计档案包括：

（1）会计凭证类：原始凭证、记账凭证、汇总凭证，其他会计凭证。

（2）会计账簿类：总账、明细账、日记账、固定资产卡片、辅助账簿，其他会计账簿。

（3）财务报告类：月度、季度、半年度、年度财务报告，包括会计报表、附表、附注及文字说明，其他财务报告。

（4）其他类：银行存款余额调节表、银行对账单、其他应当保存的会计核算专业资料、会计档案移交清册、会计档案保管清册、会计档案销毁清册。

【例1-21】（多选）下列各项中，属于会计档案的有（　　）。

A.购货发票　B.应收账款明细账　C.资产负债表　D.银行存款余额调节表

【解析】ABCD。根据《会计档案管理办法》的规定，会计档案包括会计凭证类、会计账簿类、财务报告类及其他类。购货发票属于原始凭证，应收账款明细账属于会计账簿，资产负债表属于会计报表，而银行存款余额调节表属于其他类会计档案。

**（二）会计档案的指导、监督、检查部门**

各级人民政府财政部门和档案行政管理部门共同负责会计档案工作的指导、监督和检查。

**（三）会计档案管理要求**

各单位必须加强对会计档案管理工作的领导，建立会计档案的立卷、归档、保管、查阅和销毁等管理制度，保证会计档案妥善保管、有序存放、方便查阅，严防毁损、散失和泄密。

（1）各单位每年形成的会计档案，应由单位会计部门按照归档要求负责整理立卷，装订成册，编制会计档案保管清册。

（2）当年形成的会计档案，在会计年度终了后，可暂由会计机构保管1年，期满之后，应当由会计机构编制移交清册，移交本单位档案机构统一保管；未设立档案机构的，应当在会计机构内部指定专人保管。出纳人员不得兼管会计档案。

（3）移交本单位档案机构保管的会计档案，原则上应当保持原卷册的封装。个别需要拆封重新整理的，档案机构应当会同会计机构和经办人员共同拆封整理，以分清责任。

（4）各单位保存的会计档案不得借出。如有特殊需要，经本单位负责人批准后，可以提供查阅或者复制，并办理登记手续。查阅或者复制会计档案的人员，严禁在会计档案上涂画、拆封和抽换。

（5）采用电子计算机进行会计核算的单位，应当保存打印出的纸质会计档案。

【例1-22】（判断）某企业业务单位因工作需要，要求借阅该企业的会计档案，经单位领导同意后借出半天，并办理了登记手续。（　　）

【解析】×。根据《会计档案管理办法》的规定，各单位保存的会计档案不得借出，如有特殊需要，经本单位负责人批准后，可以提供查阅或者复制，并办理登记手续，所以该企业领导同意将会计档案借出的做法是错误的。

**（四）会计档案的保管期限**

会计档案保管期限分为永久和定期两类。定期保管期限分为3年、5年、10年、15年和25年5类，保管期限从会计年度终了后第一天算起。企业和其他组织的年度财务报告（决算）（包括文字分析）、会计档案保管清册和会计档案销毁清册等应永久保存。

**（五）会计档案的销毁**

会计档案的销毁是会计档案管理的重要内容，必须严格规范，有序进行。

根据《会计档案管理办法》的规定，保管期满的会计档案，除特殊规定外，可以按照程序予以销毁。销毁的基本程序和要求如下：

1.编制会计档案销毁清册

由本单位档案机构会同会计机构根据保管期已满的会计档案和单位对这些档案的利用要求，提出销毁意见，编制会计档案销毁清册，列明销毁会计档案的名称、卷号、册数、起止年度和档案编号、应保管期限、已保管期限、销毁时间等内容，报单位负责人审批。单位负责人对所要销毁的会计档案进行复核后在会计档案销毁清册上签署意见。

2.专人负责监销

销毁会计档案时，应当派专人负责监销，监销人员根据不同情况由相应的单位派出。对于一般企业、事业单位和组织，应当由单位档案机构和会计机构双方共同派员监销；对于国家机关应当由同级财政部门、审计部门派员参加监销；对于财政部门应当由同级审计部门派员参加监销。监销人员在销毁会计档案前，应当按照会计档案销毁清册所列内容对所要销毁的会计档案进行清点核对；销毁后，应当在会计档案销毁清册上签名盖章，并及时将监销情况向本单位负责人报告。

3.不得销毁的会计档案

对于保管期满但未结清的债权债务原始凭证及涉及其他未了事项的原始凭证，不得销毁，应当单独抽出立卷，保管到未了事项完结时为止。单独抽出立卷的会计档案，应当在会计档案销毁清册和会计档案保管清册中列明。正在项目建设期间的建设单位，其保管期满的会计档案不得销毁，必须妥善保管。

【例1-23】（多选）某企业拟销毁一批保管期满的会计档案，其中包括两张未结清的债权债务原始凭证，主管会计工作的副厂长在会计档案销毁清册上签署销毁意见后，由该企业的档案管理部门负责对该批会计档案进行销毁，销毁后遂向单位负责人报告。请问下列各项中，属于该企业在档案销毁过程中错误做法的是（　　）。

A.销毁了会计档案中未结清的债权债务原始凭证

B.销毁会计档案由副厂长在销毁清册上签署意见

C.会计档案的销毁由档案管理部门负责

D.会计档案销毁后向单位负责人报告

【解析】ABC。根据《会计档案管理办法》的规定，未结清的债权债务原始凭证不得销毁，应抽出单独装订，保管到未了事项完结时为止。销毁会计档案应当由单位负责人签署意见，副厂长不是单位负责人，因此无权签署意见。对于一般企业、事业单位和组织，销毁会计档案时，应当由单位档案机构和会计机构双方共同派员监销，而不是仅仅由档案管理机构一方进行销毁；销毁后，应当在会计档案销毁清册上签名盖章，并及时将监销情况向本单位负责人报告。

**实务指南**

### 报销业务审核要点

报销业务是会计人员常规业务之一，办理报销业务时，应审核的要点是：

1.在支付证明单上经办人是否签字，证明人是否签字。若无，应补。

2.附在支付证明单后的原始票据是否有涂改。若有，问明原因或不予报销。

3.正规发票是否与收据混淆，若有，应分开贴（原则上除印有财政监制章的财政票据外，其余收据不得报销，也不得税前扣除）。

4.大、小写金额是否相符。若不相符，应更正重填。

5.报销内容是否属合理的报销。若不属，应拒绝报销，有特殊原因，应经审批。

6.支付证明单上是否有总经理签字。若无，不予报销。

**考场指南**

1.各单位必须根据实际发生的经济业务事项进行会计核算、填制会计凭证、登记会计账簿、编制财务会计报告，任何单位不得以虚假的经济业务事项或者资料进行会计核算。

2.各单位依法设置的账簿包括总账、明细账、日记账和其他辅助账簿。

3.会计核算工作流程：填制取得原始凭证、审核原始凭证、填制记账凭证、审核记账凭证、登记账簿、对账、财产清查、编制会计报表。

4.会计档案保管期限分为永久和定期两类，定期保管期限分为3年、5年、10年、15年和25年5类，保管期限从会计年度终了后第一天算起。

# 第四节　会计监督

会计监督有狭义和广义之分。狭义的会计监督指单位内部会计监督，是指单位内部会计机构和会计人员对特定主体经济活动的真实性、合法性和合理性所进行的审查。这是会计的基本职能之一，属于我国经济监督体系中的重要组成部分。广义的会计监督还包括对单位内部会计监督的再监督，即外部监督，主要有政府监督和社会监督。因此，目前我国已形成了三位一体的会计监督体系，包括单位内部会计监督、以政府财政部门为主体的政府监督和以注册会计师为主体的社会监督，各层次监督之间相互联系、相互协调形成一个有机的整体。

## 一、单位内部会计监督

单位内部会计监督是指为了保护单位资产的安全、完整，保证其经营活动符合国家法律、法规和内部有关管理制度的规定，提高经营管理水平和效率，而在单位内部采取的一系列相互制约、相互监督的制度和方法，对内部经济活动的合法性、合理性和会计资料的真实性、完整性以及本单位内部预算执行情况所进行的监督。其本质是一种内部控制制度。

建立健全单位内部会计监督制度，是贯彻执行国家统一的会计法律制度、保证会计工作健康有序、完善会计监督体系、提高会计信息质量的重要保证。

### （一）单位内部会计监督的主体和对象

单位内部会计监督的主体是各单位的会计机构和会计人员。单位内部会计监督的对象是单位的经济活动。

虽然单位内部会计监督的主体是会计机构和会计人员，但单位内部会计监督不仅仅是会计机构和会计人员的事，单位负责人应当支持和保障会计机构、会计人员行使好会计监督职权。

【例1-24】（多选）我国单位内部会计监督的主体是（　　）。

A.会计机构　　B.会计人员　　C.单位负责人　　D.审计人员

【解析】AB。我国《会计基础工作规范》规定，各单位的会计机构、会计人员对本单位的经济活动进行监督，因此单位内部会计监督的主体是会计机构和会计人员。

**（二）单位内部会计监督的依据**

单位内部会计监督的依据有：

（1）财经法律、法规、规章。

（2）会计法律、法规和国家统一的会计制度。

（3）省级财政部门和国务院业务主管部门根据有关会计法律制度制定的具体实施办法或者补充规定。

（4）各单位根据有关会计法律制度制定的单位内部会计管理制度。

（5）各单位内部的预算、财务计划、经济计划、业务计划等。

**（三）单位内部会计监督的内容**

单位内部会计监督的内容有：

（1）会计机构、会计人员应对原始凭证进行审核和监督。

（2）会计机构、会计人员对伪造、变造、故意毁灭会计账簿或者账外设账行为，应当制止和纠正；制止和纠正无效的，应当向上级主管单位报告，请求作出处理。

（3）会计机构、会计人员应当对实物、款项进行监督，督促建立并严格执行财产清查制度。

（4）会计机构、会计人员对指使、强令编造、篡改财务报告行为，应当制止和纠正；制止和纠正无效的，应当向上级主管单位报告，请求作出处理。

（5）会计机构、会计人员应当对财务收支进行监督。

①对审批手续不全的财务收支，应当退回，要求补充、更正。

②对违反规定不纳入单位统一会计核算的财务收支，应当制止和纠正。

③对违反国家统一的财政、财务、会计制度规定的财务收支，不予办理。

④对认为是违反国家统一的财政、财务、会计制度规定的财务收支，应当制止和纠正；制止和纠正无效的，应当向单位负责人提出书面意见请求处理。单位负责人应当在接到书面意见起10日内作出书面决定，并对决定承担责任。

⑤对违反国家统一的财政、财务、会计制度规定的财务收支，不予制止和纠正，又不向单位负责人提出书面意见的，也应当承担责任。

⑥对严重违反国家利益和社会公众利益的财务收支，应当向主管单位或者财政、审计、税务机关报告。

（6）会计机构、会计人员对违反单位内部会计管理制度的经济活动，应当制止和纠正；制止和纠正无效的，应当向单位负责人报告，请求处理。

（7）会计机构、会计人员应当对单位制订的预算、财务计划、经济计划、业务计划的执行情况进行监督。

**（四）单位内部会计监督制度的基本要求**

各单位应当建立健全本单位的内部会计监督制度。单位内部会计监督制度应当符合以下要求：

1.记账人员与经济业务事项或会计事项的审批人员、经办人员、财物保管人员的职责权限应当明确，并相互分离、相互制约

为了有效地实施监督，控制经济业务事项和会计事项按照规定的程序、要求进行，明确责任，防止差错与舞弊，保证经济业务事项顺利进行，保证会计资料质量，必须明确经济业务事项和会计事项相关人员的职责权限，具体要求为明确职责权限、实行职务分离、实行相互制约。

2.重大对外投资、资产处置、资金调度和其他重要经济业务事项的决策和执行的相互监督、相互制约的程序应当明确

该项规定的是对重要事项的监督和制约制度，即对一些重要经济业务事项，必须对其决策和执行制定有效的相互监督、相互制约的程序及相关制度。

3.财产清查的范围、期限和组织程序应当明确

财产清查是掌握有关资产实有金额的主要手段，也是进行账实核对的基础。一般而言，财产清查制度必须对财产清查的范围、期限和组织程序作出明确规定。

4.对会计资料定期进行内部审计的办法和程序应当明确

通过内部审计，可以发现并纠正单位会计核算、会计资料甚至财务收支、经济活动中的一些不合规、不真实、不准确、不完整的情况，有利于保护国家财经法纪，保证单位财产的安全，保证会计核算资料的真实和完整。在我国，已有不少部门、企业、单位设置了内部审计机构或内部审计人员，主要从事内部财务审计，对会计工作实行控制和再监督。

**（五）单位负责人、会计机构和会计人员在单位内部会计监督中的职责**

1.单位负责人在单位内部会计监督中的职责权限

单位负责人应当保证会计机构、会计人员依法履行职责，不得授意、指使、强令会计机构、会计人员违法办理会计事项。

根据《会计法》的规定，单位负责人负责单位内部会计监督制度的组织实施，对本单位内部会计监督制度的建立及有效实施承担最终责任。

2.会计机构和会计人员在单位内部会计监督中的职责权限

（1）依法开展会计核算和会计监督，对违反《会计法》和国家统一的会计制度规定的会计事项，有权拒绝办理或者按照职权予以纠正。

（2）对单位内部的会计资料和财产物资实施监督。

会计机构和会计人员发现会计账簿记录与实物、款项及有关资料不相符的，按照国家统一的会计制度的规定有权自行处理的，应当及时处理；无权处理的，应当立即向单位负责人报告，请求查明原因，作出处理。

**【例1-25】**（判断）会计机构和会计人员有权对单位内部的会计资料和财产物资实施监督。（　　）

【解析】√。为保证单位会计资料的真实性和完整性，会计机构和会计人员必须加强对本单位内部会计资料和财产物资的监督，这是《会计法》赋予会计机构和会计人员在单位内部会计监督中的重要职责之一。

**（六）内部控制**

1.内部控制的概念与目标

对企业而言，内部控制是指由企业董事会、监事会、经理层和全体员工实施的，旨在实现控制目标的过程。对行政事业单位而言，内部控制是指单位为实现控制目标，通过制定制度、实施措施和执行程序，对经济活动的风险进行防范和管控。

企业内部控制的目标主要包括：

（1）合理保证企业经营管理合法合规。守法和诚信是企业健康发展的基石。逾越法律的短期发展终将付出沉重代价。内部控制要求企业必须将发展置于国家法律法规允许的基本框架之下，在守法的基础上实现自身的发展。

（2）合理保证企业资产安全。资产安全完整是投资者、债权人和其他利益相关者普遍关注的重大问题，是企业可持续发展的物质基础。良好的内部控制，应当为资产安全提供扎实的制度保障。

（3）合理保证企业财务报告及相关信息真实完整。可靠的信息报告能够为企业管理层提供适合其既定目标的准确而完整的信息、支持管理层的决策和监控营运活动及业绩；同时保证对外披露信息报告的真实完整，有利于提升企业的诚信度和公信力，维护企业良好的声誉和形象。

（4）提高经营效率和效果。它要求企业结合自身所处的特定的经营、行业和经济环境，通过健全有效的内部控制，不断提高营运活动的盈利能力和管理效率。

（5）促进企业实现发展战略。这是内部控制的终极目标。它要求企业将近期利益与长远利益结合起来，在企业经营管理中努力作出符合战略要求、有利于提升可持续发展能力和创造长久价值的策略选择。

行政事业单位内部控制的目标主要包括：合理保证单位经济活动合法合规、资产安全和使用有效、财务信息真实完整，有效防范舞弊和预防腐败，提高公共服务的效率和效果。

2.内部控制的原则

企业、行政事业单位建立与实施内部控制，均应遵循全面性原则、重要性原则、制衡性原则和适应性原则。此外企业还应遵循成本效益原则。

（1）全面性原则。内部控制应当贯穿决策、执行和监督全过程，覆盖企业及其所属单位的各种业务和事项。全面性原则有两层含义：一是全过程控制，即对企业整个经营管理活动进行全面控制；二是全员控制，即对企业全体员工进行控制。贯彻全面性原则可以保证企业生产经营活动有序进行。

（2）重要性原则。内部控制应当在全面控制的基础上，关注重要业务事项和高风险领域。内部控制不但应当涵盖企业内部涉及会计工作的各项业务及相关岗位，还应针对业务处理过程中的关键控制点以及关键岗位加以特别的防范。所谓关键控制点，是指业务处理过程中容易出现漏洞，且一旦存在差错就会给企业带来巨大损失的高风险领域。

所谓关键岗位是指有关人员容易实施舞弊的职务。对于关键控制点和关键岗位企业应花费更大的成本，采取更严格的控制措施，使企业的内部控制风险降到最低。

（3）制衡性原则。内部控制应当在治理结构、结构设置及权责分配、业务流程等方面形成相互制约、相互监督，同时兼顾运营效率。所谓制衡，就是创造相互制约的两极或多极，使任何一极都无法单独决定事物的全过程和结果。制衡控制包括治理结构的制衡、机构设置及权责分配的制衡和业务流程的制衡三方面。

（4）适应性原则。内部控制应当与企业经营规模、业务范围、竞争状况和风险水平等相适应，并随着情况的变化及时加以调整。在市场经济中，每个企业的外部环境都在不断地发生变化。环境的变化不以企业的意志为转移，所以每一个企业要想获得生存和发展，必须适应外部环境的变化，否则，企业将会走向失败。适应性原则要求企业建立与实施内部控制应当具有前瞻性，适时地对内部控制系统进行评估，发现可能存在的问题，并及时采取措施予以补救。

（5）成本效益原则。内部控制应当权衡实施成本与预期效益，以适当的成本实现有效控制。成本效益原则要求企业内部控制建设必须统筹考虑投入成本和产出效益之比。对成本效益原则的判断需要从企业整体利益出发，尽管某些控制会影响工作效率，但可能会避免企业整体面临更大损失，所以仍应实施相应控制。

3.内部控制的责任人

对企业而言，董事会负责内部控制的建立健全和有效实施监事会对董事会建立与实施内部控制进行监督。经理层负责组织领导企业内部控制的日常运行。企业应当成立专门机构或者指定应当的机构具体负责组织协调内部控制的建立实施及日常工作。

对行政事业单位而言，单位负责人对本单位内部控制的建立健全和有效实施负责。单位应当建立适合本单位实际情况的内部控制体系，并组织实施。

4.内部控制的内容

企业建立与实施有效的内部控制，应当包括下列要素：

（1）内部环境。内部环境是企业实施内部控制的基础，一般包括治理结构、机构设置及权责分配、内部审计、人力资源政策、企业文化等。

（2）风险评估。风险评估是企业及时识别、系统分析经营活动中与实现内部控制目标相关的风险。

（3）控制活动。控制活动是企业根据风险评估结果，采取相应的控制措施，将风险控制在可承受度之内。

（4）信息与沟通。信息与沟通使企业及时、准确地收集、传递与内部控制相关的信息，确保信息在企业内部、企业与外部之间进行有效沟通。

（5）内部监督。内部监督是企业对内部控制建立与实施情况进行监督检查，评估内部控制的有效性，若发现内部控制缺陷，应当及时加以改进。

行政事业单位建立与实施内部控制的具体工作包括：梳理单位各类经济活动的业务流程，明确业务环节，系统分析经济活动风险，确定风险点，选择风险应对策略，在此基础上根据国家有关规定建立健全单位各项内部管理制度并督促相关工作人员认真执行。

5.内部控制的方法

企业内部控制的方法一般包括不相容职务分离控制、授权审批控制、会计系统控制、财产保护控制、预算控制、运营分析控制和绩效考评控制等。

行政事业单位内部控制的方法一般包括不相容岗位相互分离、内部授权审批控制、归口管理、预算控制、财产保护控制、会计控制、单据控制、信息内部公开等。

**（七）内部审计**

1.内部审计的概念与内容

内部审计是指单位内部的一种独立客观的监督和评价活动，通过单位内部独立的审计机构和审计人员审查与评价本部门、本单位财物收支和其他经营活动以及内部控制的适当性、合法性、有效性来促进单位目标的实现。内部审计的内容是一个不断发展变化的范畴，主要包括财务审计、经营审计、经济责任审计、管理审计和风险管理等。

2.内部审计的特点与作用

（1）内部审计的特点有：内部审计的审计机构和审计人员都设在单位内部；审计的内容更侧重于经营过程是否有效、各项制度是否得到遵守与执行；审计结果的客观性和公正性较低，并且以建议性意见为主。

（2）内部审计在单位内部会计监督制度中的重要作用有：

①预防保护作用。内部审计机构通过对会计部门工作的再监督，有助于强化单位内部管理控制制度，及时发现问题纠正错误，堵塞管理漏洞，减少损失，保护资产的安全与完整，提高会计资料的真实、可靠性。

②服务促进作用。内部审计机构作为单位内部的一个职能部门，熟悉单位的生产经营活动等情况，工作便利。因此，通过内部审计，可在改善管理、挖掘潜力、降低生产成本、提高经济效益等方面起到积极的作用。

③评价鉴证作用。内部审计是基于受托经济责任的需要而产生和发展起来的，是经营管理分权制的产物。随着单位规模的扩大，管理层次增多，对各部门经营业绩的考核与评价是现代管理不可缺少的组成部分。通过内部审计，可以对各部门活动作出客观、公正的审计结论和意见，起到评论和鉴证的作用。

## 二、会计工作的政府监督

**（一）会计工作的政府监督的概念**

会计工作的政府监督主要是指财政部门代表国家对单位和单位中相关人员的会计行为实施的监督检查，以及对发现的违法会计行为实施的行政处罚，是一种外部监督。

财政部门是《会计法》的执法主体，是会计工作的政府监督实施主体。目前，我国会计工作的政府监督的主体是县级以上各级人民政府财政部门。根据《财政部门实施会计监督办法》的规定，县级以上各级人民政府财政部门是本行政区域内各单位会计工作的监督检查部门，对各单位会计工作行使监督权，并依法对违法会计行为实施行政处罚。

我国审计、税务、人民银行、证券监管、保险监管等部门依照有关法律、行政法规规定的职责和权限，也可以对有关单位的会计资料实施监督检查。例如《中华人民共和国税收征收管理法》规定，税务机关有权检查纳税人的会计账簿、记账凭证、会计报表和有关资料。需要说明的是，上述这些部门虽然也履行一定的会计监督检查职责，但与财政部门相比，在监督检查的目的、范围等方面都有明显不同。财政部门进行会计监督检查的目的是规范会计行为，保证会计资料真实完整，其监督检查的范围是针对所有单位，而且对于被检查出来存在违反《会计法》行为的单位和相关人员，有权作出罚款、吊销会计从业资格证书等处罚。相比而言，其他部门只能在其法定的职责范围内对有关单位的会计资料进行监督检查，监督检查的范围和权限不能超越相关法律的规定。

**【例1-26】**（单选）下列各项中，有权对各单位会计工作行使监督权，并依法对违法会计行为实施行政处罚的是（　　）。

A.县级以上财政部门　　B.县级以上税务部门

C.县级以上审计部门　　D.县级以上人民银行

【解析】A。根据我国相关会计法律制度的规定，县级以上人民政府财政部门是本行政区域内各单位会计工作的监督检查部门，对各单位会计工作行使监督权，并依法对违法会计行为实施行政处罚。而审计、税务、人民银行等部门虽然也可以对有关单位的会计资料实施监督检查，但监督检查的范围和权限不能超越相关法律的规定。

### （二）财政部门会计监督检查的内容

财政部门会计监督检查的对象是会计行为，并对发现的有违法会计行为的单位和个人实施行政处罚。违法会计行为是指公民、法人和其他组织违反《会计法》和其他有关法律、行政法规、国家统一的会计制度的行为。财政部门会计监督检查的内容主要包括：

1.对单位依法设置会计账簿的监督检查

财政部门依法对各单位设置会计账簿的下列情况实施监督检查：

（1）应当设置会计账簿的单位是否设置会计账簿。

（2）是否存在账外设账的行为。

（3）是否存在伪造、变造会计账簿的行为。

（4）设置会计账簿是否存在其他违反法律、行政法规和国家统一的会计制度的行为。

2.对单位会计资料的真实性、完整性的监督检查

财政部门依法对各单位会计凭证、会计账簿、财务会计报告和其他会计资料的真实性、完整性实施监督检查，内容包括：

（1）对实际发生的经济业务事项是否及时办理会计手续进行会计核算。

（2）填制的会计凭证、登记的会计账簿、编制的财务会计报告是否与实际发生的经济业务事项相符，是否做到账实相符、账证相符、账账相符、账表相符。

（3）提供的财务会计报告是否符合法律、行政法规和国家统一的会计制度的规定。

（4）其他会计资料是否真实、完整；使用的会计软件及生成的会计资料是否符合法律、行政法规和国家统一的会计制度的规定等。

3.对单位会计核算情况的监督检查

财政部门依法对各单位会计核算的下列情况实施监督检查：

（1）会计核算的内容是否真实、完整。

（2）各单位采用的会计年度、记账本位币、会计处理方法、会计记录文字等是否符合法律、行政法规和国家统一的会计制度的规定。

（3）对资产、负债、所有者权益、收入、支出、费用、成本、利润的确认、计量、记录和报告是否符合国家统一的会计制度的规定。

（4）取得原始凭证、编制记账凭证、登记会计账簿、编制财务会计报告是否符合有关规定。

（5）是否按有关规定建立并实施内部会计监督制度。

（6）会计档案的建立、保管和销毁是否符合有关规定。

（7）会计核算是否有其他违法会计行为等。

4.对单位会计人员从业资格和任职资格的监督检查

财政部门依法对各单位任用会计人员的下列情况实施监督检查：

（1）从事会计工作的人员是否取得会计从业资格证书。

（2）会计机构负责人（会计主管人员）是否具备规定的任职资格等。

5.对会计师事务所出具的审计报告的程序和内容的监督检查

根据我国《会计法》的规定，财政部门有权对会计师事务所出具的审计报告的程序和内容进行监督检查。

### （三）会计工作的政府监督的要求

会计工作的政府监督的要求有：

（1）财政部门对受理的单位和个人就违法会计行为的检举应当及时按照有关规定处理，不得将检举人姓名和检举材料转给被检举单位和被检举人个人。

（2）依法对有关单位的会计资料实行监督检查的部门及其工作人员，对监督检查中知悉的国家秘密和商业秘密负有保密义务。

（3）财政部和省级财政部门在实施监督检查过程中应当严格遵守财政检查工作的有关规定，不得妨碍会计师事务所的正常经营活动，不得索取或者收受财物，不得谋取其他利益；应当在认定事实清楚、证据确凿、定性准确、法律依据充分的情况下依法处理。

（4）各单位也必须依照有关法律和行政法规的规定，接受有关监督检查部门依法实施的监督检查，如实提供会计凭证、会计账簿、财务会计报告和其他会计资料以及有关情况，不得拒绝、隐匿、谎报。

## 三、会计工作的社会监督

### （一）会计工作的社会监督的概念

会计工作的社会监督主要是指由注册会计师及其所在的会计师事务所依法对委托单位的经济活动进行审计、鉴证的一种监督制度。这种监督制度有利于规范会计秩序，提升会计信息质量，维护社会公众利益和投资者合法权益。

此外，单位和个人检举会计违法行为，也属于会计工作的社会监督的范畴。任何单位和个人对违反《会计法》和国家统一的会计制度的行为，都有权进行检举。收到检举的部门和负责处理的部门应当为检举人保密，不得将检举人姓名和检举材料转给被检举单位和被检举个人。

【例 1-27】（多选）会计工作的社会监督主要包括（　　）。

A.注册会计师及其所在的会计师事务所依法实施的监督

B.审计、税务和人民银行依法实施的监督

C.县级以上财政部门依法实施的监督

D.单位和个人对会计违法行为的检举

【解析】AD。会计工作的社会监督主要是指由注册会计师及其所在的会计师事务所依法对委托单位的经济活动进行审计、鉴证的一种监督制度。除此之外，单位和个人检举会计违法行为，也属于会计工作的社会监督的范畴。而县级以上财政部门及审计、税务和人民银行依法实施的监督则属于会计工作的政府监督。

**（二）会计师事务所的业务范围**

注册会计师是依法取得注册会计师证书并接受委托从事审计业务以及会计咨询和会计服务业务的执业人员。注册会计师可以申请设立合伙会计师事务所或者有限责任会计师事务所。会计师事务所是指依法设立并承办注册会计师业务的机构。设立会计师事务所，应当由全体合伙人或者全体股东提出申请，由拟设立的会计师事务所所在地的省级财政部门批准。注册会计师执行业务，应当加入会计师事务所。

注册会计师及其所在的会计师事务所的业务范围主要包括审计业务以及会计咨询和会计服务业务。

1.审计业务

审计业务是指注册会计师接受委托，对企业、其他经济组织或个人的财务会计报告或者其他特定事项所进行的审计，并以出具审计报告为目的。

注册会计师的审计业务包括：

（1）审查企业财务会计报告，出具审计报告。出具审计报告是注册会计师业务的主要部分。注册会计师在根据独立审计准则的要求、完成了预定的审计程序、取得相应的审计证据后，应编制和出具审计报告。审计报告主要表述注册会计师的审计意见，具有法定证明效力，无需任何单位和部门的审定。注册会计师及其所在的会计师事务所对其出具的审计报告的真实性、合法性要承担相应的法律责任。

（2）验证企业资本，出具验资报告。根据《中华人民共和国公司法》、《中华人民共和国企业登记管理条例》等国家法律、法规的规定，公司及其他企业在设立审批时，按规定提交注册会计师的验资报告。

在验资时，注册会计师应当根据国家有关法律、行政法规的规定，对被审验单位的实收资本及其相关资产、负债的真实性、合法性进行审验。在取得充分、适当的验资证据，分析、评价验资结论后，注册会计师应编制和出具验资报告，表明验资意见。验资报告具有法定证明效力，注册会计师及其所在的会计师事务所对其出具的验资报告承担相应的法律责任。

（3）办理企业合并、分立、清算事宜中的审计业务，出具有关的报告。企业在合并、分立或终止清算时，应当按照国家财务会计法规的规定，分别编制合并时与分立时的会计报表以及终止清算报表。企业委托注册会计师及其会计师事务所对其编报的报表进行审计，以增加会计报表使用人对这些报表的信赖程度。

在对这些会计报表的审计过程中，注册会计师应当审查形成会计报表各项目数据的所有会计资料及其反映的经济业务事项，并关注合并、分立及清算过程中出现的特定事项，在取得充分、适当的审计证据后，复核各项审计结论，编制和出具审计报告，表示审计意见。该审计报告同样具有法定证明效力，注册会计师及其所在的会计师事务所对其所处出具的审计报告应当承担相应的责任。

（4）法律、行政法规规定的其他审计业务。

2.会计咨询和会计服务业务

注册会计师进行的会计咨询、会计服务业务，就是注册会计师凭借其专门知识和实践经验，受托或主动服务于被审计单位的经营管理者和其他业务人员，在帮助企业健全内部管理制度和会计制度，进行财务诊断，建立经营、会计电算化系统，组织财会人员培训，以及对重大经济决策和主要投资项目、生产项目等的实施进行论证等方面为客户提供专业服务。

通常会计咨询、会计服务业务包括以下内容：设计财务会计制度、培训会计人员；担任会计顾问，提供会计、财务、税务和其他经济管理咨询；代理记账；代理纳税申报；代办申请注册登记，协助拟定合同、协议、章程及其他经济文件；办理投资评估、资产评估和项目可行性研究中的有关业务；其他会计咨询和会计服务业务。

会计咨询、服务业务并非注册会计师的法定业务。一般情况下，注册会计师的个人或组织也可承办会计咨询、服务业务，注册会计师承办会计咨询、服务业务不具有公正性质，出具的有关报告也不具有法定证明效力。

**（三）注册会计师审计与内部审计的关系**

内部审计是由各部门、各单位内部设置的专门机构或人员实施的审计。它是随着企业规模的扩大、内部分级管理的出现而逐步形成的。早期的内部审计诞生于19世纪中叶的英国。第二次世界大战后，由于市场竞争更加激烈，促使企业更加重视内部经济管理，内部审计得到迅速发展。

内部审计与注册会计师审计一样，都是现代审计体系的组成部分。从我国情况看，注册会计师审计与内部审计在许多方面存在很大区别：

1.两者的审计目标不同

内部审计主要是对内部控制的有效性、财务信息的真实性和完整性以及经营活动的效率和效果所开展的一种评价活动；注册会计师审计主要是对被审计单位财务报表的真实性（或合法性）和公允性进行审计。

2.两者独立性不同

内部审计为组织内部服务，接受总经理或董事会的领导，独立性较弱。注册会计师审计为需要可靠信息的第三方提供服务，不受被审计单位管理层的领导和制约，独立性较强。

3.两者接受审计的自愿程度不同

内部审计是代表总经理或董事会实施的组织内部监督，是内部控制制度的重要组成部分，单位内部的组织必须接受内部审计人员的监督。注册会计师审计是以独立的第三方对被审计单位进行的审计，委托人可自由选择会计师事务所。

4.两者遵循的审计标准不同

内部审计人员遵循的是内部审计准则，而注册会计师遵循的是注册会计师审计准则。

5.两者审计的时间不同

内部审计通常对单位内部组织采用定期或不定期审计，时间安排比较灵活；注册会计师审计通常是定期审计，每年对被审计单位的财务报表审计一次。

注册会计师审计与内部审计尽管存在很大的差别，但是注册会计师审计作为一种外部审计，在工作中要利用内部审计的工作成果。任何一种外部审计在对一个单位进行审计时，都要对其内部审计的情况进行了解并考虑是否利用其工作成果。这是由于：

（1）内部审计是单位内部控制的一部分。内部审计作为单位内部的经济监督机构，虽然不参与单位的经营管理活动，但主要对各项经营管理活动是否达到预定目标、是否遵循了单位的规章制度等进行监督，属于单位内部控制体系的一个组成部分。外部审计人员在对被审计单位进行审计时，要对内部控制制度进行测评，就必须了解内部审计的设置和工作情况。

（2）内部审计和外部审计在工作上具有一致性。内部审计在审计内容、审计方法等方面都和外部审计有许多一致之处。例如，在进行财务审计时，两者在方法上都要评价内部控制制度，检查凭证、账册，核对账表一致性等。这就为外部审计利用内部审计工作的成果创造了条件。

（3）利用内部审计工作成果可以提高审计效率，节约审计费用。外部审计人员在对内部审计工作进行评价以后，利用其全部或部分工作成果，可以减少现场测试的工作量，提高工作效率，从而节约被审计单位的审计费用。

**【例1-28】**（判断）注册会计师审计与内部审计具有工作上的一致性。（　　）

【解析】√。注册会计师审计作为一种外部审计，在工作中要利用到内部审计的工作成果，因此两者在工作上具有一致性。

## 实务指南

### 如何加强单位货币资金内部控制制度

为了加强对单位货币资金的内部控制和管理，保证货币资金的安全，各单位应根据本单位业务特点和管理要求建立货币资金内部控制制度，并组织实施。

1.岗位分工及授权批准

单位应当建立货币资金业务的岗位责任制，明确相关部门和岗位的职责权限，确保办理货币资金业务的不相容岗位相互分离、制约和监督。

出纳人员不得兼任稽核、会计档案保管和收入、支出、费用、债权债务账目的登记工作。

单位不得由一人办理货币资金业务的全过程。

单位办理货币资金业务，应当配备合格的人员，并根据单位具体情况进行岗位轮换。

单位应当对货币资金业务建立严格的授权批准制度，明确审批人对货币资金业务的授权批准方式、权限、程序、责任和相关控制措施，规定经办人办理货币资金业务的职责范围和工作要求。

审批人应当根据货币资金授权批准制度的规定，在授权范围内进行审批，不得超越审批权限。

经办人应当在职责范围内，按照审批人的批准意见办理货币资金业务。对于审批人超越授权范围审批的货币资金业务，经办人员有权拒绝办理，并及时向审批人的上级授权部门报告。

2.按照规定的程序办理货币资金支付业务

(1) 支付申请。单位有关部门或个人用款时，应当提前向审批人提交货币资金支付申请，注明款项的用途、金额、预算、支付方式等内容，并附有效经济合同或相关证明。

(2) 支付审批。审批人根据其职责、权限和相应程序对货币资金支付申请进行审批。对不符合规定的货币资金支付申请，审批人应当拒绝批准。

(3) 支付复核。复核人应当对批准后的货币资金支付申请进行复核，复核货币资金支付申请的批准范围、权限、程序是否正确，手续及相关单证是否齐备，金额计算是否准确，支付方式、支付单位是否妥当等。复核无误后，交由出纳人员办理支付手续。

(4) 办理支付。出纳人员应当根据复核无误的货币资金支付申请，按规定办理货币资金支付手续，及时登记库存现金和银行存款日记账。

3.票据及有关印章的管理

单位应当加强与货币资金相关的票据的管理，明确各种票据的购买、保管、领用、背书转让、注销等环节的职责权限和程序，并专设登记簿进行记录，防止空白票据的遗失和被盗用。

单位应当加强银行预留印鉴的管理。财务专用章应由专人保管，个人名章必须由本人或其授权人员保管。严禁一人保管支付款项所需的全部印章。

按规定需要有关负责人签字或盖章的经济业务，必须严格履行签字或盖章手续。

## 考场指南

1.三位一体的会计监督体系：单位内部监督、政府监督和社会监督相互联系、相互协调。

2.单位内部会计监督：为了保护单位资产的安全、完整，在单位内部采取的一系列相互制约、相互监督的制度和方法，其本质是一种内部控制制度。

3.会计工作的政府监督：财政部门代表国家对单位和单位中相关人员的会计行为实施的监督检查，以及对发现的违法会计行为实施的行政处罚，是一种外部监督。

4.会计工作的社会监督：注册会计师及其所在的会计师事务所依法对委托单位的经济活动进行的审计、鉴证。

# 第五节　会计机构和会计人员

会计机构是指单位内部设置的办理会计事务的职能部门。会计人员是指依法在会计岗位上直接从事会计工作的人员。建立健全会计机构，配备数量和质量都相当的、具备从业资格的会计人员是各单位做好会计工作，充分发挥会计职能作用的重要保证。

## 一、会计机构的设置

《会计法》第三十六条规定："各单位应当根据会计业务的需要，设置会计机构，或者在有关机构中设置会计人员并指定会计主管人员；不具备设置条件的，应当委托经批准设立从事会计代理记账业务的中介机构代理记账。"

### （一）单位会计机构的设置

原则上各单位都需要设置专门从事会计工作的职能部门，即会计机构，但由于各单位的经营和业务规模等情况不一样，各单位可以而且有权根据业务需要决定是否设置专门的会计机构。会计机构的设置形式存在两种，设置单独的会计机构和不设置单独的会计机构。

一般而言，一个单位是否单独设置会计机构，往往取决于三个因素：单位的规模、经济业务和财务收支的繁简、经营管理的要求。一般而言，大中型企业和具有一定规模的行政事业单位，以及财务收支数额较大、会计业务较多的社会团体和其他经济组织，应单独设置会计机构。对于规模较小、业务和人员都不多的单位，可以不单独设置会计机构，而应将会计业务并入其他机构，或委托中介机构代理记账，但不单独设置会计机构的单位应在有关机构中配备会计人员并指定会计主管人员。

### （二）会计机构负责人（会计主管人员）的概念

《会计基础工作规范》第六条规定："设置会计机构，应当配备会计机构负责人；在有关机构中配备专职会计人员，应当在专职会计人员中指定会计主管人员。"

会计机构负责人是指在一个单位内具体负责会计工作的中层领导人员。在一个单位内部，不论是单独设置会计机构，还是不单独设置会计机构而在有关机构中设置会计人员，都要指定负责人。对于单独设置会计机构的单位，该负责人就是会计机构负责人；对于在有关机构中设置会计人员的单位，该负责人就是会计主管人员。需要说明的是，会计主管人员不同于通常所说的"会计主管"、"主管会计"和"主办会计"等，是指在一个单位内负责组织管理会计事务、行使会计机构负责人职权的负责人。

### （三）会计机构负责人（会计主管人员）的任职资格

《会计法》第三十八条规定："从事会计工作的人员，必须取得会计从业资格证书。担任会计机构负责人（会计主管人员）的，除取得会计从业资格证书外，还应当具备会计师以上专业技术职务资格或者从事会计工作3年以上经历。"会计机构负责人（会计主管人员）也是会计人员，所以应当同从事会计工作的其他普通人员一样，必须取得会计从业资格证书。而对专业技术资格等级或者工作经历提出要求，则是由会计机构负责人（会计主管人员）岗位职责所决定的。

除此之外，会计机构负责人（会计主管人员）还应具备下列基本条件：

（1）坚持原则，廉洁奉公。

（2）熟悉国家财经法律、法规、规章和方针、政策，掌握本行业业务管理的有关知识。

（3）有较强的组织能力。

（4）身体状况能够适应本职工作的要求。

以上4个方面基本条件的要求，也是会计机构负责人（会计主管人员）履行岗位职责、胜任本职工作的重要保证。

**【例1-29】**（单选）对于不单独设置会计机构而在有关机构中设置会计人员并指定负责人的单位，其指定的负责人是指（　　）。

A.会计主管　　B.主办会计　　C.主管会计　　D.会计主管人员

【解析】D。会计主管人员是指在一个单位内负责组织管理会计事务、行使会计机构负责人职权的负责人，不同于通常所说的"会计主管"、"主管会计"和"主办会计"等。对于在有关机构中设置会计人员的单位，其指定的负责人就是会计主管人员。

## 二、代理记账

代理记账是指从事代理记账业务的社会中介机构接受委托人的委托办理会计业务。委托人是指委托代理记账机构办理会计业务的单位。代理记账机构是指从事代理记账业务的中介机构。财政部于2005年1月22日发布了《代理记账管理办法》，对代理记账机构设立的条件、代理记账的业务范围、代理记账机构与委托人的关系、代理记账人员应遵循的道德准则等作了具体的规定。

### （一）设立代理记账机构的条件

申请设立除会计师事务所以外的代理记账机构，应当经所在地的县级以上人民政府财政部门（以下简称审批机关）批准，并领取由财政部统一印制的代理记账许可证书。具体审批机关由省、自治区、直辖市、计划单列市人民政府财政部门确定。

设立代理记账机构，除国家法律、行政法规另有规定外，应当符合下列条件：

（1）有3名以上持有会计从业资格证书的专职从业人员。

（2）主管代理记账业务的负责人必须具有会计师以上专业技术资格。

（3）有固定的办公场所。

（4）有健全的代理记账业务规范和财务会计管理制度。

### （二）代理记账的业务范围

《代理记账管理办法》第十二条规定："代理记账机构可以接受委托，受托办理委托人的以下业务：

（1）根据委托人提供的原始凭证和其他资料，按照国家统一的会计制度的规定进行会计核算，包括审核原始凭证、填制记账凭证、登记会计账簿、编制财务会计报告等。

（2）对外提供财务会计报告。代理记账机构为委托人编制的财务会计报告，经代理记账机构负责人和委托人签名并盖章后，按照有关法律、行政法规和国家统一的会计制度的规定对外提供。

（3）向税务机关提供税务资料。

（4）委托人委托的其他会计业务。”

**（三）委托代理记账的委托人的义务**

《代理记账管理办法》第十四条规定：“委托人委托代理记账机构代理记账的，应当履行以下义务：

（1）对本单位发生的经济业务事项，应当填制或者取得符合国家统一的会计制度规定的原始凭证。

（2）应当配备专人负责日常货币的收支和保管。

（3）及时向代理记账机构提供真实、完整的原始凭证和其他相关资料。

（4）对于代理记账机构退回的要求按照国家统一的会计制度的规定进行更正、补充的原始凭证，应当及时予以更正、补充。”

**【例1-30】**（多选）下列各项中，属于委托代理记账的委托人的义务的是（　　）。

A.对本单位发生的经济业务事项，编制记账凭证

B.配备专人负责日常货币收支

C.向代理记账机构提供真实、完整的原始凭证

D.向税务机关提供税务资料

【解析】BC。根据《代理记账管理办法》的规定，委托代理记账的委托人应当配备专人负责日常货币的收支和保管，及时向代理记账机构提供真实、完整的原始凭证和其他相关资料。而编制记账凭证、向税务机关提供税务资料，则是代理记账机构的业务范围，不属于委托代理记账的委托人的义务。

**（四）代理记账机构及其从业人员的义务**

《代理记账管理办法》第十五条规定：“代理记账机构及其从业人员应当履行下列义务：

（1）按照委托合同办理代理记账业务，遵守有关法律、行政法规和国家统一的会计制度的规定。

（2）对在执行业务中知悉的商业秘密应当保密。

（3）对委托人示意其作出不当的会计处理，提供不真实的会计资料，以及其他不符合法律、行政法规和国家统一的会计制度规定的要求，应当拒绝。

（4）对委托人提出的有关会计处理原则问题应当予以解释。”

**（五）法律责任**

根据《代理记账管理办法》第二十三条规定，代理记账机构及其从事代理记账业务人员在办理业务中违反会计法律、行政法规和国家统一的会计制度规定的，由县级以上人民政府财政部门依据《会计法》及相关法规的规定处理。

代理记账机构违反《代理记账管理办法》和国家有关规定造成委托人会计核算混乱、损害国家和委托人利益的，委托人故意向代理记账机构隐瞒真实情况或者委托人会同代理记账机构共同提供不真实会计资料的，应当承担相应法律责任。

对于未经批准从事代理记账业务的，由县级以上人民政府财政部门责令其改正，并

予以公告。

## 三、会计从业资格

会计工作是一项专业性与政策性很强的技术工作，因此从事会计工作的人员应当具备从业资格和条件，这是保证会计工作质量的重要前提。

会计从业资格是指进入会计职业、从事会计工作的一种法定资质，是进入会计职业的“门槛”。从事会计工作的人员必须取得会计从业资格证书才能上岗工作，否则不能从事会计工作，不得参加会计专业技术资格考试或评审、会计专业职务的聘任，不得申请取得会计人员荣誉证书，这是保证会计工作质量的重要前提。为了加强会计从业资格管理，规范会计人员行为，2012年12月5日财政部以第73号令发布了《会计从业资格管理办法》，并于2013年7月1日起施行。

### （一）会计从业资格证书的适用范围

会计从业资格证书是具备会计从业资格的证明文件，在全国范围内有效。《会计从业资格管理办法》第三条规定：“在国家机关、社会团体、企业、事业单位和其他组织中担任会计机构负责人（会计主管）的人员，以及从事下列会计工作的人员应当取得会计从业资格：（1）出纳；（2）稽核；（3）资本、基金核算；（4）收入、支出、债权债务核算；（5）职工薪酬、成本费用、财务成果核算；（6）财产物资的收发、增减核算；（7）总账；（8）财务会计报告编制；（9）会计机构内会计档案管理；（10）其他会计工作。”

### （二）会计从业资格的取得

1.会计从业资格的取得实行考试制度

会计从业资格考试科目为财经法规与会计职业道德、会计基础、会计电算化（或者珠算）。

会计从业资格考试大纲、考试合格标准由财政部统一制定和公布。会计从业资格考试实行无纸化考试，无纸化考试题库由财政部统一组织建设。各省、自治区、直辖市、计划单列市财政厅（局）（以下简称省级财政部门），新疆生产建设兵团财务局，中共中央直属机关事务管理局、国务院机关事务管理局、中国人民解放军总后勤部、中国人民武装警察部队后勤部（以下简称中央主管单位），负责组织实施下列管理范围内的会计从业资格考试事项：

（1）制定会计从业资格考试考务规则。

（2）组织会计从业资格考试软件系统的建设及管理。

（3）接收并管理财政部下发的会计从业资格无纸化考试题库。

（4）组织开展会计从业资格考试。

（5）监督检查会计从业资格考试考风、考纪，并依法对违规违纪行为进行处理处罚。

2.会计从业资格考试的报名条件

申请参加会计从业资格考试的人员，应当符合下列基本条件：

（1）遵守会计和其他财经法律、法规。

（2）具备良好的道德品质。

（3）具备会计专业基本知识和技能。

但下列两种情形除外：一是因违法违纪行为被依法吊销会计从业资格证书的人员，自被吊销之日起5年内（含5年）不得参加会计从业资格考试，不得重新取得会计从业资格证书；二是因有提供虚假财务会计报告，做假账，隐匿或者故意销毁会计凭证、会计账簿、财务会计报告，贪污、挪用公款，职务侵占等与会计职务有关的违法行为，被依法追究刑事责任的人员，不得参加会计从业资格考试，不得取得或者重新取得会计从业资格证书。

3.会计从业资格证书的申请和取得

会计从业资格各考试科目应当一次性通过。会计从业资格管理机构应当在考试结束后及时公布考试结果，通知考试通过人员在考试结果公布之日起6个月内，到指定的会计从业资格管理机构领取会计从业资格证书。通过会计从业资格考试的人员，应当持本人有效身份证件原件，在规定的期限内，到指定的地点领取会计从业资格证书。通过会计从业资格考试的人员，可以委托代理人领取会计从业资格证书。代理人领取会计从业资格证书时，应当持本人和委托人的有效身份证件原件。

**（三）会计从业资格证书管理**

会计从业资格证书是具备会计从业资格的证明文件，在全国范围内有效。一般情况下，县级以上地方人民政府财政部门负责本行政区域内的会计从业资格管理。取得会计从业资格、从事会计工作后，会计从业人员仍应接受会计从业资格管理机构的监管。持有会计从业资格证书的人员（以下简称持证人员）不得涂改、出借会计从业资格证书。

1.会计从业资格的管理机构

县级以上地方人民政府财政部门负责本行政区域内的会计从业资格管理。中共中央直属机关事务管理局、国务院机关事务管理局、中国人民解放军总后勤部、中国人民武装警察部队后勤部等中央主管单位和新疆生产建设兵团财务局等按各自权限负责本部门（本系统）的会计从业资格管理。

2.信息化管理制度

会计从业资格实行信息化管理。会计从业资格管理机构应当建立持证人员从业档案信息系统，及时记载、更新持证人员下列信息：

（1）持证人员的相关基础信息。

（2）持证人员从事会计工作情况。

（3）持证人员的变更、调转登记情况。

（4）持证人员换发会计从业资格证书情况。

（5）持证人员接受继续教育情况。

（6）持证人员受到表彰奖励情况。

（7）持证人员因违反会计法律、法规、规章和会计职业道德被处罚情况。

3.监督检查制度

会计从业资格管理机构应当对下列情况实施监督检查：

（1）从事会计工作的人员持有会计从业资格证书情况。

（2）持证人员换发、调转、变更登记会计从业资格证书情况。

（3）持证人员从事会计工作和执行国家统一的会计制度情况。

（4）持证人员遵守会计职业道德情况。

（5）持证人员接受继续教育情况。

会计从业资格管理机构在实施监督检查时，持证人员应当如实提供有关情况和材料，有关单位应当予以配合。

会计从业资格管理机构还应当对开展会计人员继续教育的培训机构进行监督和指导，规范培训市场，确保培训质量。

**（四）会计人员继续教育**

会计人员继续教育是指国家为提高持有会计从业资格证书人员（以下简称会计人员）政治素质、业务能力、职业道德水平，使其知识和技能不断得到更新、补充、拓展和提高而对会计人员进行的综合素质教育。为加强继续教育的管理，推进会计人员继续教育工作科学化、规范化、信息化，培养造就高素质的会计队伍，提高会计人员专业胜任能力，2013年8月27日，财政部以财会[2013]18号印发《会计人员继续教育规定》，对2006年11月20日发布的《会计人员继续教育规定》进行修订。该规定分总则、管理体制、内容与形式、学分管理、机构管理、师资与教材、监督与检查、附则，共8章38条，自2013年10月1日起施行。《会计人员继续教育规定》明确会计人员享有参加继续教育的权利和接受继续教育的义务，并采取学分制管理制度。

1.会计人员继续教育的对象和特点

（1）会计人员继续教育的对象是取得并持有会计从业资格证书的人员。取得并持有会计从业资格证书的人员，应当自取得资格的次年开始参加继续教育，并在规定时间内取得规定学分。会计人员继续教育分为高级、中级和初级3个级别：

①高级会计人员继续教育的对象为取得或者受聘高级会计专业技术资格（职称）及具备相当水平的会计人员。

②中级会计人员继续教育的对象为取得或者受聘中级会计专业技术资格（职称）及具备相当水平的会计人员。

③初级会计人员继续教育的对象为取得或者受聘初级会计专业技术资格（职称）的会计人员，以及取得会计从业资格证书但未取得或者受聘初级会计专业技术资格（职称）的会计人员。

（2）会计人员继续教育的特点：

①针对性，即针对不同对象确定不同的教育内容，采取不同的教育方式，解决实际问题。

②适应性，即联系实际工作需要，学以致用。

③灵活性，即继续教育在培训内容、方法、形式等方面具有灵活性。

2.会计人员继续教育的基本原则

（1）以人为本，按需施教。把握会计行业发展趋势和会计人员从业基本要求，突出提升会计人员专业胜任能力，引导会计人员更新知识、拓展技能，提高解决实际问题的能力。

（2）突出重点，提高能力。会计人员继续教育面向会计人员，全面提高会计人员整体素质，进一步改善会计人员知识结构。

（3）加强指导，创新机制。在统筹规划的前提下，有效利用各方面教育资源，引导社会办学单位参与会计人员继续教育，并不断丰富继续教育内容，创新继续教育方式，整合继续教育资源，提高继续教育质量，逐步形成政府部门规划指导、社会单位积极参与、用人单位支持督促的会计人员继续教育的格局。

3.会计人员继续教育的内容

会计人员继续教育的内容主要包括会计理论、政策法规、业务知识、技能训练和职业道德等。

（1）会计理论继续教育，重点加强会计基础理论和应用理论的培训，提高会计人员用理论指导实践的能力。

（2）政策法规继续教育，重点加强会计法规制度及其他相关法规制度的培训，提高会计人员依法理财的能力。

（3）业务知识培训和技能训练，重点加强履行岗位职责所必备的专业知识和经营管理、内部控制、信息化等方面的培训，提高会计人员的实际工作能力和业务技能。

（4）职业道德继续教育，重点加强会计职业道德的培训，提高会计人员职业道德水平。

4.会计人员继续教育的形式

会计人员继续教育采取接受培训和在职自学两种形式：

（1）会计人员可以自愿选择参加继续教育主管部门认可的接受培训的形式：

①参加县级以上地方人民政府财政部门、中央主管单位、新疆生产建设兵团财务局（以下简称继续教育管理部门）组织的会计人员继续教育师资培训、会计脱产培训、远程网络化会计培训；

②参加继续教育管理部门公布的会计人员继续教育机构组织的会计脱产培训、远程网络化会计培训；

③参加继续教育管理部门公布的会计人员所在单位组织的会计脱产培训、远程网络化会计培训；

④参加财政部组织的全国会计领军人才培训；

⑤参加财政部组织的大中型企事业单位总会计师素质提升工程培训；

⑥参加省级财政部门、中央主管单位、新疆生产建设兵团财务局组织的高端会计人才培训；

⑦参加中国注册会计师继续教育培训；

⑧参加继续教育管理部门组织的其他形式培训。

（2）在职自学是会计人员继续教育的重要补充。在职自学形式包括：

①参加财政部组织的全国会计领军人才考试，以及省级财政部门、中央主管单位、新疆生产建设兵团财务局组织的高端会计人才考试；

②参加会计、审计专业技术资格考试，以及注册会计师、注册资产评估师、注册税务师考试；

③参加国家教育行政主管部门承认的会计类专科以上学位学历教育；

④承担继续教育管理部门或其认可的会计学术团体的会计类研究课题，或在有国内统一刊号（CN）的经济管理类报刊上发表会计类论文；

⑤公开出版会计类书籍；

⑥参加省级以上财政部门、中央主管单位、新疆生产建设兵团财务局组织或其认可的会计类知识大赛；

⑦继续教育管理部门认可的其他形式。

5.会计人员继续教育的学分管理

会计人员参加继续教育采取学分制管理制度，每年参加继续教育取得的学分不得少于24学分。会计人员参加继续教育取得的学分，在全国范围内有效。

（1）继续教育学分计量标准如下：

①接受培训形式的继续教育，考试或考核合格的，每学时折算为1学分。

②参加中国注册会计师继续教育培训，经所属注册会计师协会确认的，每学时折算为1学分。

③参加财政部组织的全国会计领军人才考试，以及省级财政部门、中央主管单位、新疆生产建设兵团财务局组织的高端会计人才考试，被录取的，折算为24学分。

④参加会计、审计专业技术资格考试，以及注册会计师、注册资产评估师、注册税务师考试，每通过一科考试，折算为24学分。

⑤参加国家教育行政主管部门承认的会计类专科以上学位学历教育，通过当年度一个学习科目考试或考核的，折算为24学分。

⑥独立承担继续教育管理部门或其认可的会计学术团体的会计类研究课题，课题结项的，每项研究课题折算为24学分；与他人合作完成的，每项研究课题的第一作者折算为24学分，其他作者每人折算为12学分。

⑦独立在有国内统一刊号的经济管理类报刊上发表会计类论文的，每篇论文折算为24学分；与他人合作发表的，每篇论文的第一作者折算为24学分，其他作者每人折算为12学分。

⑧独立公开出版会计类书籍的，每本会计类书籍折算为24学分；与他人合作出版的，每本会计类书籍的第一作者折算为24学分，其他作者每人折算为12学分。

⑨参加省级以上财政部门、中央主管单位、新疆生产建设兵团财务局组织或其认可的会计类知识大赛，成绩合格或受到表彰的，折算为24学分。

会计人员参加继续教育取得的学分，均在当年度有效，不得结转下年度。

（2）会计人员在省级财政部门、中央主管单位、新疆生产建设兵团财务局管辖范围之间办理调转登记时，未按规定完成继续教育的，应当分情况进行处理：

①会计人员未按规定完成以前年度继续教育的，应当在调出地完成以前年度继续教育后，才能办理会计从业资格调转手续。

②会计人员未按规定完成当年度继续教育的，调出地应当在其调转登记表中予以注明，会计人员办理调转后，应当在调入地完成当年度继续教育。

会计人员由于病假、在境外工作、生育等原因，无法在当年完成继续教育取得规定学分的，应当提供合理证明，经继续教育管理部门审核确认后，其没有取得的继续教育学分可以顺延至下一年度取得。

**【例 1-31】**（判断）参加继续教育主管部门认可的接受培训是会计人员继续教育的唯一形式。（　　）

【解析】×。根据《会计人员继续教育规定》，参加继续教育主管部门认可的接受培训是会计人员继续教育的主要形式，在职自学则是会计人员继续教育的重要补充形式。

6.会计人员继续教育的管理

（1）财政部负责全国会计人员继续教育的管理。省级财政部门负责本地区的会计人员继续教育的组织管理工作。中央主管单位和新疆生产建设兵团财务局应当按照会计从业资格管理体制，分别负责中央在京单位、中国人民解放军系统、中国人民武装警察部队系统和新疆生产建设兵团财务局会计人员继续教育的组织实施工作。

会计人员所在单位负责组织和督促本单位的会计人员参加继续教育。会计人员所在单位应当遵循教育、考核、使用相结合的原则，支持、督促并组织本单位会计人员参加继续教育，保证学习时间，提供必要的学习条件。

（2）会计人员继续教育管理实行登记制度。会计人员办理继续教育事项登记，可以通过以下两种途径：

①会计人员参加继续教育经考试或考核合格后，应当在3个月内持会计从业资格证书、相关证明材料向所属继续教育管理部门办理继续教育事项登记；

②继续教育管理部门根据公布的会计人员继续教育机构或会计人员所在单位报送的会计人员继续教育信息，为会计人员办理继续教育事项登记。

继续教育管理部门应当建立健全会计人员从业档案信息系统，如实记载会计人员接受继续教育情况。

**（五）变更登记制度**

持证人员的姓名、有效身份证件及号码、照片、学历或学位、会计专业技术职务资格、开始从事会计工作时间等基础信息，以及会计持证人员接受继续教育情况和受表彰奖励情况发生变化的，应当持相关有效证明和会计从业资格证书，到所属会计从业资格管理机构办理从业档案信息变更。会计从业资格管理机构应当在核实相关信息后，为持证人员办理从业档案信息变更。

持证人员的其他相关信息发生变化的，应当登录所属会计从业资格管理机构指定网站进行信息变更，也可以到所属会计从业资格管理机构办理。

**（六）调转登记制度**

（1）持证人员所属会计从业资格管理机构发生变化的，应当及时办理调转登记手续。

（2）持证人员所属会计从业资格管理机构在各省级财政部门、新疆生产建设兵团财务局、中央主管单位各自管辖范围内发生变化的，应当持会计从业资格证书、工作证明（或户籍证明、居住证明）到调入地所属会计从业资格管理机构办理调转登记。

（3）持证人员所属会计从业资格管理机构在各省级财政部门、新疆生产建设兵团财务局、中央主管单位管辖范围之间发生变化的，应当及时填写调转登记表，持会计从业资格证书，到原会计从业资格管理机构办理调出手续。持证人员应当自办理调出手续之日起3个月内，持会计从业资格证书、调转登记表和在调入地的工作证明（或户籍证明、居住证明），到调入地会计从业资格管理机构办理调入手续。

（4）持证人员应当妥善保管会计从业资格证书。如有遗失，持证人员应当在履行公告程序后，填写补发申请表，持有关证明材料，向所属会计从业资格管理机构申请补发会计从业资格证书。会计从业资格管理机构核实无误后，应当自受理之日起20个工作日内予以补发。

（5）证书如有毁损，持证人员应当填写补发申请表，持毁损证书原件，向所属会计从业资格管理机构申请补发会计从业资格证书。会计从业资格管理机构核实无误后，应当自受理之日起20个工作日内予以补发。

### （七）定期换证制度

会计从业资格证书实行6年定期换证制度。

持证人员应当在会计从业资格证书到期前6个月内，填写定期换证登记表，持有效身份证件原件和会计从业资格证书，到所属会计从业资格管理机构办理换证手续。

### （八）会计从业资格的撤销

有下列情形之一的，会计从业资格管理机构可以撤销持证人员的会计从业资格：

（1）会计从业资格管理机构工作人员滥用职权、玩忽职守，作出给予持证人员会计从业资格决定的。

（2）超越法定职权或者违反法定程序，作出给予持证人员会计从业资格决定的。

（3）对不具备会计从业资格的人员，作出给予会计从业资格决定的。

持证人员以欺骗、贿赂、舞弊等不正当手段取得会计从业资格的，会计从业资格管理机构应当撤销其会计从业资格。

### （九）会计从业资格的注销

持证人员具有下列情形之一的，会计从业资格管理机构应当注销其会计从业资格：

1.死亡或者丧失行为能力的。

2.会计从业资格被依法吊销的。

## 四、会计专业职务及会计专业技术资格

会计工作的专业性要求会计人员应具备一定的专业知识和专业技能。设置会计专业职务、举办会计专业技术资格考试，是考核和确认会计人员的专业知识和业务技能水平，鼓励会计人员不断提高职业道德和专业素质的重要途径。

### （一）会计专业职务

会计专业职务是区别会计人员从事会计业务工作的技术等级。会计专业职务分为高级会计师、会计师、助理会计师和会计员。高级会计师为高级职务，会计师为中级职务，助理会计师和会计员为初级职务。目前，我国部分省份实行正高级会计师职务评审试点工作，该职务也属于高级职务。不同级别会计专业职务的任职条件及其基本职责都不一样，国家对此都有相应的规定。

### （二）会计专业技术资格

会计专业技术资格是指担任会计专业职务的任职资格，与会计从业资格、会计专业职务是不同的概念。会计从业资格是对会计人员最基本的要求，是从事会计工作的上岗证。持有会计从业资格证书并实际从事会计工作的人员才可以参加会计专业技术资格考试，取得会计专业技术资格后通过单位聘任或任命才能担任会计专业职务。

1.会计专业技术资格的考试级别

会计专业技术资格分为初级资格、中级资格和高级资格三个级别，分别对应助理会计师或会计员、会计师和高级会计师。初级、中级会计专业技术资格的取得实行全国统一考试制度；高级会计师资格实行考试与评审相结合制度。

2.会计专业技术资格考试报名条件

报名参加会计专业技术资格考试的人员，应具备以下基本条件：

（1）坚持原则，具备良好的职业道德品质。

（2）认真执行《会计法》和国家统一的会计制度，以及有关财经法律、法规、规章制度，无严重违反财经法律的行为。

（3）履行岗位职责，热爱本职工作。

（4）具备会计从业资格，持有会计从业资格证书。

报考初级会计专业技术资格考试的人员除具备上述基本条件外，还必须具备教育部门认可的高中以上的学历。

报考中级会计专业技术资格考试的人员除具备上述基本条件外，还必须具备下列条件之一：

（1）取得大学专科学历，从事会计工作满5年。

（2）取得大学本科学历，从事会计工作满4年。

（3）取得双学士学位或研究生班毕业，从事会计工作满2年。

（4）取得硕士学位，从事会计工作满1年。

（5）取得博士学位。

报考高级资格考试的人员，还必须是具有会计师、审计师、财税经济师等中级专业技术资格或注册税务师、注册资产评估师资格之一，并从事会计、财税和相应管理工作的在职专业人员。

上述考试报名条件中所说的学历是指国家教育部门承认的学历；会计工作年限是指取得相应学历前、后从事会计工作时间的总和。

3.会计专业技术资格考试科目

初级会计专业技术资格的考试科目为初级会计实务和经济法基础；中级会计专业技术资格的考试科目为中级会计实务、财务管理和经济法；参加高级会计师资格评审的人员，必须参加考试的科目为高级会计实务。

4.会计专业技术资格证书的管理

（1）会计专业技术初级、中级资格考试合格者，由各省、自治区、直辖市、新疆生产建设兵团人事（职改）部门颁发人力资源和社会保障部统一印制、人力资源和社会保障部与财政部盖印的会计专业技术资格证书。该证书在全国范围有效。

（2）会计专业技术资格实行定期登记制度。资格证书每3年登记1次。持证者应按规定到当地人力资源和社会保障部门以及财政部门指定的办事机构办理登记手续。

（3）取得会计专业技术资格的人员，应按照财政部的有关规定，接受相应级别会计人员的继续教育。

（4）对于伪造学历、会计从业资格证书和资历证明，或者在考试期间有违纪行为的，由会计考试管理机构吊销其会计专业技术资格，由发证机关收回其会计专业技术资格证书，2年内不得再参加会计专业技术资格考试。

5.会计专业职务的评聘

通过全国统一考试取得初级、中级或高级会计专业技术资格的会计人员，表明其已具备担任相应级别会计专业技术职务的任职资格。用人单位可根据有关规定按照下列条件聘任相应的会计专业技术职务：

（1）对于已取得初级会计专业技术资格的人员，如大学本科毕业，在财务会计工作岗位上见习1年期满，或大学专科毕业并担任会计员职务满2年，或中专毕业并担任会计员职务满4年，或者不具备规定学历，担任会计员职务满5年，并符合国家有关规定的，可聘任助理会计师职务。

（2）对于已取得中级会计专业技术资格的人员，如取得硕士学位并担任助理会计师职务2年左右，或取得第二学士学位或研究生结业班证书，并担任助理会计师2至3年，或大学本科或大学专科毕业并担任助理会计师职务4年以上，并符合国家有关规定的人员，可聘任会计师职务。

（3）对于已取得高级会计专业技术资格的人员，如取得博士学位，并担任会计师职务2至3年，或取得硕士学位、第二学士学位或研究生班结业证书，或大学本科毕业并担任会计师职务5年以上，并符合国家有关规定的人员，可聘任高级会计师职务。

不符合上述条件的人员，只可聘任会计员职务。

## 五、会计工作岗位设置

会计工作岗位是指一个单位会计机构内部根据业务分工而设置的职能岗位。在会计机构内部设置会计工作岗位，是建立岗位责任制的前提，是提高会计工作效率和会计工作质量的重要保证。

### （一）主要会计工作岗位

会计工作岗位一般分为：①总会计师（或行使总会计师职权）岗位；②会计机构负责人（会计主管人员）岗位；③出纳岗位；④稽核岗位；⑤资本、基金核算岗位；⑥收入、支出、债权债务核算岗位；⑦工资核算、成本费用核算、财务成果核算岗位；⑧财产物资的收发、增减核算岗位；⑨总账岗位；⑩对外财务会计报告编制岗位；⑪会计电算化岗位；⑫会计档案管理岗位等。

会计档案管理岗位在会计档案正式移交之前，属于会计岗位；正式移交会计档案管理部门之后，不再属于会计岗位。档案管理部门的人员管理会计档案，不属于会计岗位。医院门诊收费员、住院处收费员、药房收费员、药品库房记账员、商场收费（银）员所从事的工作，均不属于会计岗位。单位内部审计、社会审计、政府审计工作也不属于会计岗位。

【例1-32】(单选)下列各项中，不属于会计岗位的是( )。

A.会计档案管理岗位　　B.单位内部审计岗位

C.财产物资收发、增减核算岗位　　D.总账岗位

【解析】B。根据《会计基础工作规范》的规定，财产物资收发、增减核算及总账岗位均属于会计岗位，会计档案管理岗位在会计档案正式移交之前也属于会计岗位，而内部审计岗位则不属于会计岗位。

**(二)设置会计工作岗位的基本原则**

1.根据本单位会计业务的需要设置会计工作岗位

各单位会计工作岗位的设置应与本单位业务活动的规模、特点和管理要求相适应。通常，业务活动规模大、业务过程复杂、经济业务量较多和管理较严格的单位，会计机构会相应较大，会计机构内部的分工会相应较细，会计人员和岗位也相应较多；相反，业务活动规模小、业务过程简单、经济业务量较少和管理要求不高的单位，会计机构会相应较小，会计机构内部的分工会相应较粗，会计人员和岗位也相应较少。因此，会计岗位可以一人一岗、一人多岗或者一岗多人。一般而言，小型企业大都一人一岗和一人多岗，而大、中型企业一岗多人的情况则比较普遍。

2.符合内部牵制制度的要求

会计机构内部牵制制度国际上也称为会计责任分离，实质上是我国传统的“钱、账分管”制度。内部牵制制度是指凡涉及款项或者财物的收付、结算以及登记工作，必须由两人或者两人以上分工办理，以相互制约的工作制度。

在一个单位中，会计的舞弊行为大多牵涉对现金的贪污、挪用，所以会计机构内部牵制制度的目的主要是保证货币资产的安全。根据规定，会计工作岗位可以一人一岗、一人多岗或者一岗多人，但出纳人员不得兼管稽核、会计档案保管和收入、支出、费用、债权债务账目的登记工作，这是会计机构内部牵制制度最基本的要求。这是因为出纳人员是各单位专门从事货币资金收付业务的会计人员，根据复式记账的原则，每发生一笔货币资金收付业务，都要登记收入、费用或者债权、债务等有关账簿，如果把这些账簿登记工作都由出纳人员一人承担，将会给贪污舞弊行为以可乘之机。同样，为防止利用抽换单据、涂改记录等手段进行舞弊，稽核、会计档案保管等工作当然也不得由出纳人员担任。因此，各单位应当建立内部牵制制度。

3.对会计人员的工作岗位要有计划地进行轮岗，以促进会计人员全面熟悉业务和不断提高业务素质

会计人员轮岗，不仅是会计工作本身的需要，也是加强会计人员队伍建设的需要。定期、不定期地轮换会计人员的工作岗位，有利于会计人员全面熟悉会计业务，不断提高业务素质，同时，也有利于增强会计人员之间的团结合作意识，进一步完善单位内部会计控制制度。

4.建立岗位责任制

会计机构内部岗位责任制是指明确各项具体会计工作的职责范围、具体内容和要求，并落实到每个会计工作岗位或会计人员的一种会计工作责任制度。会计岗位责任制是单位会计人员履行会计岗位职责，提高工作效率的有效保证。因此，各单位应当建立

会计岗位责任制。

**【例1-33】**（多选）下列各项中，属于出纳人员不得兼管的工作有（　　）。

A.稽核　　B.会计档案保管

C.登记银行存款日记账　　D.登记收入总账

【解析】ABD。根据我国《会计法》的规定，出纳人员不得兼管稽核、会计档案保管和收入、支出、费用、债权债务账目的登记工作。

**（三）总会计师**

总会计师是组织领导本单位的财务管理、成本管理、预算管理、会计核算和会计监督等方面的工作，参与本单位重要经济问题分析和决策的单位行政领导人员。总会计师协助单位主要行政领导人工作，直接对单位主要行政领导人负责。所以，总会计师不是一种专业技术职务，也不是会计机构的负责人或会计主管人员，而是一种行政职务。总会计师的任职资格、任免程序、职责权限依照《总会计师条例》的规定执行。

1.总会计师的设置

《总会计师条例》规定，国有的和国有资产占控股地位或者主导地位的大中型企业必须设置总会计师；而《企业内部控制基本规范》则规定，只要是大中型企业就应当设置总会计师。凡设置总会计师的单位，在行政领导成员中，不再设与总会计师职权重叠的副职。

2.总会计师的任免

企业的总会计师由本单位主要行政领导人提名，政府主管部门任命或者聘任；免职或者解聘程序与任命或者聘任程序相同。

3.总会计师必须具备的条件

总会计师除了必须具备政治、思想、政策理论、业务知识和身体等方面规定的条件外，还必须具备取得会计师任职资格后，主管一个单位或者单位内一个重要方面的财务工作时间不少于3年这一条件。

4.总会计师在会计人员、会计机构负责人（会计主管人员）任用上的权限

（1）会计人员的任用、晋升、调动、奖惩，应当事先征求总会计师的意见。

（2）会计机构负责人或者会计主管人员的人选，应当由总会计师进行业务考核，依照有关规定审批。

**【例1-34】**（判断）某国有控股企业为加强会计工作，决定增设1名副经理主管财会工作，现任总会计师配合其工作。（　　）

【解析】×。根据我国相关会计法律制度的规定，已经设置总会计师的单位，不应当再设置与总会计师职权重叠的行政副职。

## 六、会计人员的工作交接

会计人员的工作交接是指会计人员工作调动或因故离职时，与接替人员办理交接手续的一种工作程序。做好会计交接工作，不仅可以使会计工作前后衔接，保证会计工作的连续性，还可以防止因会计人员更换而出现账目不清、财务混乱等现象。

**（一）交接的范围**

会计人员在调动工作或离职时必须办理会计工作交接。没有办理交接手续的，不得调动或者离职。在下列情况下，也应当办理交接手续：

（1）会计人员临时离职或者因病不能工作且需要接替或者代理的，会计机构负责人、会计主管人员或者单位领导人必须指定有关人员接替或者代理，并办理交接手续。

（2）临时离职或者因病不能工作的会计人员恢复工作的，应当与接替或者代理人员办理交接手续。

（3）移交人员因病或者其他特殊原因不能亲自办理移交的，经单位领导人批准，可由移交人员委托他人代办移交，但委托人应当对所移交的会计凭证、会计账簿、会计报表和其他有关资料的合法性、真实性承担法律责任。

**（二）交接的程序**

1.交接前的准备工作

（1）已经受理的经济业务尚未填制会计凭证的，应当填制完毕。

（2）尚未登记账目的，应当登记完毕，结出余额，并在最后一笔余额后加盖经办人员印章。

（3）整理应该移交的各项资料，对未了事项和遗留问题要写出书面说明材料。

（4）编制移交清册，列明移交凭证、账簿、会计报表、公章、现金、有价证券、支票簿、发票、文件、其他会计资料和物品等内容；实行会计电算化的单位，从事该项工作的移交人员应在移交清册上列明会计软件及密码、会计软件数据盘、磁带等内容。

（5）会计机构负责人、会计主管人员移交时，应将财务会计工作、重大财务收支问题和会计人员的情况等向接替人员介绍清楚。

2.移交点收

移交人员离职前，必须将经管的会计工作在规定的期限内全部向接替人员移交清楚，接替人员应认真按照移交清册逐项点收，具体要求是：

（1）现金要根据会计账簿记录余额进行当面点交，不得短缺。接替人员发现不一致或者“白条顶库”现象时，移交人员在规定期限内负责查清处理。

（2）有价证券的数量要与会计账簿记录一致。有价证券面额与发行价不一致时，按照会计账簿余额交接。

（3）会计凭证、会计账簿、会计报表和其他会计资料必须完整无缺，不得遗漏。如发现有短缺，必须查明原因，并在移交清册上注明，由移交人员负责。

（4）银行存款账户余额要与银行对账单核对一致，如有未达账项，应编制银行存款余额调节表调节相符；各种财产物资和债权债务的明细账户余额要与总账有关账户余额核对相符；对重要实物要实地盘点，对余额较大的往来账户要与往来单位、个人核对。

（5）公章、收据、空白支票、发票、科目印章以及其他物品，必须交接清楚。

（6）实行会计电算化的单位，交接双方应在电子计算机上对有关数据进行实际操作，确认有关数字正确无误后方可交接。

3.专人负责监交

会计人员在办理交接手续时，必须有人监交，以起到督促、公正作用。对监交的具体要求是：

（1）一般会计人员办理交接手续时，由单位的会计机构负责人、会计主管人员负责监交。

（2）会计机构负责人、会计主管人员办理交接手续时，由单位领导人负责监交，必要时，主管单位可以派人会同监交。

4.交接后的有关事宜

（1）会计工作交接完毕后，交接双方和监交人员要在移交清册上签名或盖章。

（2）接管人员应继续使用移交前的账簿，不得擅自另立账簿，以保证会计记录前后衔接、内容完整。

（3）移交清册应填制一式三份，交接双方各持一份，存档一份。

**【例1-35】**（判断）某单位出纳王某因工作变动需要办理移交手续，主办会计李某负责监交。（　　）

**【解析】**×。根据《会计法》的规定，一般会计人员办理交接手续时，应由单位的会计机构负责人、会计主管人员负责监交，主办会计不是会计机构负责人，也不是会计主管人员，因此不能负责监交。

### （三）交接人员的责任

《会计基础工作规范》第三十五条规定："移交人员对移交的会计凭证、会计账簿、会计报表和其他有关资料的合法性、真实性承担法律责任。"移交人员所移交的会计资料是在其经办会计工作期间内所发生的，其应当对这些会计资料的合法性、真实性、完整性负责。即便接替人员在交接时因疏忽没有发现所交接会计资料在合法性、真实性、完整性方面存在问题，如事后发现，仍应由原移交人员负责，原移交人员不应以会计资料已移交而推脱责任。接替人员不对移交过来的会计资料的合法性、真实性、完整性负法律上的责任。

**实务指南**

**出纳交接难题**

通过学习会计工作交接的问题，小王了解了会计工作交接的注意事项，当她应聘到一家公司任出纳时，还是遇到了棘手的难题，不知如何处理。

9月底，该公司出纳辞职，后来经理找了个朋友来帮忙，小王明天去上班就会面临交接问题。

在经理朋友帮忙的1个月里，发现账户余额比账目少了将近1万元，于是小王把之前辞职的那个出纳找来了，前任出纳说有一个4万元的对冲，还说有15万元的账目实际是没有出的，就是账记了钱没付。前任出纳还让小王每次提现的时候留出一部分，凑够了一定数量后交给经理，同时告诉小王还有一打票，不能入账。

这样的话，小王还能交接吗？换句话说，如果小王面临的账和余额不符，交接之后少的钱还要小王来赔吗？

让我们看一下，一位老会计对她的建议吧。

首先，写一份移交清单，清单需要前任出纳、小王、经理共同签字，上面写明移交物品及保管情况、账面情况与实际情况，账实不符的金额和不能入账的一打票的情况必须全部写出来，如果有些情况是不能公布的，可以把这部分情况另写一份移交清单，但是也必须有前任出纳、小王、经理的签字，在需要的时候拿出来，以明确责任。

同时，账目不符的情况小王不负责调整，从接手的时候算起，以前的账目全部砍断，小王只负责接手以后的账实相符，同时将以前的账目全部封存，“封存”这一点也要写在移交清单上。

最后，小王要保管好移交清单。

**考场指南**

1. 各单位可以根据本单位会计业务的繁简情况决定是否设置会计机构。不独立设置会计机构的单位，应设置会计人员并指定会计主管人员。

2. 担任单位会计机构负责人（会计主管人员）的，除取得会计从业资格证书外，还应当具备会计师以上专业技术职务资格或者从事会计工作3年以上经历。

3. 国家机关、国有企业、事业单位任用会计人员应当实行回避制度。

4. 代理记账是指从事代理记账业务的社会中介机构接受委托人的委托办理会计业务。

5. 从事会计工作的人员必须取得会计从业资格，持有会计从业资格证书。

6. 会计专业职务分为高级会计师（高级职务）、会计师（中级职务）、助理会计师和会计员（初级职务）。

7. 会计工作岗位可以一人一岗、一人多岗或者一岗多人，但出纳人员不得兼稽核、会计档案保管和收入、费用、债权债务账目的登记工作。

8. 会计人员工作调动或者因故离职，必须将本人所经管的会计工作全部移交给接替人员。没有办清交接手续的，不得调动或者离职。

# 第六节　法律责任

## 一、法律责任的概念

法律责任是指违反法律规定的行为应当承担的法律后果，也就是对违法者的制裁，通常分为刑事责任、民事责任和行政责任。它是一种通过对违法行为进行惩罚来实施法律规则的要求。违反《会计法》关于会计核算、会计监督、会计机构和会计人员的有关规定的，应当承担法律责任。为了保证《会计法》的有效实施，《会计法》主要规定了两种责任形式：一是行政责任；二是刑事责任。

### （一）行政责任

行政责任是指犯有一般违法行为的单位或个人，依照法律、法规的规定应承担的法律责任。行政责任主要有行政处罚和行政处分两种方式。

1.行政处罚

行政处罚是指特定的行政主体基于一般行政管理职权，对其认为违反行政法中的强制性义务、违反行政管理程序的行政相对人所实施的一种行政制裁措施。行政处罚主要分为8种：警告、罚款、没收违法所得、没收非法财物、责令停产停业、暂扣或者吊销许可证、暂扣或者吊销执照、行政拘留。此外，还有法律、行政法规规定的其他行政处罚。行政处罚由违法行为发生地县级以上地方人民政府具有行政处罚权的行政机关管辖。

2.行政处分

行政处分是国家工作人员违反行政法律规范所应承担的一种行政法律责任，是行政机关对国家工作人员故意或者过失侵犯行政相对人的合法权益所实施的法律制裁。行政处分的形式有警告、记过、记大过、降级、降职、撤职、留用察看、开除等8种。

行政处分的实施机关只能是国家工作人员所在单位或者有关单位。

**（二）刑事责任**

刑事责任是对于违反《会计法》有关规定，造成严重后果，按照《刑法》的规定构成犯罪的行为，要按照《刑法》的规定追究刑事责任，分别定罪量刑。

刑事责任与行政责任不同，两者的主要区别表现在：

①追究的违法行为不同。追究行政责任的是一般违法行为，追究刑事责任的是犯罪行为。

②追究责任的机关不同。追究行政责任由国家特定的行政机关依照有关法律的规定决定，而追究刑事责任只能由司法机关依照《刑法》的规定决定。

③承担的法律后果不同。追究刑事责任是最严厉的制裁，可以判处死刑，比追究行政责任严厉得多。

刑罚是由国家最高立法机关在《刑法》中确定的，由人民法院对犯罪分子适用，是由专门机构执行的最为严厉的国家强制措施。根据《刑法》规定，刑罚分为主刑和附加刑。

1.主刑

主刑是对犯罪分子适用的主要刑罚方法，只能独立适用，不能附加适用，对犯罪分子只能判处一种主刑。主刑分为管制、拘役、有期徒刑、无期徒刑和死刑。

2.附加刑

附加刑是既可独立适用又可以附加适用的刑罚方法，即对同一犯罪行为既可以在主刑之后判处一个或两个以上的附加刑，也可以独立判处一个或两个以上的附加刑。

附加刑分为罚金、剥夺政治权利、没收财产。对犯罪的外国人，也可以独立或附加适用驱除出境。

## 二、违反会计制度规定的法律责任

### （一）违反会计制度规定应承担法律责任的违法行为

根据《会计法》的规定，违反会计制度规定应承担法律责任的违法行为包括：

（1）不依法设置会计账簿的行为。这是指违反《会计法》和国家统一的会计制度的规定，应当设置会计账簿的单位不设置会计账簿或者未按规定的种类、形式及要求设置会计账簿的行为。

（2）私设会计账簿的行为。这是指不在依法设置的会计账簿上对经济业务事项进行统一会计核算，而另外私自设置会计账簿进行会计核算的行为，即常说的“账外账”。

（3）未按照规定填制、取得原始凭证或者填制、取得的原始凭证不符合规定的行为。

（4）以未经审核的会计凭证为依据登记会计账簿或者登记会计账簿不符合规定的行为。

（5）随意变更会计处理方法的行为。会计处理方法的变更会直接影响到会计资料的质量和可比性，因此不得违反《会计法》和国家统一的会计制度的规定，随意变更会计处理方法。

（6）向不同的会计资料使用者提供的财务会计报告编制依据不一致的行为。

（7）未按照规定使用会计记录文字或者记账本位币的行为。

（8）未按照规定保管会计资料，致使会计资料毁损、灭失的行为。

（9）未按照规定建立并实施单位内部会计监督制度，或者拒绝依法实施监督，或者不如实提供有关会计资料及有关情况的行为。

（10）任用会计人员不符合《会计法》规定的行为。

**（二）违反会计制度规定行为应承担的法律责任**

根据《会计法》的规定，上述违法行为应当承担以下法律责任：

1.责令限期改正

责令限期改正是指要求违法行为人在一定期限内停止违法行为，并将其违法行为恢复到合法状态。如私设会计账簿的单位，应当取消私设的会计账簿，并根据实际发生的经济业务将在私设的会计账簿上登记的事项转移到依法设置的会计账簿上，统一进行登记、核算。任用会计人员不符合规定的单位，应当将不具备任职资格的会计人员予以解聘或者转任其他岗位，并任用具备规定资格条件的人员作为会计人员。

县级以上人民政府财政部门有权责令违法行为人限期改正，停止违法行为。

2.罚款

县级以上人民政府财政部门根据违法行为人的违法性质、情节及危害程度，在责令限期改正的同时，可以对单位并处3 000元以上5万元以下的罚款；对其直接负责的主管人员和其他直接责任人员，可以处2 000元以上2万元以下的罚款。

所谓直接负责的主管人员，是指在单位实施违法行为过程中起领导、组织、决策作用的单位负责人。所谓其他直接责任人员，是指在单位实施违法行为的过程中直接参与实施违法行为的人员，一般包括会计人员、会计机构负责人和其他参与实施违法行为的工作人员。

3.行政处分

对上述违法行为直接负责的主管人员和其他直接责任人员中的国家工作人员，视情节轻重，还应当按照干部管理权限由其所在单位或者其上级单位或者行政监察部门给予警告、记过、记大过、降级、降职、撤职、留用察看和开除等行政处分。

4.吊销会计从业资格证书

会计工作人员有上述所列行为之一，情节严重的，由县级以上人民政府财政部门吊销会计从业资格证书。

5.依法追究刑事责任

我国《刑法》并没有对上述所列行为单独明确规定为犯罪，但是行为人因偷税、骗取出口退税、贪污等行为，造成严重后果，按照刑法的有关规定，构成犯罪的，应当依照《刑法》的规定分别定罪、量刑。

【例1-36】（多选）某企业将出售废料的收入1万元不纳入企业统一的会计核算，而另设会计账簿进行核算，以解决行政管理部门的福利问题，则该企业及相关人员应承担的法律责任有（　　）。

A.通报批评

B.责令其限期改正

C.对该企业并处3 000元以上5万元以下的罚款

D.对直接负责的主管人员处2 000元以上2万元以下的罚款

【解析】BCD。根据我国相关会计法律制度的规定，单位发生的各种经济业务事项应当在依法设置的会计账簿中统一登记核算，不得私设账簿登记核算。该企业将废料的变价收入作为单位管理人员的福利另设会计账簿核算，属于账外设账、私设“小金库”的行为。按规定应由县级以上财政部门责令其限期改正，对单位并处3 000元以上5万元以下的罚款，对其直接负责的主管人员和其他直接责任人员处2 000元以上2万元以下的罚款；情节严重的，属于会计人员的，吊销其会计从业资格证书；构成犯罪的，依法追究刑事责任。

## 三、其他会计违法行为的法律责任

### （一）伪造、变造会计凭证、会计账簿，编制虚假财务会计报告行为的法律责任

伪造会计凭证的行为是指以虚假的经济业务或者资金往来为前提，编造虚假的会计凭证的行为。

变造会计凭证的行为是指采取涂改、挖补以及其他方法改变会计凭证真实内容的行为。

伪造会计账簿的行为是指违反《会计法》和国家统一的会计制度的规定，根据伪造或者变造的虚假会计凭证填制会计账簿，或者不按要求登记会计账簿，或者对内对外采用不同的确认标准、计量方法等手段编造虚假的会计账簿的行为。

变造会计账簿的行为是指采取涂改、挖补或者其他手段改变会计账簿的真实内容的行为。

编制虚假财务会计报告的行为是指违反《会计法》和国家统一的会计制度的规定，根据虚假的会计账簿记录，编制财务会计报告，或者凭空捏造虚假的财务会计报告以及对财务会计报告擅自进行没有依据的修改的行为。

1.应承担的刑事责任

（1）《刑法》第二百零一条规定：“纳税人采取欺骗、隐瞒手段进行虚假纳税申报或者不申报，逃避缴纳税款数额较大并且占应纳税额10%以上的，处3年以下有期徒刑或者拘役，并处罚金；数额巨大并且占应纳税额30%以上的，处3年以上7年以下有期徒刑，并处罚金。扣缴义务人采取前款所列手段，不缴或者少缴已扣、已收税款，数额较大的，依照前款的规定处罚。对多次实施前两款行为，未经处理的，按照累计数额计

算。有第一款行为，经税务机关依法下达追缴通知后，补缴应纳税款，缴纳滞纳金，已受行政处罚的，不予追究刑事责任；但是，5年内因逃避缴纳税款受过刑事处罚或者被税务机关给2次以上行政处罚的除外。”

(2)《刑法》第一百六十一条规定：“依法负有信息披露义务的公司、企业向股东和社会公众提供虚假的或者隐瞒重要事实的财务会计报告，或者对依法应当披露的其他重要信息不按照规定披露，严重损害股东或者其他人利益，或者有其他严重情节的，对其直接负责的主管人员和其他直接责任人员，处3年以下有期徒刑或者拘役，并处或者单处2万元以上20万元以下罚金。”

(3)《刑法》第二百二十九条规定：“承担资产评估、验资、验证、会计、审计、法律服务等职责的中介组织的人员故意提供虚假证明文件，情节严重的，处5年以下有期徒刑或者拘役，并处罚金。前款规定的人员索取他人财物或者非法收受他人财物，犯前款罪的，处5年以上10年以下有期徒刑，并处罚金。第一款规定的人员，严重不负责任，出具的证明文件有重大失实，造成严重后果的，处3年以下有期徒刑或者拘役，并处或者单处罚金。”

此外，如果行为人为虚报注册资本、虚假出资、抽逃出资、贪污、挪用公款、侵占企业财产、私分国有资产、私分罚没财物，实施伪造、变造会计凭证、会计账簿或者编制虚假财务会计报告的行为等，应当按照《刑法》的有关规定分别定罪、处罚。

2.应承担的行政责任

伪造、变造会计凭证、会计账簿或者编制虚假财务会计报告，情节较轻，社会危害不大，根据《刑法》的有关规定尚不构成犯罪的，应当按照《会计法》的规定予以处罚，具体包括：

(1) 通报。通报即由县级以上人民政府财政部门采取通报的方式对违法行为人予以批评、公告。

(2) 罚款。县级以上人民政府财政部门对违法行为视情节轻重，在予以通报的同时，可以对单位并处5 000元以上10万元以下的罚款；对其直接负责的主管人员和其他直接责任人员，可以处3 000元以上5万元以下的罚款。

(3) 行政处分。对上述所列违法行为直接负责的主管人员和其他直接责任人员中的国家工作人员，应当由其所在单位或者其上级单位或者行政检察部门给予撤职、留用察看直至开除的行政处分。

(4) 吊销会计从业资格证书。对有上述所列违法行为的会计人员，由县级以上人民政府财政部门吊销会计从业资格证书。

**(二) 隐匿或者故意销毁依法应当保存的会计凭证、会计账簿、财务会计报告行为的法律责任**

所谓隐匿，是指故意转移、隐藏应当保存的会计凭证、会计账簿、财务会计报告的行为。所谓故意销毁，是指故意将依法应当保存的会计凭证、会计账簿、财务会计报告予以毁灭的行为。

1.应承担的刑事责任

《刑法》第二百零一条规定：“纳税人采取欺骗、隐瞒手段进行虚假纳税申报或者不申报，逃避缴纳税款数额较大并且占应纳税额10%以上的，处3年以下有期徒刑或者拘役，并处罚金；数额巨大并且占应纳税额30%以上的，处3年以上7年以下有期徒刑，并处罚金。扣缴义务人采取前款所列手段，不缴或者少缴已扣、已收税款，数额较大的，依照前款的规定处罚。对多次实施前两款行为，未经处理的，按照累计数额计算。有第一款行为，经税务机关依法下达追缴通知后，补缴应纳税款，缴纳滞纳金，已受行政处罚的，不予追究刑事责任；但是，5年内因逃避缴纳税款受过刑事处罚或者被税务机关给两次以上行政处罚的除外。”

如果行为人为贪污、挪用公款、侵占企业财产及其他非法目的，实施隐匿、故意销毁依法应当保存的会计凭证、会计账簿、财务会计报告的行为，构成犯罪的，可以按照《刑法》的有关规定，分别定罪、处罚。

2.应承担的行政责任

隐匿、故意销毁依法应当保存的会计凭证、会计账簿、财务会计报告，情节较轻，社会危害不大，根据《刑法》的有关规定尚不构成犯罪的，应当根据《会计法》的规定追究行政责任。追究行政责任的具体形式及标准等与（一）相同。

**（三）授意、指使、强令会计机构、会计人员及其他人员伪造、变造会计凭证、会计账簿，编制虚假财务会计报告或者隐匿、故意销毁依法应当保存的会计凭证、会计账簿、财务会计报告行为的法律责任**

所谓授意，是指暗示他人按其意思行事。所谓指使，是指通过明示方式指示他人按其意思行事。所谓强令，是指明知其命令是违反法律的而强迫他人执行其命令的行为。

1.应承担的刑事责任

根据我国《刑法》的有关规定，授意、指使、强令会计机构、会计人员及其他人员伪造、变造会计凭证、会计账簿，编制虚假财务会计报告或者隐匿、故意销毁依法应当保存的会计凭证、会计账簿、财务会计报告的，应当作为伪造、变造会计凭证、会计账簿，编制虚假财务会计报告或者隐匿、故意销毁依法应当保存的会计凭证、会计账簿、财务会计报告的共同犯罪，定罪处罚。

所谓共同犯罪，是指两人以上共同故意犯罪。共同犯罪应当具备3个条件：一是几个犯罪人有共同故意；二是几个犯罪人必须有共同的犯罪行为；三是共同犯罪具有共同的犯罪客体。

2.应承担的行政责任

授意、指使、强令会计机构、会计人员及其他人员伪造、变造会计凭证、会计账簿，编制虚假财务会计报告或者隐匿、故意销毁依法应当保存的会计凭证、会计账簿、财务会计报告，情节较轻，社会危害不大，不构成犯罪的，应当按照《会计法》的规定予以以下处罚：

（1）罚款。县级以上人民政府财政部门可以视违法行为的情节轻重，对违法行为人处以5 000元以上5万元以下的罚款。

（2）行政处分。对于实施上述违法行为的国家工作人员，还应当由其所在单位或者其上级单位给予降级、撤职、开除的行政处分。

**【例1-37】**（多选）某公司由于经营不善，亏损已成定局。为了实现公司提出的当年实现利润100万元的目标，公司负责人钟某指使财务部会计人员余某在会计账簿上作一些“技术处理”，余某请示财务经理张某后遵照办理。该公司行为尚未构成犯罪，请问该公司及相关人员应承担的法律责任有（　　）。

A.对公司负责人钟某处以5 000元以上5万元以下的罚款

B.吊销余某的会计从业资格证书

C.对财务部经理处以3 000元以上5万元以下的罚款

D.对该公司予以通报的同时，并处5 000元以上10万元以下的罚款

【解析】ABCD。该公司负责人钟某的行为属于指使会计机构和会计人员伪造、变造会计账簿的行为。根据我国相关会计法律制度的规定，授意、指使、强令会计机构、会计人员及其他人员伪造、变造会计凭证、会计账簿，编制虚假财务会计报告，尚不构成犯罪的，对违法行为人处以5 000元以上5万元以下的罚款。该公司财务部会计人员余某的行为属于伪造、变造会计账簿行为。根据我国相关会计法律制度的规定，伪造、变造会计凭证、会计账簿，编制虚假财务会计报告的行为，尚不构成犯罪的，由县级以上人民政府财政部门对违法行为视情节轻重，在予以通报的同时，可以对单位并处5 000元以上10万元以下的罚款，对其直接负责的主管人员和其他直接责任人员，可以处3 000元以上5万元以下的罚款；对其中的会计人员，并由县级以上人民政府财政部门吊销其会计从业资格证书。

**（四）单位负责人对依法履行职责、抵制违反《会计法》规定行为的会计人员实行打击报复行为的法律责任，以及对受打击报复的会计人员的补救措施**

《会计法》规定，单位负责人对依法履行职责、抵制违反《会计法》规定行为的会计人员以降级、撤职、调离工作岗位、解聘或者开除等方式实行打击报复，构成犯罪的，依法追究刑事责任；尚不构成犯罪的，由其所在单位或者有关单位依法给予行政处分。对受打击报复的会计人员，应当恢复其名誉和原有职务、级别。

1.应承担的刑事责任

《刑法》第二百五十五条规定：“公司、企业、事业单位、机关、团体的领导人，对依法履行职责、抵制违反会计法、统计法行为的会计、统计人员实行打击报复，情节恶劣的，处3年以下有期徒刑或者拘役。”

2.应承担的行政责任

单位负责人对依法履行职责、抵制违反《会计法》规定行为的会计人员实行打击报复，情节轻微，危害性不大，不构成犯罪的，由其所在单位或者有关单位依法给予行政处分。

3.对受打击报复的会计人员的补救措施

（1）恢复其名誉。受打击报复的会计人员的名誉受到损害的，其所在单位或者其上级单位及有关部门应当要求打击报复者向遭受打击报复的会计人员赔礼道歉，并澄清事实，消除影响，恢复名誉。

（2）恢复原有职位、级别。会计人员受到打击报复，被调离工作岗位、解聘或者开除的，应当在征得会计人员同意的前提下，恢复其工作；被撤职的，应当恢复其原有职务；被降级的，应当恢复其原有级别。

【例1-38】（多选）对受打击报复的会计人员应采取的补救措施通常有（　　）。

A.要求打击报复者赔礼道歉　　B.赔偿精神损失费

C.官复原职　　D.给予经济补偿

【解析】AC。根据《会计法》的规定，受打击报复的会计人员的名誉受到损害的，其所在单位或者其上级单位及有关部门应当要求打击报复者向遭受打击报复的会计人员赔礼道歉，并澄清事实，消除影响，恢复名誉。会计人员受到打击报复，被撤职的，应当恢复其原有职务；被降级的，应当恢复其原有级别。

**（五）财政部门及有关行政部门的工作人员滥用职权、玩忽职守、徇私舞弊或者泄露国家秘密、商业秘密的法律责任**

财政部门及有关行政部门的工作人员在实施监督管理中滥用职权、玩忽职守、徇私舞弊或者泄露国家秘密、商业秘密，构成犯罪的，依法追究刑事责任；尚不构成犯罪的，依法给予行政处分。

《刑法》第三百九十七条规定："国家机关工作人员滥用职权或者玩忽职守，致使公共财产、国家和人民利益遭受重大损失的，处3年以下有期徒刑或者拘役；情节特别严重的，处3年以上7年以下有期徒刑。本法另有规定的，依照规定。国家机关工作人员徇私舞弊，犯前款罪的，处5年以下有期徒刑或者拘役；情节特别严重的，处5年以上10年以下有期徒刑。本法另有规定的，依照规定。"

《刑法》第三百九十八条规定："国家机关工作人员违反保守国家秘密法的规定，故意或者过失泄露国家秘密，情节严重的，处3年以下有期徒刑或者拘役；情节特别严重的，处3年以上7年以下有期徒刑。非国家机关工作人员犯前款罪的，依照前款的规定酌情处罚。"

**（六）将检举人姓名和检举材料转给被检举单位和被检举人个人的法律责任**

《会计法》第四十八条规定："违反本法第三十条规定，将检举人姓名和检举材料转给被检举单位和被检举人个人的，由所在单位或者有关单位依法给予行政处分。"

**考场指南**

1.会计法律规定的法律责任包括行政责任、刑事责任。

2.行政责任主要有行政处罚和行政处分两种方式。

3.刑事责任主要包括主刑、附加刑。

4.违反会计制度规定：对单位处3 000元以上5万元以下的罚款，对直接负责的主管人员和其他直接责任人员，处2 000元以上2万元以下的罚款。

5.伪造、变造会计资料，隐匿或故意销毁依法应保存的会计资料：对单位处5 000元以上10万元以下；对其直接负责的主管人员和其他直接责任人员，可以处3 000元以上5万元以下的罚款。

6.授意、指使、强令会计机构、会计人员及其他人员伪造、变造会计资料，隐匿、故意销毁依法应保存的会计资料的法律责任：尚不构成犯罪的，可以处5 000元以上5万元以下的罚款；属于国家工作人员的，还应当接受行政处分。

7.单位负责人对依法履行职责、抵制违法行为的会计人员打击报复：给予行政处分，构成犯罪的，处3年以下有期徒刑或者拘役。

## 基础训练

### 一、单项选择题

1.下列各项中，属于国家统一的会计制度的是（　　）。

A.《会计法》　　B.《企业财务会计报告条例》

C.《总会计师条例》　　D.《会计从业资格管理办法》

2.（　　）应当对本单位的会计工作和会计资料的真实性、完整性负责。

A.审计人员　　B.会计机构负责人

C.总会计师　　D.单位负责人

3.会计工作由财政部门主管并明确在管理体制上实行（　　）原则。

A.统一领导，分级管理　　B.统一规划，分级管理

C.统一领导，条块管理　　D.统一规划，集中管理

4.财政部门对会计从业资格的取得进行的条件设定，称之为（　　）。

A.会计培训市场的管理　　B.会计市场准入管理

C.会计市场运作管理　　D.会计市场退出管理

5.（　　）的记账凭证可以不附原始凭证。

A.结账和更正错账　　B.采购业务

C.销售业务　　D.收款业务

6.下列有关会计核算内容的说法中，不正确的是（　　）。

A.我国是以公历年度为会计年度

B.业务收支以人民币以外的货币为主的单位，可以选定其中一种货币为记账本位币，用以作为记账和编制财务会计报告

C.对外开出的原始凭证，必须加盖本单位公章

D.各单位的对账工作每年至少进行一次

7.下列对编制财务会计报告的表述不正确的是（　　）。

A.财务会计报告应当依据会计账簿记录和有关会计资料编制

B.财务会计报告的编制要求、提供对象、提供期限应当符合法定要求

C.向不同的会计资料使用者提供的财务会计报告，其编制依据应当一致

D.各单位的财务会计报告在上报有关部门前必须经注册会计师审核签字

8.下列各项中，属于委托代理记账的委托人的义务的是（　　）。

A.对本单位发生的经济业务事项，编制记账凭证

B.对在执行业务中知悉的商业秘密应当保密

C.向代理记账机构提供真实、完整的原始凭证

D.向税务机关提供税务资料

9.下列经济业务事项不需要办理会计手续的是（　　）。

A.款项及有价证券的收付　　B.财物的收发、增减和使用

C.经济合同的签订　　D.资本、基金的增减

10.在某事业单位中，根据回避制度的规定，会计主管人员张某的直系亲属不得担任本单位的（　　）。

A.会计机构负责人　　B.库管

C.出纳　　D.稽核

11.根据《会计法》要求，作为记账凭证编制依据的必须是（　　）的原始凭证和有关资料。

A.经办人签字　　B.审核无误　　C.金额无误　　D.领导认可

12.取得大学本科学历的人员，报名参加会计专业技术中级资格考试的，还应当具备从事会计工作满（　　）年的条件。

A.1　　B.2　　C.3　　D.4

13.根据会计法律、法规的有关规定，会计人员在办理会计工作交接手续中发现"白条抵库"时，应采用的做法是（　　）。

A.由监交人员负责查清处理

B.由移交人员在规定期限内负责查清处理

C.由接管人员在移交后负责查清处理

D.由会计档案人员负责查清处理

14.持证人员应当自办理调出手续之日起（　　）内，持会计从业资格证书、调转登记表和在调入地的工作证明（或户籍证明、居住证明），到调入地会计从业资格管理机构办理调入手续。

A.1个月　　B.3个月　　C.6个月　　D.12个月

15.某职工到北京出差，实际支付住宿费1 000元，却开出2 400元的发票到单位报销，后被查出，应给这一职工的处罚是通报，并处（　　）。

A.3 000元以上5万元以下的罚款　　B.5 000元以上1万元以下的罚款

C.3 000元以上2万元以下的罚款　　D.5 000元以上5万元以下的罚款

**二、多项选择题**

1.下列属于会计部门规章的有（　　）。

A.《中华人民共和国会计法》　　B.《会计从业资格管理办法》

C.《金融企业会计制度》　　D.《财政部门实施会计监督办法》

2.国家统一的会计制度是指国务院财政部门根据《会计法》制定的关于会计核算、（　　）的制度，包括部门规章和规范性文件。

A.会计监督　　B.会计机构和会计人员

C.法律责任　　D.会计工作管理

3.会计机构、会计人员在审核原始凭证时，对不真实、不合法的原始凭证应当（　　）。

A.有权不予受理

B.向单位负责人报告

C.请求查明原因，追究有关当事人的责任

D.予以退回，要求更正、补充

4.下列有关记账本位币的基本规定中，说法正确的有（　　）。

A.业务收支以人民币以外的货币为主的单位，可以选人民币以外的货币作为记账本位币

B.业务收支以人民币以外的货币为主的单位，在编制财务会计报告时，可以以人民币以外的货币反映

C.业务收支以人民币以外的货币为主的单位，必须选人民币作为记账本位币

D.业务收支以人民币以外的货币为主的单位，在编制财务会计报告时，应当折算为人民币反映

5.单位负责人在内部会计监督中的职责，下列表述正确的是（　　）。

A.单位负责人必须事事参与，严格把关

B.单位负责人发现会计账簿记录与实物、款项有不相符的，应当严肃处理

C.不能授意、指使、强令会计人员办理违法事项

D.必须保证内部监督制度的建立和健全，并发挥其有效的作用

6.会计从业资格证书管理的内容包括（　　）。

A.注册登记　B.离岗备案　C.调转登记　D.变更登记

7.对财务会计报告的编制依据、编制要求、提供对象作出规定的法规制度主要有（　　）。

A.《会计法》　B.《企业财务会计报告条例》

C.《会计从业资格管理办法》　D.《会计基础工作规范》

8.下列各项中，属于情节严重的，应由县级以上人民政府财政部门吊销会计从业资格证书的行为有（　　）。

A.填制、取得原始凭证不符合规定的行为

B.未按规定使用会计记录文字的行为

C.在依法实施的会计监督中不如实提供会计资料的行为

D.无故不参加会计人员继续教育的行为

9.下列有关会计工作交接的说法正确的有（　　）。

A.对于已经受理的经济业务尚未填制会计凭证的，应当填制完毕

B.现金要根据会计账簿记录余额进行当面点交，不得白条抵库

C.公章、收据、空白支票、发票以及其他物品等要交接清楚

D.应编制移交清册，交接完毕后，交接双方和监交人要在移交清册上签名或盖章

10.下列属于违反《会计法》，应承担法律责任的行为有（　　）。

A.不依法设置会计账簿的

B.为提高会计信息质量而随意变更会计处理方法的

C.私设会计账簿的

D.任用会计人员不符合《会计法》规定的

11.根据《会计工作基础规范》的规定，下列属于会计工作岗位的有（　　）。

A.稽核岗位　B.会计主管人员

C.工资核算岗位　D.单位内部审计岗位

12. 下列项目中，属于违反会计制度规定行为，其责任人应承担法律责任的有（　　）。

A. 私设会计账簿　　B. 毁损、灭失会计资料

C. 隔页登记会计账簿　　D. 任用会计人员没有取得会计从业资格

13. 一个单位是否设置会计机构，主要取决于（　　）等因素。

A. 是否有合格的人员担任会计机构负责人

B. 单位规模大小

C. 经济业务和财务收支的繁简

D. 经营管理的要求

14. 下列各项中，属于不得取得或重新取得会计从业资格证书行为的有（　　）。

A. 因贪污、挪用公款构成犯罪而受到刑罚处罚的人员

B. 因参与做假账，提供虚假财务会计报告而构成犯罪被追究刑事责任的人员

C. 持证人员用假学历骗取会计从业资格证书而被吊销会计从业资格证书的人员

D. 因持证人员违法违纪特别严重而被吊销会计从业资格证书的人员

15. 纳税人采取欺骗、隐瞒手段进行虚假纳税申报或者不申报，逃避缴纳税款数额较大并且占应纳税额10%以上的，应追究的刑事责任为（　　）。

A. 处3年以下有期徒刑或者拘役　　B. 处3年以上7年以下有期徒刑

C. 并处罚金　　D. 处5年以上10年以下有期徒刑

**三、判断题**

1. 企业可以在不同的会计期间根据自身财务需要采用不同的会计处理方法。（　　）

2. 所有记账凭证必须附有原始凭证并注明所附原始凭证的张数。（　　）

3. 国务院财政部门和各省、自治区、直辖市人民政府财政部门，依法对注册会计师、会计师事务所、注册会计师协会、会计学会进行监督、指导。（　　）

4. 伪造会计资料，是指用涂改、挖补等手段来改变会计凭证的真实内容，歪曲事实真相的行为。（　　）

5. 采用电子计算机进行会计核算的单位，只需保存电子数据和会计软件资料，不用保存打印出的纸质会计档案。（　　）

6. 单位和个人检举违反《会计法》和国家统一的会计制度的行为，也属于会计工作社会监督。（　　）

7. 各单位必须在单位内部设置会计机构，并指定会计主管人员。（　　）

8. 依法应当设置会计账簿但不具备设置会计机构或会计人员条件的单位，可以委托代理机构办理会计业务。（　　）

9. 会计人员工作交接时，因接替人员交接时的工作疏忽而没有发现所接会计资料在真实性、完整性方面的问题，如事后发现，接替人员应对会计资料的真实性、完整性负法律责任。（　　）

10. 对会计人员进行打击报复的，除对单位负责人依法进行处罚外，还应当采取必要的补救措施，如恢复会计人员名誉、原有职位、级别。（　　）

11. 注册会计师承办会计咨询、服务业务，包括：代理申请工商登记，拟定合同、章程和其他业务文件；验证注册资本，出具验资报告。（　）

12. 《会计法》规定：审计部门有权对各单位从事会计工作的人员是否具备从业资格实施监督。（　）

13. 对于账实不符的情况，会计机构、会计人员要查明原因，对于无权自行处理的，应当及时报请会计主管人员作出处理。（　）

14. 国家机关、社会团体、企业、事业单位、其他组织和公民个人，都应当设置会计账簿，进行会计核算。（　）

15. 从外单位取得的原始凭证如有遗失，必须由开具单位重新开具。（　）

**四、案例分析题**

1.2014年7月，甲市财政局对A公司执行《会计法》情况进行检查，发现其存在如下事项：（1）为充实财务科力量，公司从外地招聘了一名会计人员王某，王某持有外地的会计从业资格证书，其相关的会计从业资格档案尚未调入该公司所在地财政部门。经查，王某的会计从业资格业务档案调离原单位已满60天。（2）为获得较高的银行资信等级，2013年初董事长张某指使财务经理孙某虚增了数笔销售收入，使公司2013年度增加资产1 000万元，增加净利润200万元，甲市B会计师事务所为该企业出具了无保留意见的审计报告。（3）该公司原出纳李某在工作期间的有些会计资料存在一些问题，而接替者刘某在交接时并未发现，且交接时由公司人事总监负责监交。检查人员在了解情况时，原出纳李某说："已经办理了会计交接手续，自己不再承担任何责任，责任由接替者刘某承担。"（4）在公司财务会计报告中未见财务经理孙某的签章。要求：根据上述材料，回答下列问题：

（1）持证人员在同一会计从业资格管理机构管辖范围内调转工作单位，且继续从事会计工作的，应当自离开原工作单位之日起（　）日内，填写调转登记表，持会计从业资格证书及调入单位开具的从事会计工作的证明，办理调转登记。

A.30　　B.60　　C.90　　D.180

（2）根据上述事项，该公司及其相关人员可能受到的处罚有（　）。

A.吊销孙某的会计从业资格证书

B.对该公司违法行为进行通报

C.对张某处以1万元罚款，对公司处以5万元罚款

D.王某未按时办理会计从业资格证书调转手续，予以公告

（3）王某的会计从业资格证书，此时应当办理的是（　）。

A.上岗注册登记　B.离岗备案　C.调转登记　D.变更登记

（4）关于李某的解释理由中，下列说法正确的有（　）。

A.李某已办理交接手续，且接替者刘某在交接时没有任何发现，故此理由可以理解

B.李某应该对工作期间的会计资料存在的问题承担法律责任

C.移交人员对移交的会计资料的合法性、真实性承担法律责任

D.会计资料移交后，发现的一切问题由接管人员负责

(5) 该公司对财政部门的检查情况进行了反馈，公司提出以下情况说明和理由，不符合规定的是（　　）。

A.会计从业人员虽调离原单位已满60天，但未超过《会计从业资格管理办法》规定的时限，因此其调转手续符合有关手续，应不予处罚

B.公司财务会计报告已有董事长和财务科长的签章，孙某不需要签章

C.因为会计师事务所出具了无保留意见的审计报告，因此公司出现的财务上的问题应由会计师事务所承担，公司董事长张某不是会计专业人士，不再承担任何责任

D.公司一般的会计人员离职交接是人事问题，由人事总监负责监交是正确的

2.某企业负责人多次授意会计机构负责人贾某编制虚假财务会计报告，贾某依据《会计法》，向企业负责人多次讲明编制虚假财务会计报告是违法的，拒绝编制。负责人的目的没有达到，随后以贾某学历较低为由，将其与本科毕业的没有会计从业资格证且从未从事过会计工作的某车间主任对调，企业负责人目的得以实现。一个月后，又以贾某不懂专业业务为由，免去其车间主任职务，改任车间统计员，其会计师职务不再聘任。

(1) 单位负责人授意贾某伪造财务报告的行为，如尚不构成犯罪的，（　　）。

A.可以处5 000元以上3万元以下的罚款

B.可以处1 000元以上2万元以下的罚款

C.可以处5 000元以上5万元以下的罚款

D.可以1万元以上20万元以下的罚款

(2) 对于编制虚假财务会计报告的行为，尚不构成犯罪的，应当给予的处罚有（　　）。

A.通报　　B.罚款

C.行政处分　　D.吊销会计从业资格证书

(3) 除单位负责人对依法履行职责、不违反《会计法》规定行为的贾某采用调离岗位方式实行打击报复，实行打击报复的方式还有（　　）。

A.降级　　B.撤职　　C.解聘　　D.开除

(4) 单位负责人对贾某实行打击报复，情节恶劣，构成犯罪的，可以处（　　）。

A.3年以下有期徒刑

B.7年以下有期徒刑

C.拘役

D.3年以下有期徒刑，并处5万元以上10万元以下的罚款

(5) 对受打击报复的贾某，应当（　　）。

A.恢复其名誉　　B.恢复其原有职务　　C.赔偿精神损失　　D.恢复其级别

3.滨海水产加工厂原是一家大型国有企业，2014年内，发生了以下事项：(1) 新调整的领导班子上任，决定精简内设机构，中层干部轮岗，将会计部并撤到厂部办公室，同时任命办公室主任吴某兼任会计机构负责人。撤并以后，会计主要工作重新分工如下：原会计部主管会计继续留任会计工作，原设备处工作人员吴某的女儿调任出纳工

作，兼任会计档案保管。吴某毕业于某名牌师范大学，自从参加工作以来一直从事办公室文秘工作，恪守职责，兢兢业业，深受厂领导和同事的好评。为了使其尽快胜任会计负责人岗位，领导要求吴某半脱产参加会计知识培训班，并参加当年全市会计从业资格的统一考试。(2) 完成撤并工作，办理交接手续，由厂部纪检、监督部门严格监交。(3) 某司法单位因工作需要暂时借用滨海水产加工厂上一年的会计档案，对有关原始凭证做了摘录或复制。工作过程中，得到厂方的大力支持，吴某积极配合，并办理了详细的外借登记手续。(4) 在上级有关部门的关心支持下，引进外资，滨海水产加工厂与外商合作，成立了中外合资的闽洋公司。公司管理层研究决定，公司以后凡是对外报送的财务会计报告均由吴某签字、盖章后正式报送、以利于会计信息的及时披露。请根据上述资料回答下列问题：

(1) 作为吴某的女儿不应担任（　　），依据是（　　）。

A.出纳，会计法　　B.出纳，会计基础工作规范

C.会计，会计法　　D.会计，会计基础工作规范

(2) 该厂进行会计交接工作，负责监交的应该是（　　）。

A.组织科长　　B.纪检书记　　C.厂长　　D.总会计师

(3) 吴某兼任会计工作负责人不符合（　　）条件。

A.具备会计从业资格证　　B.具备会计师专业技术职务

C.从事会计工作3年以上经历　　D.会计专业大专以上学历

(4) 事项 (4)，判定其违法违规的依据是（　　）。

A.根据会计法规　　B.根据国家统一会计制度

C.根据财务会计报告条例　　D.根据内部控制法规

(5) 该企业在处理以下事项中属于违法违规的是（　　）。

A.撤并会计机构

B.任命会计主管人员

C.为某公司单位提供外借、查阅、复制会计资料

D.办理会计工作交接

4.甲股份有限公司（以下简称甲公司）是一家国有大型控股企业。2015年4月，甲公司所在地财政局在对其进行会计检查时，发现甲公司发生下列事项：(1) 2014年3月，公司董事长程某主持召开董事会会议，因为总会计师与董事长在会计工作上意见不合，会议决定由总经理主管财务工作，总会计师配合其工作。(2) 2014年5月，公司会计科负责存货明细账登记工作的会计张某因病请长假。因会计科科长出差在外，主管财会工作的总经理指定出纳员王某接管张某的工作，并指示王某与张某办理会计交接手续。(3) 2014年6月，公司出纳员王某通过同学关系，收到乙公司欠款4万元。该欠款属于已被注销的坏账，董事长程某指示王某将该笔收入在公司会计账册之外另外登记保管，以备业务招待用。(4) 2014年8月，会计科科长退休。总经理提议，公司董事会决定聘用自参加工作以来一直从事文秘工作的公司办公室副主任李某为会计科科长。(5) 2014年12月，针对公司产品滞销、年度经营亏损已成定局的情况，董事长程某指使会计科科长李某、会计孙某在会计报表上做些“会计处理”，确保“实现”年初

定下的盈利目标。李某与孙某遵照办理。根据以上资料，回答以下问题：

(1) 根据我国法律规定，在公司制企业，应当对单位会计工作负责的主体是（　）。

A.董事长　B.总经理　C.总会计师　D.会计机构负责人

(2) 公司总经理指定出纳员王某接管张某的会计工作（　）。

A.不符合规定　B.符合规定　C.严重违规　D.违法

(3) 公司董事长程某指示出纳王某将已被注销的坏账收入4万元，在公司会计账册之外另行登记保管，是不符合规定的。财政部门应（　）处理。

A.责令限期改正

B.对单位并处3 000元以上5万元以下的罚款

C.对直接负责的主管人员和其他责任人员，可以处2 000元以上2万元以下的罚款

D.对会计人员，情节严重的，由县级以上政府财政部门吊销会计从业资格证书

(4) 公司董事会决定聘任办公室副主任李某为会计科科长违背了（　）的规定。

A.担任会计机构负责人，必须取得会计从业资格证书

B.具备会计师以上专业技术职务资格或者从事会计工作3年以上的经历

C.必须是总会计师

D.必须是会计专业本科毕业

(5) 公司董事长程某指使会计科科长李某、会计孙某在会计报表上做一些“技术处理”，使公司由亏损变为盈利的行为应承担（　）。

A.如果董事长程某构成犯罪，依法追究刑事责任

B.尚不构成犯罪的，可以处5 000元以上5万元以下的罚款

C.属于国家工作人员的，还应当给予行政处分

D.吊销会计从业资格证书

# 第二章　支付结算法律制度

## 知识全景图

- 支付结算法律制度
  - 支付结算概述
    - 支付结算的概念
    - 支付结算的特征
    - 支付结算的基本原则
    - 支付结算的主要支付工具
    - 支付结算的主要法律依据
    - 办理支付结算的具体要求
  - 现金管理
    - 现金结算的概念与特点
    - 现金结算的渠道
    - 开户单位使用现金的范围
    - 现金使用的限额
    - 现金收支的基本要求
    - 建立健全现金核算与内部控制
  - 银行结算账户
    - 概念
    - 基本原则
    - 分类
      - 单位
        - 基本存款账户、一般存款账户、专用存款账户、临时存款账户：开立变更撤销、使用范围、罚则
      - 个人
  - 结算方式
    - 票据
      - 支票：概念、适用范围、种类、出票、付款、办理要求
      - 汇票
        - 商业汇票
          - 商业承兑汇票、银行承兑汇票：出票、承兑、付款、背书、保证
        - 银行汇票：概念、适用范围、记载事项、构成、基本规定
      - 本票：概念、适用范围、记载事项、种类、提示付款期限、背书、丧失补救
    - 非票据
      - 银行卡、汇兑、委托收款、托收承付、国内信用证：办理程序、使用规定

## ◆ 学习目标

1. 了解支付结算的概念、特征、基本原则和法律依据
2. 熟知支付结算的主要支付工具，掌握办理支付结算的基本要求
3. 掌握现金使用的范围和基本要求
4. 了解银行结算账户管理的规定，掌握各类银行结算账户的具体使用规定
5. 掌握票据结算方式的办理程序、适用范围
6. 掌握非票据结算方式的办理程序、适用范围

## 案例导引

### 会计新手日记

新到公司任财务，很多事情以前都没有碰到过。最头疼的就是填支票，公司没有支票打印机，都得手填。于是，各种问题都冒出来，这一个月，我填错的支票不下10张。

1. 大写的“贰”写错。以前都是用电脑打字的，对于具体笔画是什么样的，以前真地没有注意过。一直以为那两短横是在一长横的上面。结果，错了！

2. 支票不能涂改。有一次一张支票，那个“整”字，我开始写得不太好，就用笔描了一下，结果就被银行退回来了。

3. 如果金额涉及分，大写就不应该用整。结果有一次写了一个“肆仟陆佰贰拾玖圆玖角捌分整”。晕！

4. 日期大写的时候不能压到“年、月、日”。我写字本来就大手大脚，这还真地需要注意，已经因为压到字而退回来两张支票。

5. 印章盖花。盖章的时候老不注意，不是花了就是不清楚。唉！

这些错误我都遇到过了，以后不能再犯啦！

给UPS付运费，第一次是因为支票开了以后忘了通知他来取（这时候我还没有来公司呢），作废。我来以后让我填，第一次我填完后被退回来（为什么想不起来了）。第二次因为在“分”后面加了一个“整”字被退。第三次因为日期大写压到“年、月、日”被退。今天来第四次了，但愿没有问题，领导脸色都变了。

请问：日记中的会计新手为什么在上岗初期办理支付结算业务被退回多次？

分析提示：办理日常支付结算业务是会计人员的基本业务，该项业务属于要式行为，必须按照法律规定的形式进行，如果某项行为不符合法定的形式要件，即为无效。因此，会计人员必须熟悉支付结算法律制度，依法办理支付结算业务。

# 第一节　支付结算概述

## 一、支付结算的概念和特征

### （一）支付结算的概念

支付结算是指单位、个人在社会经济活动中使用票据、信用卡和汇兑、托收承付、委托收款等结算方式进行货币给付及其资金清算的行为。其主要功能是完成资金从一方当事人向另一方当事人的转移。

银行是指在中国境内经中国人民银行批准经营支付结算业务的政策性银行、商业银行（含外商独资银行、中外合资银行、外国银行分行）、城市信用合作社、农村信用合作社。银行是支付结算和资金清算的中介机构。

### （二）支付结算的特征

支付结算作为一种法律行为，具有如下法律特征：

1.支付结算必须通过中国人民银行批准的金融机构进行

未经中国人民银行批准的非银行金融机构和其他单位不得作为中介机构经营支付结算业务。《支付结算办法》第六条规定："银行是支付结算和资金清算的中介机构。未经中国人民银行批准的非银行金融机构和其他单位不得作为中介机构经营支付结算业务。但法律、行政法规另有规定的除外。"这表明，支付结算与一般的货币给付及资金清算行为不同。

2.支付结算是一种要式行为

所谓要式行为，是指法律规定必须依照一定形式进行的行为。如果该行为不符合法定的形式要件，即为无效。

《支付结算办法》第九条规定："票据和结算凭证是办理支付结算的工具。单位、个人和银行办理支付结算，必须使用按中国人民银行统一规定印制的票据凭证和统一规定的结算凭证。未使用按中国人民银行统一规定印制的票据，票据无效；未使用中国人民银行统一规定格式的结算凭证，银行不予受理。"

3.支付结算的发生取决于委托人的意志

银行在支付结算中是充当中介机构的角色，因此《支付结算办法》第十七条规定："银行以善意且符合规定和正常操作的程序审查，对伪造、变造的票据和结算凭证上的签章以及需要交验的个人有效身份证件未发现异常而支付金额的，对出票人或付款人不再承担委托付款的责任，对持票人或收款人不再承担付款责任。"与此同时，《支付结算办法》第十九条规定："银行依法为单位、个人在银行开立的基本存款账户、一般存款账户、专用存款账户和临时存款账户的存款保密，维护其资金的自主支配权。对单位、个人在银行开立上述存款账户的存款，除国家法律、行政法规另有规定外，银行不得为任何单位或者个人查询；除国家法律另有规定外，银行不代任何单位或者个人冻结、扣款，不得停止单位、个人存款的正常支付。"

4.支付结算实行统一管理和分级管理相结合的管理体制

中国人民银行总行负责制定统一的支付结算制度，中国人民银行分行根据统一的支付结算制度制定实施细则。《支付结算办法》第二十条规定："支付结算实行集中统一和分级管理相结合的管理体制。"

中国人民银行总行负责制定统一的支付结算制度，组织、协调、管理、监督全国的支付结算工作，调解、处理银行之间的支付结算纠纷。中国人民银行省、自治区、直辖市分行根据统一的支付结算制度制定实施细则，报总行备案；根据需要可以制定单项支付结算办法，报经中国人民银行总行批准后执行。中国人民银行分、支行负责组织、协调、管理、监督本辖区的支付结算工作，调解、处理本辖区银行之间的支付结算纠纷。政策性银行、商业银行总行可以根据统一的支付结算制度，结合本行情况，制定具体管理实施办法，报经中国人民银行总行批准后执行。政策性银行、商业银行负责组织、管理、协调本行内的支付结算工作，调解、处理本行内分支机构之间的支付结算纠纷。

5.支付结算必须依法进行

《支付结算办法》第五条规定："银行、城市信用合作社、农村信用合作社（以下简称银行）以及单位和个人（含个体工商户），办理支付结算必须遵守国家的法律、行政法规和本办法的各项规定，不得损害社会公共利益。"因此，支付结算当事人必须严格依法进行支付结算活动。

## 二、支付结算的基本原则

支付结算的基本原则是单位、个人和银行在进行支付结算活动中必须遵循的行为准则。根据社会经济发展的需要，在总结我国改革开放以来结算工作的经验基础上，行业主管部门针对支付结算行为确立了以下3项基本原则：

### （一）恪守信用，履约付款原则

该原则要求结算当事人必须依照双方约定的民事法律关系内容依法承担义务和行使权利，严格遵守信用，履行付款义务，特别是应当按照约定的付款金额和付款日期进行支付。这一原则对履行付款义务的当事人具有约束力，是维护合同秩序、保障当事人经济利益的重要保证。

### （二）谁的钱进谁的账、由谁支配原则

根据该原则，银行在办理结算时，必须按照存款人的委托，将款项支付给其指定的收款人；对存款人的资金，除国家法律另有规定外，必须由其自由支配，银行不代扣款项。这一原则主要在于维护存款人对存款资金的所有权和经营权，保证其对资金的自主支配权。

### （三）银行不垫款原则

根据该原则，银行在办理结算过程中，只负责办理结算当事人之间的款项划拨，不承担垫付任何款项的责任。这一原则主要划清银行和存款人之间的界限，有利于保护银行资金的所有权或经营权，也有利于促使单位、个人以自己所有或经营管理的财产直接对自己的债务承担责任，从而保证了银行资金的安全。

以上3项原则既可单独发挥作用，也是一个有机的整体，分别从不同角度强调了付款人、收款人和银行在结算过程中的权利、义务，从而切实保障了结算活动的正常进行。

## 三、支付结算的主要支付工具

支付结算的主要支付工具有以下几种：

**（一）汇票**

汇票是出票人签发的，委托付款人在见票时或者在指定日期无条件支付确定的金额给收款人或者持票人的票据。按照出票人的不同，汇票分为银行汇票和商业汇票。由银行签发的汇票为银行汇票，由银行以外的企业、单位等签发的汇票为商业汇票。

**（二）本票**

本票是出票人签发的，承诺自己在见票时无条件支付确定的金额给收款人或者持票人的票据。银行本票是申请人将款项交存银行，由银行签发给其凭以办理同一票据交换区域内转账或支取现金的票据。

**（三）支票**

支票是出票人签发的，委托办理支票存款业务的银行或者其他金融机构在见票时无条件支付确定的金额给收款人或者持票人的票据。

**（四）信用卡**

信用卡是指商业银行向个人和单位发行的，凭以向特约单位购物、消费和向银行存取现金，且具有消费信用的特制载体卡片。信用卡因其具有携带方便、使用简单、集多功能于一体的特点，在经济活动中的应用日益广泛。

**（五）汇兑**

汇兑是汇款人委托银行将其款项支付给收款人的结算方式。汇兑分为信汇和电汇两种，汇款人可根据需要选用。由于汇兑结算手续简便，不受金额起点限制，长期以来一直是银行异地汇划资金的主要结算方式之一。

**（六）托收承付**

托收承付是根据购销合同，由销货单位发货后委托银行向异地购货单位收取款项，由购货单位向银行承认付款的支付结算工具。

使用托收承付结算方式的收款单位和付款单位，必须是国有企业、供销合作社以及经营管理较好并经开户银行审查同意的城乡集体所有制工业企业。办理托收承付结算的款项，必须是商品交易，以及因商品交易而产生的劳务供应的款项。代销、寄销、赊销商品的款项不得办理托收承付结算。收付双方使用托收承付结算方式必须签有符合《经济合同法》的购销合同，并在合同上订明使用托收承付结算款项的划回方法，分为邮寄和电报，由收款人选用。

**（七）委托收款**

委托收款是收款人委托银行向付款人收取款项的结算方式。单位和个人凭已承兑的商业汇票、债券、存单等付款人债务证明办理款项的结算，均可以使用委托收款结算方式。

## 四、支付结算的主要法律依据

支付结算法律制度是调整银行结算业务关系、票据管理和票据流通关系的金融法律规范的总称。至今为止，现行的适用支付结算方面的法律、行政法规以及部门规章和政策性规定主要包括：1995年5月10日，第八届全国人民代表大会常务委员会第13次会议通过的《中华人民共和国票据法》（以下简称《票据法》，1996年1月1日起施行）；1997年9月19日，中国人民银行发布的《支付结算办法》（1997年12月1日起施行）；1999年1月5日，中国人民银行发布的《中国人民银行银行卡业务管理办法》（1999年3月1日起施行）；2003年4月10日中国人民银行发布的《人民币银行结算账户管理办法》（2003年9月1日起施行）；《票据管理实施办法》（该办法于1997年6月23日经国务院批准，同年8月21日由中国人民银行发布并于同年10月1日起施行）；《异地托收承付结算办法》（该办法于1994年10月9日修订，1995年1月1日起施行）；《电子支付指引（第一号）》（该指引由中国人民银行于2005年10月26日制定并公布，自公布之日起实行）等。

## 五、办理支付结算的具体要求

### （一）单位、个人和银行应当按照《人民币银行结算账户管理办法》的规定开立、使用账户

（1）在银行开立存款账户的单位和个人办理支付结算，账户内必须有足够的资金保证支付；没有开立存款账户的个人向银行交付款项后，也可以通过银行办理支付结算。

（2）银行依法为单位、个人在银行开立的存款账户中的存款保密，维护其资金的自主支配权。

（3）除国家法律、行政法规另有规定外，银行不得为任何单位或者个人查询账户情况，不得为任何单位或者个人冻结、扣划款项，不得停止单位、个人存款的正常支付。

### （二）单位、个人和银行办理支付结算必须使用按中国人民银行统一规定印制的票据凭证和统一规定的结算凭证

票据和结算凭证是办理支付结算的依据和工具。使用未按中国人民银行统一规定印制的票据，为无效票据；使用非中国人民银行统一规定格式的结算凭证，银行不予受理。

### （三）票据和结算凭证必须按要求填写

（1）中文大写金额数字应用正楷或行书填写，不得自造简化字。如果金额数字书写中使用繁体字，也应受理。中文大写金额数字有如下写法：零、壹、贰、叁、肆、伍、陆、柒、捌、玖、拾、佰、仟、万、亿、元、角、分、整（正）等字样。不得用〇（另）、一、二（两）、三、四、五、六、七、八、九、十、百、千、毛（角念毛）填写。

（2）中文大写金额数字到“元”为止的，在“元”之后应写“整”（或“正”）字；到“角”为止的，在“角”之后可以不写“整”（或“正”）字。大写金额数字有“分”的，“分”后面不写“整”（或“正”）字。

（3）中文大写金额数字前应标明“人民币”字样，大写金额数字应紧接“人民币”字样填写，不得留有空白。大写金额数字前未印“人民币”字样的，应加填“人民币”三字。

在票据和结算凭证大写金额栏内不得预印“仟、佰、拾、万、仟、佰、拾、元、

角、分”字样。

（4）阿拉伯小写金额数字中有“0”时，中文大写应按照汉语语言规律、金额数字构成和防止涂改的要求进行书写。举例如下：

①阿拉伯数字中间有“0”时，中文大写金额要写“零”字。如￥1 409.50，应写成人民币壹仟肆佰零玖元伍角。

②阿拉伯数字中间连续有几个“0”时，中文大写金额中间可以只写一个“零”字。如￥6 007.14，应写成人民币陆仟零柒元壹角肆分。

③阿拉伯数字万位或元位是“0”或者数字中间连续有几个“0”，万位、元位也是“0”但千位、角位不是“0”时，中文大写金额中可以只写一个“零”字，也可以不写“零”字。例如，￥1 680.32，应写成人民币壹仟陆佰捌拾元零叁角贰分，或者写成人民币壹仟陆佰捌拾元叁角贰分；又例如，￥107 000.53，应写成人民币壹拾万柒仟元零伍角叁分，或者写成人民币壹拾万零柒仟元伍角叁分。

④阿拉伯金额数字角位是“0”，而分位不是“0”时，中文大写金额“元”后面应写“零”字。例如：￥16 409.02，应写成人民币壹万陆仟肆佰零玖元零贰分；又例如，￥325.04，应写成人民币叁佰贰拾伍元零肆分。

⑤阿拉伯小写金额数字前面，均应填写人民币符号“￥”。阿拉伯小写金额数字要认真填写，不得连写分辨不清。

⑥票据的出票日期必须使用中文大写。在填写月、日时，月为壹、贰和壹拾的，日为壹至玖和壹拾、贰拾和叁拾的，应在其前加“零”；日为拾壹至拾玖的，应在其前面加“壹”。例如，2月12日，应写成零贰月壹拾贰日；10月20日，应写成零壹拾月零贰拾日。票据出票日期使用小写填写的，银行不予受理。大写日期未按要求规范填写的，银行可予受理；但由此造成损失的，由出票人自行承担。

**【例2-1】**（单选）某单位于2014年10月19开出一张支票。下列有关支票日期的写法中，符合要求的是（　　）。

A.贰零零玖年拾月玖日　　B.贰零零玖年壹拾月壹拾玖日

C.贰零零玖年零壹拾月拾玖日　　D.贰零零玖年零壹拾月壹拾玖日

**【解析】**D。票据的出票日期必须使用中文大写。在填写月、日时，月为壹、贰和壹拾的，日为壹至玖和壹拾、贰拾和叁拾的，应在其前加“零”；日为拾壹至拾玖的，应在其前面加“壹”。

**【例2-2】**（判断）票据出票日期使用小写的，开户银行可予受理，但由此造成的损失由出票人自行承担。（　　）

【解析】×。票据出票日期使用小写填写的，银行不予受理。

**（四）填写票据和结算凭证应当规范，做到要素齐全，数字正确，字迹清晰，不错不漏，不潦草，防止涂改**

填写票据和结算凭证的收款人名称、出票日期、金额等应当规范。

票据和结算凭证金额以中文大写和阿拉伯数字同时记载，两者必须一致，两者不一致的票据无效，两者不一致的结算凭证，银行不予受理。

少数民族地区和外国驻华使馆根据需要，金额大写可以使用少数民族文字或者外国文字记载。

签发支票应使用蓝黑墨水或碳素墨水填写，未按规定填写，被涂改冒领的由出票人负责。

**（五）票据和结算凭证上的签章和其他记载事项应当真实，不得伪造、变造**

伪造是指无权限人假冒他人或虚构他人名义签章的行为。变造是指无权更改票据内容的人，对票据签章以外的记载事项加以改变的行为。它们的意思跟第一章伪造、变造会计凭证有一定的区别。

票据上有伪造、变造签章的，不影响票据上其他当事人真实签章的效力。票据和结算凭证的签章，为签名、盖章或者签名加盖章；单位、银行在票据上的签章和单位在结算凭证上的签章，为该单位、银行的盖章加其法定代表人或者其授权代理人的签名或者盖章；个人在票据和结算凭证上的签章，应为该个人本名的签名或盖章。

在票据和结算凭证的填写中，金额、出票或者签发日期、收款人名称都不得更改，更改的票据无效；更改的结算凭证，银行不予受理。对票据和结算凭证上的其他记载事项，原记载人可以更改，更改时应当由原记载人在更改处签章证明。

**【例2-3】**（多选）下列关于票据签章的表述中，正确的有（　　）。

A.票据和结算凭证上的签章，为签名、盖章或者签名加盖章

B.单位、银行在票据上的签章和单位在结算凭证上的签章，为该单位、银行的盖章加其法定代表人或者其授权的代理人的签名或盖章

C.个人在票据和结算凭证上的签章，为个人本名的签名或盖章

D.票据签章是票据行为生效的重要条件，也是票据行为表现形式中必须记载的事项

【解析】ABCD。

**【例2-4】**（单选）根据《支付结算办法》的规定，签发票据时，可以更改的项目是（　　）。

A.出票日期　　B.收款人名称　　C.用途　　D.票据金额

【解析】C。《支付结算办法》第十二条规定，票据和结算凭证的金额、出票或签发日期、收款人名称不得更改，更改的票据无效；更改的结算凭证，银行不予受理。

**【例2-5】**（判断）对金额、出票日期、收款人名称进行更改的票据，为无效票据。（　　）

【解析】√。《支付结算办法》第十二条规定，票据和结算凭证的金额、出票或签发日期、收款人名称不得更改，更改的票据无效；更改的结算凭证，银行不予受理。

**【例2-6】**（多选）下列关于票据的各项表述中，符合规定的有（　　）。

A.票据的中文大写金额数字应用正楷或行书填写

B.票据的中文大写金额数字前应标明“人民币”字样

C.票据的出票日期应使用小写填写

D.票据中的中文大写金额数字到“元”为止的，在“元”之后，应写“整”（或“正”）字

【解析】ABD。票据的出票日期必须使用中文大写。

**【例2-7】**（判断）票据和结算凭证金额应以中文大写和阿拉伯数码同时记载，两者必须一致，否则银行不予受理。（　　）

【解析】√。《支付结算办法》第十三条规定，票据和结算凭证金额以中文大写和阿拉伯数码同时记载，二者必须一致，二者不一致的票据无效；二者不一致的结算凭证，银行不予受理。

**实务指南**

**会计粗心填错支票 不当得利迟早要还**

2004年6月9日，济南市某工厂向田某支付维修工程款1.3万元时，因会计疏忽，误将转账支票中的应付金额填为13万元。后来，田某将支票转交给汪某，汪某在收款人处填上他的建材商店的名称后存入银行。就这样，13万元划入了该商店的账户。

3个月后，这家工厂发现了多付款的情况，立即找田某及汪某要求返还多余的款项，结果被二人拒绝。于是，该厂将田某和汪某诉至法院，要求法院判决两人共同偿还不当得利款项11.7万元及利息。

法院经审理认为，田某从工厂取得超出其应得金额11.7万元的支票后，不仅没有及时退还，反而交给与其有业务关系的汪某，有占有票面款项的故意，因此理应将超出部分款项及相应利息退还给工厂。但由于田某和汪某之间的债权债务关系，与本案审理的不当得利纠纷是两个不同性质的法律关系，应另行处理。最后，法院判决由田某独自承担返还多余款的责任。

我国民法对不当得利作出了较为详细的规定，如果一方既没有违法行为，也没有合法的根据，使他人受到损害，而自己获得利益，这种情况就属于不当得利。发生这种情况时，可以通过法律途径要求对方返还。

资料来源 佚名.会计粗心填错支票 不当得利迟早要还[EB/OL].[2005-11-11].http：//news.sina.com.cn/s/2005-11-11/06507408869s.shtml.

**考场指南**

1.支付结算特征：以金融机构为中介、要式行为、取决于委托人意志、统一管理与分级管理相结合、依法进行。

2.支付结算基本原则：恪守信用，履约付款；谁的钱进谁的账，由谁支配；银行不垫款。

3.主要支付结算工具：汇票、支票、本票、信用卡、托收承付、委托收款、汇兑。

4.办理支付结算基本要求：依法开户、样式统一、规范填写、内容准确完整、签章真实。

# 第二节 现金管理

## 一、现金结算的概念与特点

### （一）现金结算的概念

现金结算是指在商品交易、劳务供应等经济往来中，直接使用现金进行应收应付款结算的一种行为。在我国主要适用于单位与个人之间的款项收付，以及单位之间的转账结算起点金额以下的零星小额收付。

**(二) 现金结算的特点**

现金结算具有直接便利、不安全性、不易宏观控制和管理、费用较高等特点。

## 二、现金结算的渠道

现金结算的渠道有：

(1) 付款人直接将现金支付给收款人。

(2) 付款人委托银行、非银行金融机构或者非金融机构将现金支付给收款人。

## 三、开户单位使用现金的范围

根据《中华人民共和国现金管理暂行条例》(国务院令第12号) 的规定，单位之间的经济往来，除按条例规定的范围可以使用现金外，其他款项的支付应当通过开户银行进行转账结算。开户单位可以在下列范围内使用现金：

(1) 职工工资、津贴；

(2) 个人劳务报酬；

(3) 根据国家规定颁发给个人的科学技术、文化艺术、体育等各种奖金；

(4) 各种劳保、福利费用以及国家规定的对个人的其他支出；

(5) 向个人收购农副产品和其他物资的价款；

(6) 出差人员必须随身携带的差旅费；

(7) 结算起点以下的零星支出；

(8) 中国人民银行确定需要支付现金的其他支出。

第七项中的结算起点定为1 000元，结算起点的调整由中国人民银行确定，报国务院备案。

除第五、第六项外，开户单位支付给个人的款项，超过使用现金限额的部分，应当以支票或者银行本票支付；确需全额支付现金的，经开户银行审核后，予以支付现金。

**【例2-8】**(单选) 下列各项中，不属于现金使用范围的是 (　　)。

A. 个人劳务报酬，包括稿费和讲课费及其他专门工作报酬

B. 支付给个人的各种奖金，包括根据国家规定颁发给个人的各种科学技术、文化艺术、体育等各种奖金

C. 收购单位向个人收购农副产品和其他物资支付的价款

D. 结算起点 (1 000元) 以上的零星开支

【解析】D。结算起点 (1 000元) 以下的零星开支，可以使用现金。

## 四、现金使用的限额

各开户单位的库存现金都要核定限额。库存现金限额由开户单位提出计划，报开户银行审批。库存现金限额每年核定一次。经核定的库存现金限额，开户单位必须严格遵守。开户单位由于生产的发展和业务的变化，需要增加或减少库存现金限额的，可以随

时向开户银行提出申请，经审查批准后再行调整。

开户银行根据实际需要，原则上以开户单位3~5天的日常零星开支所需核定库存现金限额。边远地区和交通不发达地区的开户单位的库存现金限额，可以适当放宽，可以多于5天，但最多不超过15天的日常零星开支。

对没有银行单独开立账户的附属单位也要实行现金管理，必须保留的现金，也要核定限额，其限额包括在开户单位的库存限额之内。

商业和服务行业的找零备用现金也要根据营业额核定定额，但不包括在开户单位的库存现金限额之内。

【例2-9】（单选）库存现金限额由开户银行根据开户单位（　　）日常零星支出所需要的现金核定。

A.3～5天　　B.5～7天　　C.1～2天　　D.1个星期

【解析】A。库存现金限额由开户银行根据单位3～5天的日常零星开支所需要的现金核定。

【例2-10】（判断）根据规定，开户单位需要增加或减少库存现金限额的，应当向开户银行提出申请，由开户银行核定。（　　）

【解析】√。开户单位由于生产的发展和业务的变化，需要增加或减少库存现金限额的，可以随时向开户银行提出申请，经审查批准后再行调整。

## 五、现金收支的基本要求

（1）开户单位现金收入应当于当日送存开户银行。当日送存确有困难的，由开户银行确定送存时间。

（2）开户单位支付现金，可以从本单位库存现金限额中支付或者从开户银行提取，不得从本单位的现金收入中直接支付（即坐支）。因特殊情况需要坐支现金的，应当事先报经开户银行审查批准，由开户银行核定坐支范围和限额。坐支单位应当定期向开户银行报送坐支金额和使用情况。

（3）开户单位根据《现金管理暂行条例》规定，从开户银行提取现金，应当写明用途，由本单位财会部门负责人签字盖章，经开户银行审核后，予以支付现金。

（4）因采购地点不固定、交通不便、生产或者市场急需、抢险救灾以及其他特殊情况必须使用现金的，开户单位应当向开户银行提出申请，由本单位财会部门负责人签字盖章，经开户银行审核后，予以支付现金。

【例2-11】（多选）下列对开户单位的现金支取表述正确的有（　　）。

A.从本单位的现金收入中直接支付

B.从本单位库存现金限额中支取

C.从开户银行支取

D.根据开户银行核定的范围和限额坐支现金

【解析】BCD。开户单位支付现金，可以从本单位库存现金限额中支付或者从开户银行提取，不得从本单位的现金收入中直接支付（即坐支）。因特殊情况需要坐支现金的，应当事先报经开户银行审查批准，由开户银行核定坐支范围和限额。坐支单位应当定期向开户银行报送坐支金额和使用情况。

## 六、建立健全现金核算与内部控制

### （一）规范现金的核算与管理

单位应当建立健全现金账目，包括库存现金日记账和库存现金总账，对于现金的收支采用逐日逐笔序时登记的方法，并且要每天结出现金余额。按规定对库存现金进行定期和不定期的清查盘点，一般采用实地盘点法，对于清查的结果应当编制现金盘点报告单。如果发现挪用现金、白条抵库的情况，应及时予以纠正；对于超限额留存的现金应及时送存银行。如果账款不符，应查明原因，及时处理，做到账目日清月结，账款相符。

### （二）建立单位货币资金内部控制制度

（1）各单位应当根据国家有关法律法规，结合部门或系统的货币资金内部控制规定，建立适合本单位业务特点和管理要求的货币资金内部控制制度，并且组织实施。

（2）单位负责人对本单位货币资金内部控制的建立健全和有效实施以及货币资金的安全完整负责。

### （三）加强货币资金业务岗位管理

（1）各单位应当建立货币资金业务的岗位责任制，明确相关部门和人员的职责权限，确保办理货币资金业务的不相容岗位相互分离、做到相互制约和监督。

（2）出纳人员不得兼任稽核、会计档案保管和收入、支出、费用、债权债务账目的登记工作。

（3）单位不得由一人办理货币资金业务的全过程。单位办理货币资金业务，应当配备合格的人员，并根据单位具体情况进行岗位轮换。

### （四）严格货币资金的授权管理

（1）单位应当对货币资金业务建立严格的授权批准制度，明确审批人对货币资金业务的授权批准方式、权限、程序、责任和相关制度措施，规定经办人办理货币资金业务的职责范围和工作要求。

（2）审批人应当根据货币资金授权批准制度的规定，在授权范围内进行审批，不得超越审批权限。

（3）经办人应当在职责范围内，按照审批人的批准意见办理货币资金业务；对于审批人超越授权范围审批的货币资金业务，经办人员有权拒绝办理，并及时向审批人的上级授权部门报告。

（4）严禁未经授权的机构或人员办理货币资金业务或直接接触货币资金。

（5）单位对于重要货币资金的支付业务，应当实行集体决策和联签制度，并建立责任追究制度，防范贪污、侵占、挪用货币资金等行为。

### （五）规范货币资金支付业务的办理程序

1.支付申请

单位有关部门或个人用款时，应当提前向审批人提交货币资金支付申请，注明款项的用途、金额、预算、支付方式等内容，并附有效经济合同或相关证明。

2.支付审批

审批人根据其职责权限，对审批申请进行审批，对不符合规定的，应当拒绝批准。

3.支付复核

复核人应当对批准后的货币资金支付申请进行复核，复核货币支付申请的批准范围、权限、程序是否正确，手续及相关单证是否齐备，金额计算是否正确，支付方式、支付单位是否妥当等，复核无误后，交由会计人员编制付款凭证。

4.会计编制付款凭证

会计根据审核无误的支付申请编制付款凭证，并对付款凭证进行审核后，交出纳员办理支付手续。

5.办理支付

出纳员对付款凭证进行再次审核，确认无误后，按规定办理货币资金支付手续，签名盖章，并及时登记库存现金日记账和银行存款日记账。

**考场指南**

1.单位之间的经济往来，除按规定可以使用现金外，其他应转账结算。

2.单位库存现金限额由开户银行根据其3~5天日常零星开支需要量核定。

3.支付现金时，不得坐支、白条抵库。

4.不得公款私存、不得设置“小金库”。

5.单位要严格货币资金授权管理。

6.单位要规范货币资金业务的办理程序：申请、审批、复核、制单、支付。

# 第三节　银行结算账户

## 一、银行结算账户的概念

银行结算账户是指存款人在经办银行开立的办理资金收付结算的人民币活期存款账户。其中，“银行”是指在中国境内经中国人民银行批准经营支付结算业务的政策性银行、商业银行（含外商独资银行、中外合资银行、外国银行分行）、城市信用合作社、农村信用合作社。“存款人”是指在中国境内开立银行结算账户的机关、团体、部队、企业、事业单位、其他组织（以下统称单位）、个体工商户和自然人。

## 二、银行结算账户的分类

### （一）银行结算账户按其存款人不同分为单位银行结算账户和个人银行结算账户

存款人以单位名称开立的银行结算账户为单位银行结算账户。个体工商户凭营业执照以字号或经营者姓名开立的银行结算账户纳入单位银行结算账户。

存款人凭个人身份证以自然人姓名开立的银行结算账户为个人银行结算账户。邮政储蓄机构办理银行卡业务开立的账户纳入个人银行结算账户管理。

【例2-12】（多选）下列关于存款人申请开立银行结算账户名称的表述中，正确的有（　　）。

A.单位开立银行结算账户的名称应与其提供的申请开户的证明文件的名称全称一致

B.有字号的个体工商户开立银行结算账户的名称，应与其营业执照的字号相一致

C.无字号的个体工商户开立银行结算账户的名称，由个体户字样和营业执照记载的经营者姓名组成

D.自然人开立银行结算账户的名称，应与其提供的有效身份证件中的姓名全称一致

【解析】ABCD。

【例2-13】（判断）所有以自然人姓名开立的银行结算账户都应纳入个人银行结算账户管理。（　　）

【解析】×。个体工商户凭营业执照以经营者姓名开立的银行结算账户虽然是以自然人姓名开立的，但仍纳入单位银行结算账户管理。

**（二）单位银行结算账户按用途不同分为基本存款账户、一般存款账户、专用存款账户、临时存款账户**

基本存款账户是存款人因办理日常转账结算和现金收付需要开立的银行结算账户。一般存款账户是指存款人因借款或其他结算需要，在基本存款账户开户银行以外的银行营业机构开立的银行结算账户。专用存款账户是指存款人按照法律、行政法规和规章，对有特定用途资金进行专项管理和使用而开立的银行结算账户。临时存款账户是指存款人因临时需要并在规定期限内使用而开立的银行结算账户。

## 三、银行结算账户管理应当遵循的基本原则

根据《人民币银行结算账户管理办法》的规定，银行结算账户的管理应遵循以下原则：

**（一）一个基本账户原则**

一个基本账户原则即单位银行结算账户的存款人只能在银行开立一个基本存款账户，不得在多家银行机构开立基本存款账户。存款人在其账户内有足够的资金保证支付。

**（二）自主选择银行开立银行结算账户原则**

自主选择银行开立银行结算账户原则即存款人可以自主选择银行开立账户，银行也可以自愿选择存款人为其开立账户。除国家法律、行政法规和国务院另有规定外，任何单位和个人不得强令存款人到指定银行开立银行结算账户和使用银行结算账户。

**（三）守法合规原则**

守法合规原则即银行结算账户开立和使用应当遵守法律、行政法规规定，不得利用银行结算账户进行偷逃税款、逃废债务、套取现金及其他违法犯罪活动。

**（四）存款信息保密原则**

存款信息保密原则即银行应依法为存款人的银行结算账户信息保密。对单位银行结算账户的存款和有关资料，除国家法律、行政法规另有规定外，银行有权拒绝任何单位

或个人查询。对个人银行结算账户的存款和有关资料，除国家法律另有规定外，银行有权拒绝任何单位和个人查询。

## 四、银行结算账户的开立、变更和撤销

### （一）银行结算账户的开立

1.填交开户申请

存款人应在注册地或住所地开立银行结算账户。符合异地开户条件的也可以在异地开立银行结算账户。

单位申请开立单位银行结算账户时，应由法定代表人或单位负责人直接办理，如因特殊原因法定代表人或单位负责人不能亲自办理的，必须授权他人办理。由法定代表人直接办理的，应出具法定代表人或单位负责人本人的身份证件；授权他人办理的，除出具被授权人本人的身份证件外，还应出具其法定代表人或单位负责人的授权书及其身份证件。

个人申请开立个人银行结算账户时，提倡由本人亲自办理，申请开立使用支票、信用卡等信用支付工具的个人银行结算账户时，因存款人要办理预留签名或名章等开户手续，必须由存款人本人亲自办理。

单位开立银行结算账户的名称应与其提供的申请开户的证明文件的名称全称一致。有字号的个体工商户开立银行结算账户的名称，应与其营业执照的字号相一致；无字号的个体工商户开立银行结算账户的名称，应与营业执照记载的经营者姓名一致。自然人开立银行结算账户的名称，应与其提供的有效身份证件中的姓名全称一致。

2.开户银行审查

（1）审查。存款人开立银行结算账户时，应填制开户申请书，并提交有关的证明文件。银行应对存款人的开户申请填写的事项和证明文件的真实性、完整性、合规性进行认真审查。开户申请书填写的事项齐全，符合开立基本存款账户、临时存款账户和预算单位专用存款账户条件的，银行应将申请材料报送中国人民银行当地分支行，经其核准后办理开户手续。

（2）备案。符合开立一般存款账户、其他专用账户和个人银行结算账户条件的，银行应办理开户手续，并于开户之日起5个工作日内向中国人民银行当地分支行备案。

3.中国人民银行核准

中国人民银行应于2个工作日内对银行报送的基本存款账户、临时存款账户和预算单位专用存款账户的开户资料的合规性予以审核，符合开户条件的，予以核准；不符合开户条件的，应在开户申请书上签署意见，连同有关证明文件一并退回报送银行。

4.签订协议、预留签章

银行为存款人开立银行结算账户，应与存款人签订银行结算账户管理协议，明确双方的权利与义务。除中国人民银行另有规定的以外，应建立存款人预留签章卡片，并将签章式样和有关证明文件的原件或复印件留存归档。

5.签发开户登记证

银行为存款人办理基本存款账户开户手续后，应给存款人出具开户登记证。开户登

记证是记载单位银行结算账户信息的有效证明，存款人应按规定使用，并妥善保管。存款人申请开立、变更、撤销一般存款账户、除预算外资金的专用存款账户和异地银行结算账户时，必须出具其基本存款账户开户登记证，未出具其基本存款账户开户登记证的，银行有权拒绝办理。

【例2-14】（多选）存款人在银行开立（　　），实行由中国人民银行当地分支机构核准制度。

A.基本存款账户　　B.一般存款账户

C.临时存款账户　　D.预算单位专用存款账户

【解析】ACD。开立基本存款账户、临时存款账户和预算单位专用存款账户的，银行应将申请材料报送中国人民银行当地分支行，经其核准后办理开户手续。

**（二）银行结算账户的变更**

银行结算账户的变更是指存款人的账户信息资料发生的变化或改变。存款人的账户信息资料主要包括存款人的名称，开立账户时提供的有效证明文件信息、地址、联系人、电话等，它是银行为存款人开立银行结算账户的重要依据和历史记录，是银行为存款人提供支付结算服务的必要条件。

1.申请

存款人更改名称，但不改变开户银行及账号的，应于5个工作日内向开户银行提出银行结算账户的变更申请，并出具有关部门的证明文件。

单位的法定代表人或主要负责人、住址以及其他开户资料发生变更时，应于5个工作日内书面通知开户银行，并提供有关证明。

2.变更与报告

银行接到存款人的变更通知后，应及时办理变更手续，并于2个工作日内向中国人民银行报告。

【例2-15】（单选）存款人银行结算账户有法定变更事项的，应于（　　）个工作日内书面通知开户银行，并提供有关证明。

A.3　　B.4　　C.5　　D.6

【解析】C。单位的法定代表人或主要负责人、住址以及其他开户资料发生变更时，应于5个工作日内书面通知开户银行并提供有关证明。

**（三）银行结算账户的撤销**

银行结算账户的撤销是指存款人因开户资格或其他原因终止银行结算账户使用的行为。

存款人有以下情形之一的，应向开户银行提出撤销银行结算账户的申请：

（1）被撤并、解散、宣告破产或关闭的；

（2）注销、被吊销营业执照的；

（3）因迁址需要变更开户银行的；

（4）其他原因需要撤销银行结算账户的。

存款人发生被撤并、解散、宣告破产或关闭的，注销、被吊销营业执照的应于5个工作日内向开户银行提出撤销银行结算账户的申请；存款人申请撤销基本存款账户的，存款人基本存款账户的开户银行应自撤销银行结算账户之日起2个工作日内将撤销该基本存款账户的情况书面通知该存款人其他银行结算账户的开户银行；存款人其他银行结算账户的开户银行应自收到通知之日起2个工作日内通知存款人撤销有关银行结算账户；存款人应自收到通知之日起3个工作日内办理其他银行结算账户的撤销。

银行得知存款人主体资格终止情况的，存款人超过规定期限未主动办理撤销银行结算账户手续的，银行有权停止其银行结算账户的对外支付。

在办理银行结算账户撤销手续的过程中，应当注意以下事项：

（1）未获得工商行政管理部门核准登记的单位，在验资期满后，应向银行申请撤销注册验资开立的临时存款账户，其账户资金应退还给原汇款人账户。注册验资资金以现金方式存入，出资人提取现金的，应出具缴存现金时的现金缴款原件及其有效身份证件。

（2）存款人尚未清偿其开户银行债务的，不得申请撤销银行结算账户。

（3）存款人撤销银行结算账户，必须与开户银行核对银行结算账户存款余额，交回各种重要空白票据、结算凭证、开户登记证，银行核对无误后方可办理销户手续。存款人未按规定交回各种重要空白票据及结算凭证的，应出具有关证明，造成损失的，由其自行承担。

（4）银行撤销单位银行结算账户时，应在其基本存款账户开户登记证上注明销户日期并签章，同时于撤销银行结算账户之日起2个工作日内，向中国人民银行当地分支行报告。

（5）银行对1年未发生收付活动且未欠开户银行债务的单位银行结算账户，应通知单位自发出通知之日起30日内到开户银行办理销户手续，逾期视同自愿销户，未划转款项列入久悬未取专户管理。

**【例2-16】**（单选）开户银行对已开户（　　）年，但未发生任何业务的账户，应通知存款人办理销户手续。

A.1　　B.2　　C.3　　D.4

【解析】A。

## 五、基本存款账户

### （一）基本存款账户的概念

基本存款账户是单位存款人因办理日常转账结算和现金收付需要开立的银行结算账户。

### （二）基本存款账户的使用范围

基本存款账户是单位存款人的主办账户。单位存款人日常经营活动的资金收付及其工资、奖金和现金的支取，应通过该账户办理。

### （三）基本存款账户的开户要求

开立基本存款账户应按照规定的程序办理并提交有关证明文件。单位银行结算账户的存款人只能在银行开立一个基本存款账户。

1.开立基本存款账户的存款人资格

凡是具有民事权利能力和民事行为能力，并依法独立享有民事权利和承担民事义务的法人和其他组织，均可以开立基本存款账户。根据《人民币银行结算账户管理办法》的规定，下列存款人可以申请开立基本存款账户：

（1）企业法人。

（2）非企业法人。

（3）机关、事业单位。

（4）团级（含）以上军队、武警部队及分散执勤的支（分）队。

（5）社会团体。

（6）民办非企业组织。

（7）异地常设机构。

（8）外国驻华机构。

（9）个体工商户。

（10）居民委员会、村民委员会、社区委员会。

（11）单位设立的独立核算的附属机构。

（12）其他组织。

2.开立基本存款账户所需证明文件

存款人申请开立基本存款账户，应向银行如实出具下列证明文件：

（1）企业法人，应出具企业法人营业执照正本。

（2）非企业法人，应出具企业营业执照正本。

（3）机关和实行预算管理的事业单位，应出具政府人事部门或编制委员会的批文或登记证书和财政部门同意其开户的证明；非预算事业单位，应出具政府人事部门或编制委员会的批文或登记证。

（4）团级（含）以上军队、武警部队及分散执勤的支（分）队，应出具军队军级以上单位财务部门、武警总队财务部门的开户证明。

（5）社会团体，应出具社会团体登记证书，宗教组织还应出具宗教事务管理部门的批文或证明。

（6）民办非企业组织，应出具民办非企业登记证书。

（7）外地常设机构，应出具驻地政府主管部门的批文。

（8）外国驻华机构，应出具国家有关部门的批文或证明。

（9）个体工商户，应出具个体工商户营业执照正本。

（10）居民委员会、村民委员会、社区委员会，应出具其主管部门的批文或证明。

（11）单位设立的独立核算的附属机构，应出具其主管部门的基本存款账户开户登记证和批文。

（12）其他组织，应出具主管部门的批文或证明。

以上存款人为从事生产、经营活动纳税人的，还应出具税务部门颁发的税务登记证。

**（四）开立基本存款账户的程序**

根据《银行账户管理办法》的有关规定，存款人开立银行结算账户时，应填制开户申请书，并提交有关的证明文件。银行应对存款人的开户申请填写的事项和证明文件的真实性、完整性、合规性进行认真审查。银行将审查后的存款人提交的上述文件和审核意见等开户资料报送中国人民银行当地分支行，经其核准后办理开户手续。中国人民银行应于2个工作日内对报送的基本存款账户的开户资料的合规性以及唯一性进行审核。符合开户条件的予以核准；不符合开户条件的，应在开户申请书上签署意见，连同有关证明文件一并退回报送银行。

【例2-17】（单选）存款人的工资、奖金等现金的支取，应通过金融法律制度规定的账户办理，该账户是（　　）。

A.一般存款账户　　B.基本存款账户　　C.临时存款账户　　D.专用存款账户

【解析】B。

【例2-18】（多选）下列各项中，属于存款人申请开立基本存款账户证明文件的有（　　）。

A.借款合同

B.当地工商行政管理机关核发的营业执照正本

C.政府人事部门或编制委员会的批文或登记证书和财政部门同意其开户的证明

D.个人的居民身份证

【解析】BC。基本存款账户的开户单位主体是单位，不需要个人的居民身份证。

## 六、一般存款账户

### （一）一般存款账户的概念

一般存款账户是指单位存款人因借款或其他结算需要，在基本存款账户开户银行以外的银行营业机构开立的银行结算账户。

### （二）一般存款账户的使用范围

一般存款账户用于办理存款人借款转存、借款归还和其他结算的资金收付。该账户可以办理现金缴存，但不得办理现金支取。

### （三）一般存款账户的开户要求

1.开立一般存款账户的存款人资格

开立基本存款账户的存款人都可以开立一般存款账户。根据规定，只要存款人具有借款或其他结算需要，都可以申请开立一般存款账户，且没有数量限制。

下列存款人可以申请开立一般存款账户：

（1）在基本存款账户以外的银行取得借款的单位。

（2）与基本存款账户的存款人不在同一地点的附属非独立核算单位。

2.开立一般存款账户所需的证明文件

存款人申请开立一般存款账户，应向银行出具其开立基本存款账户规定的证明文件、基本存款账户开户登记证、借款合同及其他有关证明。

### （四）开立一般存款账户的程序

根据《银行账户管理办法》的有关规定，存款人开立银行结算账户时，应填制开户申请书，并提交有关的证明文件。银行应对存款人的开户申请填写的事项和证明文件的真实性、完整性、合规性进行认真审查。符合开立一般存款账户条件的，银行应办理开户手续，同时应在其基本存款账户开户登记证上登记账户名称、账号、账户性质、开户银行、开户日期，并签章，于开户之日起5个工作日内向中国人民银行当地分支行备案；自开立一般存款账户之日起3个工作日内书面通知基本存款账户开户银行。

开立一般存款账户，实行备案制，无须中国人民银行核准。

**【例2-19】**（多选）下列有关银行账户的表述中正确的有（　　）。

A.一个单位只能在一家银行开立一个基本存款账户

B.一个单位可以在多家银行开立多个基本存款账户

C.现金缴存可以通过一般存款账户办理

D.现金支付不能通过一般存款账户办理

【解析】ACD。

**【例2-20】**（判断）存款人可以通过一般存款账户办理现金支取。（　　）

【解析】×。一般存款账户可以办理现金缴存，但不得办理现金支取。

## 七、专用存款账户

### （一）专用存款账户的概念

专用存款账户是指单位存款人按照法律、行政法规和规章，对有特定用途资金进行专项管理和使用而开立的银行结算账户。

### （二）专用存款账户的使用范围

对下列各项专业资金的管理与使用，单位存款人可以申请开立专用存款账户：

（1）基本建设资金。

（2）更新改造资金。

（3）财政预算外资金。

（4）粮、棉、油收购资金。

（5）证券交易结算资金。

（6）期货交易保证金。

（7）信托基金。

（8）金融机构存放同业资金。

（9）政策性房地产开发资金。

（10）单位银行卡备用金。

（11）住房基金。

（12）社会保障基金。

（13）收入汇缴资金和业务支出资金。

（14）党、团、工会设在单位的组织机构经费。

（15）其他需要专项管理和使用的资金。

其中，单位银行卡账户的资金必须由其基本存款账户转账存入。该账户不得办理现金收付业务。

收入汇缴资金和业务支出资金是指基本存款账户存款人附属的非独立核算单位或派

出机构发生的收入和支出的资金。因收入汇缴资金和业务支出资金开立的专用存款账户，应使用隶属单位的名称。收入汇缴账户除向其基本存款账户或预算外资金财政专用账户划缴款项外，只收不付，不得支取现金。业务支出账户除从其基本存款账户拨入款项外，只付不收，其现金支取必须按照国家现金管理的规定办理。

**（三）专用存款账户的开户要求**

开立专用存款账户应按照规定的程序办理并提交有关证明文件。存款人申请开立专用存款账户，应向银行出具其开立基本存款账户规定的证明文件、基本存款账户开户登记证和其他相关证明文件。

**（四）开立专用存款账户的程序**

根据《银行账户管理办法》的有关规定，存款人开立银行结算账户时，应填制开户申请书，并提交有关的证明文件。银行应对存款人的开户申请填写的事项和证明文件的真实性、完整性、合规性进行认真审查；如果专用账户属于预算单位专用存款账户的，银行应将存款人的开户申请书、相关的证明文件和银行审核意见等开户资料报送中国人民银行当地分支行，经对申报资料进行合规性审查并核准后办理开户手续，该核准程序与基本存款账户的核准程序相同；如果属于预算单位专用存款账户以外的其他专用存款账户的，银行应办理开户手续，并于开户之日起5个工作日内向中国人民银行当地分支行备案。银行在办理专用存款账户开户手续时，同时应在其基本存款账户开户登记证上登记账户名称、账号、账户性质、开户银行、开户日期，并签章，自开立专用存款账户之日起3个工作日内书面通知基本存款账户开户银行。

**【例2-21】**（单选）专用存款账户不适用于（　　）的管理和使用。

A.借款转存资金　　　　B.证券交易结算资金

C.收入汇缴资金　　　　D.更新改造资金

【解析】A。一般存款账户用于办理存款人借款转存、借款归还和其他结算的资金收付。

## 八、临时存款账户

**（一）临时存款账户的概念**

临时存款账户是指单位存款人因临时需要并在规定期限内使用而开立的银行结算账户。

**（二）临时存款账户的使用范围**

临时存款账户用于设立临时机构、异地临时经营活动、注册验资而发生的资金收付。临时存款账户支取现金，应按照国家现金管理的规定办理。注册验资的临时存款账户在验资期间只收不付。临时存款账户的有效期最长不得超过2年。注册验资的汇缴人应与出资人的名称一致。

**（三）临时存款账户的开户要求**

1.开立临时存款账户的条件

有下列情况的，存款人可以申请开立临时存款账户：

（1）设立临时机构。

（2）异地临时经营活动。

（3）注册验资。

2.开立临时存款账户所需的证明文件

存款人开立临时存款账户，应向银行出具下列证明文件：

（1）临时机构，应出具其驻在地主管部门同意设立临时机构的批文。

（2）异地建筑施工及安装单位，应出具其营业执照正本或其隶属单位的营业执照正本，以及施工及安装地建设主管部门核发的许可证或建筑施工及安装合同。

（3）异地从事临时经营活动的单位，应出具其营业执照正本以及临时经营地工商行政管理部门的批文。

（4）注册验资，应出具工商行政管理部门核发的企业名称预先核准通知书或有关部门批文。

上述第（2）、（3）项，存款人还应出具其基本存款账户开户登记证。

**（四）开立临时存款账户的程序**

根据《银行账户管理办法》的有关规定，存款人申请开立临时存款账户时，应填写开户申请书，提供相关证明文件；银行应对存款人的开户申请填写的事项和证明文件的真实性、完整性、合规性进行认真审查；银行应将存款人的开户申请书、相关的证明文件和银行审核意见等开户资料报送中国人民银行当地分支行，经对申报资料进行合规性审查并核准后办理开户手续。该核准程序与基本存款账户的核准程序相同。

银行在办理临时存款账户开户手续时，同时应在其基本存款账户开户许可证上登记账户名称、账号、账户性质、开户银行、开户日期，并签章。但临时机构和注册验资需要开立的临时存款账户除外。银行自开立临时存款账户之日起3个工作日内应书面通知基本存款账户开户银行。

**【例2-22】**（判断）注册验资的临时存款账户在验资期间只收不付。（　　）

【解析】√。

## 九、个人银行结算账户

**（一）个人银行结算账户的概念**

个人银行结算账户是自然人因投资、消费、结算等而开立的可办理支付结算业务的存款账户。自然人可根据需要申请开立个人银行结算账户，也可以在已开立的储蓄账户中选择并向开户银行申请确认为个人银行结算账户。

个人银行结算账户和活期储蓄账户的共同点表现在：都可以存取现金；存款都可获得利息收入（结算账户存款利率同活期储蓄账户）；本人名下的个人结算账户和活期储蓄账户之间可以相互转账。两者之间的不同点表现在：《人民币银行结算账户管理办法》实施后，个人在办理对外的资金转出或接受外部的资金转入时（包括本人异地账户汇款）只能通过结算账户办理；储蓄账户只能办理本人名下的存取款业务和转账，而不能对他人或单位转账，也不能接受他人或单位的资金转入。

**（二）个人银行结算账户的使用范围**

个人银行结算账户用于办理个人转账收付和现金支取，储蓄账户仅限于办理现金存取业务，不得办理转账结算。

下列款项可以转入个人银行结算账户：

（1）工资、奖金收入。

（2）稿费、演出费等劳务收入。

（3）债券、期货、信托等投资的本金和收益。

（4）个人债权或产权转让收益。

（5）个人贷款转存。

（6）证券交易结算资金和期货保证金。

（7）继承、赠予款项。

（8）保险理赔、保费退还等款项。

（9）纳税退还。

（10）农、副、矿产品销售收入。

（11）其他合法款项。

**（三）个人银行结算账户的开户要求**

根据《人民币银行结算账户管理办法》的规定，存款人有下列情况的，可以申请开立个人银行结算账户：

（1）使用支票、信用卡等信用支付工具。

（2）办理汇兑、定期借记（如代付水费、电费、话费）、定期贷记（代发工资）、借记卡等结算业务的。

存款人申请开立个人银行结算账户，应向银行出具下列证明文件：

（1）中国居民，应出具居民身份证或临时身份证。

（2）中国人民解放军军人，应出具军人身份证件。

（3）中国人民武装警察，应出具武警身份证件。

（4）中国香港、澳门居民，应出具港澳居民往来内地通行证；中国台湾居民应出具台湾居民来往大陆通行证或者其他有效旅行证件。

（5）外国公民，应出具护照。

（6）法律、法规和国家有关文件规定的其他有效证件。

银行为个人开立银行结算账户时，根据需要还可以要求申请人出具户口簿、驾驶执照、护照等有效证件。

**（四）开立个人银行结算账户的程序**

开立个人银行结算账户的程序为：

（1）填写个人申请书，提供相关证明文件。

（2）银行审核资料，办理开户手续。

（3）银行在开户之日起5个工作日内向中国人民银行当地分支行备案。

**（五）个人银行结算账户使用中应注意的问题**

第一，单位从其银行结算账户支付给个人银行结算账户的款项，每笔超过5万元的，应向其开户银行提供下列付款依据：

（1）代发工资协议和收款人清单。

（2）奖励证明。

（3）新闻出版、演出主办等单位与收款人签订的劳务合同或支付给个人款项的证明。

（4）证券公司、期货公司、信托投资公司、奖券发行或承销部门支付或退还给自然人款项的证明。

（5）债权或产权转让协议。

（6）借款合同。

（7）保险公司的证明。

（8）税收征管部门的证明。

（9）农、副、矿产品购销合同。

（10）其他合法款项证明。

第二，从单位银行结算账户支付给个人银行结算账户的款项应纳税的，税收代扣单位付款时应向其开户银行提供完税证明。

第三，个人持出票人为单位的支票向开户银行委托收款，将款项转入其个人银行结算账户的，或者个人持申请人为单位的银行汇票和银行本票向银行提示付款，将款项转入其个人银行结算账户的，个人应当提供前述有关收款依据。

第四，单位银行结算账户支付给个人银行结算账户款项的，银行应按有关规定，认真审查付款依据或收款依据的原件，并留存复印件，按会计档案保管。未提供相关依据或相关依据不符合规定的，银行应拒绝办理。

第五，储蓄账户仅限于办理现金存取业务，不得办理转账结算。

【例2-23】（判断）个人银行结算账户仅限于办理现金存取业务，不得办理转账结算。(　　)

【解析】×。个人银行结算账户用于办理个人转账收付和现金支取，储蓄账户仅限于办理现金存取业务，不得办理转账结算。

## 十、异地银行结算账户

### （一）异地银行结算账户的概念

异地银行结算账户是指存款人符合法定条件，根据需要在异地开立相应的银行结算账户。

### （二）异地银行结算账户的使用范围

存款人有下列情形之一的，可以在异地开立有关银行结算账户：

第一，营业执照注册地与经营地不在同一行政区域（跨省、市、县），需要开立基本存款账户的。

第二，办理异地借款和其他结算需要开立一般存款账户的。

第三，存款人因附属的非独立核算单位或派出机构发生的收入汇缴或业务支出需要开立专用存款账户的。

第四，异地临时经营活动需要开立临时存款账户的。

第五，自然人根据需要在异地开立个人银行结算账户的。

异地银行结算账户的使用应按照开设的不同账户的使用规定进行使用。

**(三) 异地银行结算账户的开立要求**

存款人需要在异地开立单位银行结算账户，除出具开立基本存款账户、一般存款账户、专用存款账户和临时存款账户规定的有关证明文件外，应出具下列相关证明文件：

(1) 经营地与注册地不在同一行政区域的存款人，在异地开立基本存款账户的，应出具注册地中国人民银行分支行的未开立基本存款账户的证明。

(2) 异地借款的存款人，在异地开立一般存款账户的，应出具异地取得贷款的借款合同。

(3) 因经营需要在异地办理收入汇缴和业务支出的存款人，在异地开立专用存款账户的，应出具隶属单位的证明。

属于以上第 (2)、(3) 项情况的，还应出具基本存款账户开户登记证。

**(四) 开立异地银行结算账户的程序**

开立异地银行结算账户的步骤为：

(1) 填写开户申请书，提供相关证明文件。

(2) 银行审核资料，办理开户手续。

## 十一、银行结算账户的管理

**(一) 中国人民银行的管理**

(1) 中国人民银行是银行结算账户的监督管理部门，负责监督、检查银行结算账户的开立、使用、变更和撤销，并实施监控和管理。中国人民银行当地分支行通过账户管理系统与支付系统、同城票据交换系统等系统的链接，实现相关银行结算账户信息的比对，依法监测和查处未经中国人民银行核准或未向中国人民银行备案的银行结算账户。

(2) 中国人民银行负责对基本存款账户、临时存款账户和预算单位专用存款账户开户许可证的管理。中国人民银行应将开户许可证作为重要空白凭证进行管理，建立健全开户许可证的印刷、保管、领用、颁发、收缴和销毁制度。

(3) 对存款人和有关银行违反银行结算账户管理规定的行为，中国人民银行依法予以处罚。

**(二) 开户银行对单位银行结算账户的管理**

(1) 对所属营业机构银行结算账户开立和使用进行管理，监督和检查其执行《人民币银行结算账户管理办法》的情况，纠正违规开立和使用银行结算账户的行为。

(2) 对银行结算账户的开立、使用、变更、撤销进行审查和管理，严格对存款人开户申请资料的审查，并按照银行账户管理的规定及时报送存款人开销户信息资料，建立健全开销户登记制度，建立银行结算账户管理档案。

(3) 对已开立的单位银行结算账户实行年检制度，检查开立的银行结算账户的合规性，核实开户资料的真实性；对不符合账户管理规定开立的单位银行结算账户，应予以撤销。对经核实的各类银行结算账户的资料变动情况，应及时报告中国人民银行当地分支行。

(4) 对存款人使用银行结算账户的情况进行监督，对存款人的可疑支付应按照中国人民银行规定的程序及时报告。

**（三）存款人对单位银行结算账户的管理**

1.存款人应加强对银行预留印鉴的管理

（1）单位遗失预留公章或财务专用章的，应向开户银行出具书面申请、开户许可证、营业执照正本等相关文件。

（2）更换预留公章或财务专用章时，应向开户银行出具书面申请、原预留签章的式样等相关文件；更换预留公章或财务专用章但无法提供原预留公章或财务专用章的，应向开户银行出具原印鉴卡片、开户许可证、营业执照正本、司法部门的证明等相关证明文件。

（3）个人遗失或更换预留个人印鉴或更换签字人时，应向开户银行出具签名确认的书面申请，以及原预留印章或签字人的个人身份证。银行应留存相应的复印件，并据以办理预留银行签章的变更。

2.存款人应加强对开户许可证的管理

存款人的开户许可证遗失或毁损时，存款人应填写“补（换）发开户许可证申请书”，并加盖单位公章，比照有关开立银行结算账户的规定，通过开户银行向中国人民银行当地分支行提出补（换）发开户许可证的申请，申请换发开户许可证的，存款人应缴回原开户许可证。

## 十二、违反银行结算账户管理制度的罚则

**（一）存款人违反账户管理制度的处罚**

根据规定，存款人开立、撤销银行结算账户，不得有下列行为：

（1）违反规定开立银行结算账户。

（2）伪造、变造证明文件欺骗银行开立银行结算账户。

（3）违反规定不及时撤销银行结算账户。

非经营性的存款人，有上述所列行为之一的，给予警告并处以1 000元的罚款；经营性的存款人有上述所列行为之一的，给予警告并处以1万元以上3万元以下的罚款；构成犯罪的，移交司法机关依法追究刑事责任。

存款人使用银行结算账户不得有下列行为：

（1）违反规定将单位款项转入个人银行结算账户。

（2）违反规定支取现金。

（3）利用开立银行结算账户逃废银行债务。

（4）出租、出借银行结算账户。

（5）从基本存款账户之外的银行结算账户转账存入、将销货收入存入或现金存入单位信用卡账户。

（6）法定代表人或主要负责人、存款人地址以及其他开户资料的变更事项未在规定期限内通知银行。

非经营性的存款人有上述所列行为之（1）至（5）项的，给予警告并处以1 000元罚款；经营性存款人有上述所列（1）至（5）项行为的，给予警告并处以5 000元以上

3万元以下的罚款，有上述所列第（6）项行为的，给予警告并处以1 000元罚款。

伪造、变造、私自印制开户登记证的存款人，属非经营性的处以1 000元罚款；属经营性的处以1万元以上3万元以下的罚款；构成犯罪的，移交司法机关依法追究刑事责任。

**（二）银行及其有关人员违反账户管理制度的处罚**

根据规定，银行在银行结算账户的开立中，不得有下列行为：违反规定为存款人多头开立银行结算账户；明知或应知是单位资金，而允许以自然人名称开立账户存储。

银行有上述所列行为之一的，给予警告，并处以5万元以上30万元以下的罚款；对该银行直接负责的高级管理人员、其他直接负责的主管人员、直接责任人员按规定给予纪律处分；情节严重的，中国人民银行有权停止对其开立基本存款账户的核准，责令该银行停业整顿或者吊销经营金融业务许可证；构成犯罪的，移交司法机关依法追究刑事责任。

银行在银行结算账户的使用中，不得有下列行为：提供虚假开户申请资料欺骗中国人民银行许可开立基本存款账户、临时存款账户、预算单位专用存款账户；开立或撤销单位银行结算账户，未按规定在其基本存款账户开户登记证上予以登记、签章或通知相关开户银行；违反规定办理个人银行结算账户转账结算；为储蓄账户办理转账结算；违反规定为存款人支付现金或办理现金存入；超过期限或未向中国人民银行报送账户开立、变更、撤销等资料。

银行有上述所列行为之一的，给予警告，并处以5 000元以上3万元以下的罚款；对该银行直接负责的高级管理人员、其他直接负责的主管人员、直接责任人员按规定给予纪律处分；情节严重的，中国人民银行有权停止对其开立基本存款账户的核准，构成犯罪的，移交司法机关依法追究刑事责任。

**考场指南**

1．银行结算账户应遵守的基本原则：一个基本账户、自主选择银行、守法合规、信息保密原则。

2．存款人开立单位银行结算账户，自正式开立之日起3个工作日后，方可使用该账户办理付款业务。

3．基本存款账户：可取现金，唯一性，统驭性（掌握其他账户信息）。

4．一般存款账户：可以办理现金缴存，不得办理现金支取，没有数量限制。

5．专用存款账户：对特定用途资金进行专项管理。

6．临时存款账户：有效期限最长不得超过2年。

# 第四节　票据结算

## 一、票据概述

**（一）票据的概念和种类**

票据的概念有广义和狭义之分。广义的票据包括各种有价证券和凭证，如股票、国库券、企业债券、发票、提单等；狭义的票据仅指《中华人民共和国票据法》（以下简称《票据法》）上规定的票据。根据我国《票据法》的规定，票据是由出票人依法签发的、约定自己或者委托付款人在见票时或指定的日期向收款人或持票人无条件支付一定金额并可转让的有价证券。票据是设定并证明持券人有取得一定财产权利的书面凭证。

在我国，票据包括银行汇票、商业汇票、银行本票和支票。

**（二）票据的特征**

票据的特征主要表现在以下几个方面：

（1）票据以支付一定金额为目的。支付“票面金额”是票据签发和转让的最终目的，票据上的权利义务关系只有在票面金额得到全部支付后才归于消灭。

（2）票据是出票人依法签发的有价证券。法律依据不同的票据种类，规定了不同的形式，出票人必须依照法律规定的要求签发相关票据，否则，不受法律保护。

（3）票据所表示的权利与票据不可分离。票据权利的发生必须做成票据，票据权利的转移必须交付票据，票据权利的行使必须提示票据。权利与票据融为一体。

（4）票据所记载的金额由出票人自行支付或者委托他人支付。由出票人委托支付的是汇票和支票。

（5）票据的持票人只要向付款人提示付款，付款人即无条件向持票人或收款人支付票据金额。

（6）票据是一种可转让证券。我国《票据法》规定，票据均为记名票据，必须通过背书或交付的方式予以流通转让。

**【例2-24】**（多选）下列关于票据特征的表述中，正确的有（　　）。

A.票据是出票人依法签发的有价证券

B.票据是以支付一定金额为目的的

C.票据所表示的权利与票据不可分离

D.票据所记载的金额由出票人自行支付

【解析】ABC。票据的特征有：票据是以支付一定金额为目的；票据是出票人依法签发的有价证券；票据所表示的权利与票据不可分离；票据所记载的金额由出票人自行支付或者委托他人支付；票据的持票人只要向付款人提示付款，付款人即无条件向持票人或收款人支付票据金额；票据是一种可转让证券。

**（三）票据的功能**

票据的功能包括支付功能、汇兑功能、信用功能、结算功能和融资功能。

（1）支付功能，即票据可以充当支付工具，代替现金使用。对于当事人来讲，用票据支付可以消除现金携带的不便，克服点钞的麻烦，节省计算现金的时间。

（2）汇兑功能，即票据可以代替货币在不同地方之间运送，方便异地之间的支付，如果异地之间使用货币，需要运送或携带，不仅费事费力，而且也不安全；大额货币的运送更是如此。如果只拿一张票据到异地支付，相对而言，既安全又方便。

（3）信用功能，即票据当事人可以凭借自己的信誉，将未来才能获得的金钱提前拿来使用。

（4）结算功能，即债务抵消功能。简单的结算是互有债务的双方当事人各签发一张本票，待两张本票到期时可以互相抵销债务，如有差额，由一方以现金支付。

（5）融资功能，即融通资金或调度资金。票据的融资功能是通过票据的贴现、转贴现和再贴现实现的。

**【例2-25】**（多选）票据的功能包括（　　）。

A.支付功能　　B.汇兑功能

C.信用功能　　D.融资功能

【解析】ABCD。票据的功能包括支付功能、汇兑功能、信用功能、结算功能和融资功能。

**（四）票据当事人**

票据当事人是指票据法律关系中享有票据权利、承担票据义务的当事人，也称票据法律关系主体。票据当事人包括基本当事人和非基本当事人。

（1）基本当事人是指在票据做成和交付时业已存在的当事人，是构成票据法律关系的必要主体，包括出票人、付款人和收款人。在汇票及支票中有出票人、付款人与收款人。在本票中有出票人与收款人。出票人是指依法定方式签发票据并将票据交付给收款人的人；收款人是指票据到期后有权收取票据所载金额的人，又称票据权利人；付款人是指由出票人委托付款或自行承担付款责任的人。付款人付款后，票据上的一切债务责任解除。

（2）非基本当事人是指在票据做成并交付后，通过一定的票据行为加入票据关系而享有一定权利、义务的当事人，包括承兑人、背书人、被背书人、保证人等。票据上的非基本当事人在各种票据行为中都有自己特定的名称，所以同一当事人可以有两个名称，即双重身份，如汇票中的付款人在承兑汇票后成为承兑人，第一次背书中的被背书人就是第二次背书中的背书人。其中，承兑人是指接受汇票出票人的付款委托同意承担支付票款义务的人，又称汇票主债务人。背书人是指在转让票据时，在票据背面签字或盖章并将该票据交付给受让人的票据收款人或持有人；被背书人是指被记名受让票据或接受票据转让的人；保证人是指为票据债务提供担保的人，由票据债务人以外的他人担当。保证人在被保证人不能履行票据付款责任时，以自己的金钱履行票据付款义务，然后取得持票人的权力，向票据债务人追索。

并非所有的票据当事人一定同时出现在某一张票据上，除基本当事人外，非基本当事人是否存在，完全取决于相应票据行为是否发生。不同票据上可能出现的票据当事人也有所不同。

**（五）票据权利与义务**

1.票据权利

（1）票据权利的概念。票据权利是指票据持票人向票据债务人请求支付票据金额的权利，包括付款请求权和追索权。付款请求权是指持票人向汇票的承兑人、本票的出票人、支票的付款人出示票据要求付款的权利，是第一顺序权利，又称主要票据权利。行使付款请求权的持票人可以是票载收款人或最后的被背书人。票据追索权是指票据当事人行使付款请求权遭到拒绝或其他法定原因存在时，向其前手请求偿还票据金额及其他法定费用的权利，是第二顺序权利，又称偿还请求权利。行使追索权的当事人除票据记载收款人和最后被背书人外，还可能是代为清偿票据债务的保证人、背书人。

**【例2-26】**（判断）票据权利是双重请求权，持票人行使票据权利时，具有可选择性。（ ）

【解析】×。票据权利包括付款请求权和追索权，但只有在付款请求权遭到拒绝或其他法定原因存在时才可行使追索权，因此票据权利不具有可选择性。

**【例2-27】**（多选）下列各项中，可以行使票据追索权的当事人有（ ）。

A.票载收款人　　B.代为清偿票据债务的保证人

C.最后被背书人　　D.代为清偿票据债务的背书人

【解析】ABCD。行使票据追索权的当事人除包括票据记载收款人、最后被背书人外，还包括代为清偿票据债务的保证人、背书人。

（2）票据权利的时效。票据权利在下列期限内不行使而消灭：持票人对票据的出票人和承兑人的权利，自票据到期日起2年；见票即付的汇票、本票，自出票日起2年；持票人对支票出票人的权利，自出票日起6个月；持票人对前手的追索权，自被拒绝承兑或者被拒绝付款之日起6个月；持票人对前手的再追索权，自清偿或者被提起诉讼之日起3个月。持票人因超过票据权利时效或者因票据记载事项欠缺而丧失票据权利的，仍享有民事权利，可以请求出票人或者承兑人返还其与未支付的票据金额相当的利益。

**【例2-28】**（单选）持票人对票据的出票人和承兑人的权利，自票据到期日起（ ）。

A.6个月　　B.1年

C.2年　　D.5年

【解析】C。持票人对票据的出票人和承兑人的权利，自票据到期日起2年。

**【例2-29】**（单选）持票人对支票出票人的权利，自出票日起（ ）。

A.6个月　　B.1年

C.2年　　D.5年

【解析】A。持票人对支票出票人的权利，自出票日起6个月。

（3）票据权利的行使。票据权利的行使是指持票人请求票据的付款人支付票据金额的行为。不同的票据种类，其权利的行使有不同的程序，可包括票据的提示承兑、提示付款、行使追索权等。

①提示承兑，是指持票人向付款人出示汇票，并要求付款人承诺付款的行为。定日付款或出票后定期付款的汇票持票人要行使票据权利时，首先要在汇票到期日前向付款人提示承兑；见票后定期付款的汇票，持票人应当自出票日起1个月内向付款人提示承兑，这是远期汇票持票人行使票据权利的一个必经程序，如果省略此程序就不能请求付款。

②提示付款，是指持票人在法定期限内向付款人请求付款的行为。其中包括：支票自出票日起10日内向付款人提示付款；本票自出票日起两个月内向付款人提示付款；银行汇票自出票日起1个月内向付款人提示付款；定日付款、出票后定期付款或者见票后定期付款的商业汇票，自到期日起10日内向承兑人提示付款。

③行使追索权，票据到期被拒绝付款的，持票人可以对背书人、出票人以及票据的

其他债务人行使追索权；在票据到期日前，如汇票被拒绝承兑或者被拒绝付款的，承兑人或者付款人死亡、逃匿的，承兑人或者付款人有被依法宣告破产的以及因违法被责令终止业务活动的，持票人也可行使追索权。

【例2-30】（单选）见票后定期付款的汇票，持票人应当自出票日起（　　）内向付款人提示承兑。

A.20日　　B.1个月　　C.2个月　　D.3个月

【解析】B。见票后定期付款的汇票，持票人应当自出票日起1个月内向付款人提示承兑。

【例2-31】（单选）定日付款、出票后定期付款或者见票后定期付款的商业汇票，自到期日起（　　）内向承兑人提示付款。

A.10日　　B.20日　　C.2个月　　D.3个月

【解析】A。定日付款、出票后定期付款或者见票后定期付款的商业汇票，自到期日起10日内向承兑人提示付款。

（4）票据权利行使的时间和地点。由于票据具有流通性，法律对票据责任的兑现场所和时间有所规定，以便持票人行使票据权利。票据权利的行使场所一般是银行营业网点，其时间就是银行营业的时间，即票据时效的最后期限是以银行的营业结束时间为限，而不能以当日的24小时为限。票据当事人无营业场所的，应当在其住所进行。

（5）票据权利的保全。票据权利的保全是指持票人为了防止票据权利丧失而采取的措施。例如，《票据法》规定，按照规定期限提示票据、要求承兑人或付款人提供拒绝承兑或拒绝付款的证明以保全追索等。经当事人申请并提供担保，对具有下列情形之一的票据，可以依法采取保全措施和执行措施：持票人恶意取得的票据，应当给付对价而未给付对价的持票人持有的票据；记载有“不得转让”字样而用于贴现的票据；记载有“不得转让”字样而用于质押的票据。

（6）票据权利的抗辩。抗辩是指票据债务人根据《票据法》的规定，对票据债权人拒绝履行义务的行为。

票据债务人可以在下列情况下对持票人行使抗辩权：

①与票据债务人有直接债权债务关系并且不履行约定义务的；

②以欺诈、偷盗或者胁迫手段取得票据或者明知有前列情形，出于恶意取得票据的；

③明知票据债务人与出票人或者持票人的前手之间存在抗辩事由而取得票据的；

④因重大过失取得票据的；

⑤其他依法不得享有票据权利的。

2.票据义务

票据义务是指票据债务人向持票人支付票据金额的义务。它是基于债务人特定的票据行为（如出票、背书、承兑等）而应承担的义务，不具有制裁性质，主要包括付款义务和偿还义务。

实务中，票据债务人承担票据义务一般有4种情况：

①汇票承兑人因承兑而应承担付款义务；

②本票出票人因出票而承担自己付款的义务；

③支票付款人在与出票人有资金关系时承担付款义务；

④汇票、本票、支票的背书人，汇票、支票的出票人、保证人，在票据不获承兑或不获付款时的付款清偿义务。

**（六）票据行为**

票据行为是指能够产生票据权利与义务关系的法律行为。我国《票据法》规定的票据行为则是指票据当事人以发生票据债务为目的的、以在票据上签名或盖章为权利义务成立要件的法律行为，包括出票、背书、承兑和保证4种。

1.出票

出票是指出票人签发票据并将其交付给收款人的行为。出票包括2个行为：①出票人依照《票据法》的规定做成票据，即在原始票据上记载法定事项并签章；②交付票据，即将做成的票据交付给他人占有。两者缺一不可。

2.背书

背书是指持票人为将票据权利转让给他人或者将一定的票据权利授予他人行使，而在票据背面或者粘单上记载有关事项并签章的行为。背书按照目的不同分为转让背书和非转让背书。转让背书是以持票人将票据权利转让给他人为目的；非转让背书是将一定的票据权利授予他人行使，包括委托收款背书和质押背书。无论何种目的，都应当记载背书事项并交付票据。

3.承兑

承兑是指汇票付款人承诺在汇票到期日支付汇票金额并签章的行为。

4.保证

保证是指票据债务人以外的人，为担保特定债务人履行票据债务而在票据上记载有关事项并签章的行为。保证人对合法取得票据的持票人所享有的票据权利承担保证责任。被保证的票据，保证人应当与被保证人对持票人承担连带责任。保证人为两人以上的，保证人之间承担连带责任，票据到期后得不到付款的，持票人有权向保证人请求付款，保证人应当足额付款。保证人清偿票据债务后，可以行使持票人对被保证人及其前手的追索权。

**（七）票据签章**

票据签章是指票据当事人在票据上签名、盖章或者签名加盖章的行为。票据签章是票据行为生效的重要条件，也是票据行为表现形式中必须记载的事项。如果票据缺少当事人的签章，将导致票据无效或该项票据行为无效。票据上的签章因票据行为的性质不同，签章当事人也不相同。票据签发时，由出票人签章；票据转让时，由背书人签章；票据承兑时，由承兑人签章；票据保证时，由保证人签章；持票人行使票据权利时，由持票人签章。一般来讲，出票人在票据上的签章不符合法律规定的，票据无效；背书人在票据上的签章不符合法律规定的，其签章无效，但不影响其前手符合规定签章的效力；承兑人、保证人在票据上的签章不符合法律规定的，其签章无效，但不影响其他符合规定签章的效力。

**【例2-32】**（判断）如果票据缺少当事人的签章，则该票据行为无效。（　　）

【解析】√。票据签章是票据行为生效的重要条件，票据缺少当事人的签章，将导致票据无效或该项票据行为无效。

### （八）票据记载事项

票据记载事项是指依法在票据上记载票据相关内容的行为。票据记载事项一般分为绝对记载事项、相对记载事项和任意记载事项。

绝对记载事项是指《票据法》明文规定必须记载的事项，如不记载，则票据无效。如表明票据种类的事项，必须记明“汇票”、“本票”、“支票”，否则票据无效。相对记载事项是指《票据法》规定应当记载而没有记载，但按照法律的有关规定而不使票据失效的事项。如汇票上没有记载付款日期的，视为见票即付；汇票上未记载付款地的，付款人的营业场所、住所或经常居住地为付款地等，即属于相对记载事项。任意记载事项是指《票据法》不强制当事人必须记载而允许当事人自行选择，不记载时不影响票据效力，记载时则产生票据效力的事项，如出票人在汇票记载“不得转让”字样的，汇票不得转让。

### （九）票据丧失的补救

票据丧失是指票据因灭失、遗失、被盗等原因而使票据权利人脱离其对票据的占有。票据的补救是指票据一旦丧失，票据的债务人必须通过一定的方式阻止债务人向拾获者履行义务，从而避免造成正当票据权利人经济上的损失。票据丧失后可以采取挂失止付、公示催告、普通诉讼三种形式进行补救。

1.挂失止付

挂失止付是指失票人将丧失票据的情况通知付款人或代理付款人，由接受通知的付款人或代理付款人审查后暂停支付的一种方式。只有确定付款人或代理付款人的票据丧失后，才可以挂失止付，具体包括已承兑的商业汇票、支票、填明“现金”字样的银行汇票和银行本票4种。挂失止付并不是票据丧失后采取的必经措施，而只是一种暂时的预防措施，最终要通过申请公示催告或提起普通诉讼。

2.公示催告

公示催告是指在票据丧失后由失票人向人民法院提出申请，请求人民法院以公告方式通知不确定的利害关系人限期申报权利，逾期未申报者，则权利失效，而由法院通过除权判决宣告所丧失的票据无效的一种制度或程序。根据《票据法》的规定，失票人应当在通知挂失止付3日内，也可以在票据丧失后，依法向人民法院申请公示催告，或向人民法院提起诉讼。申请公示催告的主体必须是可以背书转让的票据的最后持有人。

3.普通诉讼

普通诉讼是指以丧失票据的人为原告，以承兑人或出票人为被告，请求法院判其向失票人付款的诉讼活动，如果与票据上的权利有利害关系的人士明确的，无须公示催告，可按一般的票据纠纷向法院提起诉讼。

**【例2-33】**（判断）挂失止付是票据丧失后采取的必经措施。（　　）

【解析】×。票据丧失后可以采取挂失止付、公示催告、普通诉讼三种形式进行补救。挂失止付并不是票据丧失后采取的必经措施，而只是一种暂时的预防措施。

## 二、支票

### （一）支票的概念及适用范围

支票是指由出票人签发的、委托办理支票存款业务的银行在见票时无条件支付确定的金额给收款人或者持票人的票据。

单位和个人的各种款项结算，均可以使用支票，2007年7月8日，中国人民银行宣布，支票可以实现全国范围内互通使用。

支票没有金额限制，是目前结算交易量最大的结算工具，支票可以背书转让，但用于支取现金的支票不能背书转让；国内目前不能签发远期支票，支票的有效期为10天，银行在见票的当天将票款支付给收款人。

支票的基本当事人有三个：出票人、付款人和收款人。其中，出票人是经中国人民银行当地分支行批准办理支票业务的银行机构开立可以使用支票的存款账户的单位和个人。开立支票存款账户，申请人应当预留其本名的签名式样和印鉴。付款人为支票上记载的出票人开户银行。支票的付款地为付款人所在地。收款人（持票人）是票面上注明的收款单位或个人，也可以是经背书转让的被背书人。

支票与汇票和本票相比，有两个显著的特点：①以银行或者其他金融机构作为付款人；②见票即付。

### （二）支票的种类

按照支付票款方式，将支票分为普通支票、现金支票和转账支票。现金支票只能用于支取现金；转账支票只能用于转账，不得支取现金；普通支票可以用于支取现金，也可用于转账。在普通支票左上角画两条平行线的，为划线支票，划线支票只能用于转账，不能支取现金。

### （三）支票的出票

出票人签发支票并交付的行为即为出票。

1.支票的绝对记载事项

签发支票必须记载下列事项：表明“支票”的字样；无条件支付的委托；确定的金额；付款人名称；出票日期；出票人签章。

为了发挥支票灵活便利的特点，我国《票据法》规定了两项绝对记载事项可以通过授权补记的方式记载：一是关于支票金额的授权补记。支票的金额本是绝对应记载事项，但在使用中，往往发生难以确定支票金额的情况，如果事先就确定一个固定金额，就会发生所载金额与所用金额不一致的情况，给支票使用人造成极大不便。因此，《票据法》第八十五条规定：“支票上的金额可以由出票人授权补记，未补记前的支票，不得使用。”二是关于收款人名称的授权补记。我国《票据法》规定的票据都是记名式票据，故无收款人名称记载，票据即为无效。但是，在实际中，出票人往往不能事先确定收款人，无法在出票时记载收款人名称。为了方便人们的日常生活，《票据法》第八十六条第一款规定：“支票上未记载收款人名称的，经出票人授权，可以补记。”此外，由于实际中存在出票人兼任收款人的情况，如单位签发支票向其开户银行领取现金，《票据法》第八十六条第四款规定：“出票人可以在支票上记载自己为收款人。”在支票金额、收款人名称未补记之前，支票不得背书转让，提示付款。

2.支票的相对记载事项

根据《票据法》的规定，支票的相对记载事项包括：①付款地，支票上未记载付款地的，付款人的营业场所为付款地；②出票地，支票上未记载出票地的，出票人的营业场所、住所或者经常居住地为出票地。此外，根据《票据法》的规定，支票上可以记载非法定记载事项，但这些事项并不发生支票上的效力。

3.出票的效力

出票人开具支票并交付之后，对出票人产生相应的法律效力。根据《票据法》的规定，出票人必须按照签发的支票金额承担保证向该持票人付款的责任。这一责任包括两项：一是出票人必须在付款人处存有足够可处分的资金，以保证支票票款的支付；二是当付款人对支票拒绝付款或者支票超过付款提示期限的，出票人应向持票人承担付款责任。

【例2-34】（多选）根据《票据法》的规定，下列各项中，属于支票上可以由出票人授权补记的事项有（　　）。

A.金额　　B.收款人名称　　C.付款人名称　　D.出票日期

【解析】AB。支票的金额、收款人名称可以由出票人授权补记。

**（四）支票的付款**

支票属见票即付的票据，不得另行记载付款日期。另行记载付款日期的，该记载无效。支票的持票人应当自出票日起10日内提示付款；异地使用的支票，其提示付款的期限由中国人民银行另行规定。超过提示付款期限的，付款人可以不予付款；付款人不予付款的，出票人仍应当对持票人承担票据责任。

出票人在付款人处的存款足以支付支票金额时，付款人应当在当日足额付款。

付款人依法支付支票金额的，对出票人不再承担受委托付款的责任，对持票人不再承担付款的责任。但是，付款人以恶意或者有重大过失付款的除外。

**（五）支票的办理要求**

存款人领购支票，必须填写“票据和结算凭证领用单”并签章，签章应与预留银行的签章相符。存款账户结清时，必须将全部剩余空白支票交回银行注销。

1.签发支票

（1）签发支票应使用碳素墨水或墨汁填写，中国人民银行另有规定的除外。

（2）签发现金支票和用于支取现金的普通支票必须符合国家现金管理的规定。

（3）支票的出票人所签发的支票金额不得超过其付款时在付款人处实有的存款金额。出票人签发的支票金额超过其付款时在付款人处实有的存款金额的，为空头支票。禁止签发空头支票。

（4）支票的出票人预留银行的签章是银行审核支票付款的依据。银行也可以与出票人约定使用支付密码，作为银行审核支付支票金额的条件。

（5）出票人不得签发与其预留银行签章不符的支票；使用支付密码的，出票人不得签发支付密码错误的支票。

（6）出票人签发的空头支票，签章与预留银行签章不符的支票，使用支付密码地区、支付密码错误的支票，银行应予以退票，并按票面金额处以5%但不低于1 000元的罚款；持票人有权要求出票人赔偿支票金额2%的赔偿金。对屡次签发的，银行应停止其签发支票。

2.兑付支票

（1）持票人可以委托开户银行收款或直接向付款人提示付款。用于支取现金的支票仅限于收款人向付款人提示付款。

（2）持票人委托开户银行收款时，应开具委托收款背书，在支票背面背书人签章栏签章、记载“委托收款”字样、背书日期，在被背书人栏记载开户银行名称，并将支票和填制的进账单送交开户银行。

（3）收款人持用于转账的支票向付款人提示付款时，应在支票背面背书人签章栏签章，并将支票和填制的进账单送交出票人开户银行。

（4）收款人持用于支取现金的支票向付款人提示付款时，应在支票背面“收款人签章”处签章，持票人为个人的，还需交验本人身份证件，并在支票背面注明证件名称、号码及发证机关。

**【例2-35】**（单选）下列有关支票的表述中，正确的是（　　）。

A.转账支票可以用于支取现金，也可用于转账

B.现金支票可以用于支取现金，也可用于转账

C.普通支票可以用于支取现金，也可用于转账

D.用于支取现金的支票可以背书转让

【解析】C。现金支票只能用于支取现金。转账支票只能用于转账，不得支取现金。普通支票可以用于支取现金，也可用于转账。用于支取现金的支票不可以背书转让。

**【例2-36】**（单选）由出票人签发的，委托办理支票存款业务的银行在见票时无条件支付确定的金额给收款人或者持票人的票据是（　　）。

A.银行汇票　　B.商业汇票　　C.银行本票　　D.支票

【解析】D。支票是由出票人签发的，委托办理支票存款业务的银行在见票时无条件支付确定的金额给收款人或者持票人的票据。

## 三、商业汇票

汇票是由出票人签发的、委托付款人在见票时或者在指定日期无条件支付确定的金额给收款人或者持票人的票据。

我国《票据法》将汇票分为银行汇票和商业汇票，前者是指银行签发的汇票，后者则是银行之外的企事业单位、机关、团体等签发的汇票。

### （一）商业汇票的概念和种类

商业汇票是由出票人签发的，委托付款人在指定日期无条件支付确定的金额给收款人或者持票人的票据。它适用于在银行开立存款账户的法人以及其他组织之间具有真实的交易关系或债权债务关系的款项结算。商业汇票可以由付款人签发，也可以由收款人签发，但都必须经过承兑。只有经过承兑的商业汇票才具有法律效力，承兑人负有到期

无条件付款的责任。

商业汇票按其承兑人的不同，可以分为商业承兑汇票和银行承兑汇票两种。商业承兑汇票是由出票人签发的，由银行以外的付款人承兑，委托付款人在指定日期无条件支付确定的金额给收款人或者持票人的票据。银行承兑汇票是由在承兑银行开立存款账户的存款人出票，向开户银行申请并经银行审查同意承兑的，保证在指定日期无条件支付确定的金额给收款人或持票人的票据。

商业汇票的收款人、付款人或承兑申请人一般指供货和购货单位。在商业承兑汇票中，汇票上的当事人是：①出票人是交易中的收款人，即卖方，或者交易中的付款人，即买方。②承兑人，出票人如是卖方，承兑人为买方，出票人如是买方，本人为承兑人。③付款人，是买方的开户银行。④受款人，是交易中的收款人，即卖方。在银行承兑汇票中，汇票上的当事人是：①出票人是承兑申请人。②付款人和承兑人是承兑行，即承兑申请人的开户银行。③受款人，是与出票人签订购销合同的收款人，即卖方。

根据有关规定，商业汇票的付款期限，最长不得超过6个月；商业汇票的提示付款期限，自汇票到期日起10日。

**（二）商业汇票的出票**

出票是指出票人签发票据并将其交付给收款人的票据行为。

1.商业汇票的出票人

商业汇票的出票人为银行以外的法人以及其他组织。出票人不得签发无对价的商业汇票用以骗取银行或者其他票据当事人的资金。

商业承兑汇票的出票人为在银行开立存款账户的法人以及其他组织，与付款人具有真实的委托付款关系，具有支付汇票金额的可靠资金来源。

银行承兑汇票的出票人为在承兑银行开立存款账户的法人以及其他组织。银行承兑汇票的出票人必须具备下列条件：①与承兑银行具有真实的委托付款关系；②资信状况良好，具有支付汇票金额的可靠资金来源。

2.商业汇票的绝对记载事项

（1）表明“商业承兑汇票”或“银行承兑汇票”的字样。

（2）无条件支付的委托。

（3）确定的金额。

（4）付款人名称。

（5）收款人名称。

（6）出票日期。

（7）出票人签章。

欠缺记载上述事项之一的，商业汇票无效。

3.商业汇票的相对记载事项

（1）付款日期，汇票上未记载付款日期的，为见票即付。

（2）付款地，汇票上未记载付款地的，付款人的营业场所、住所或者经常居住地为付款地。

（3）出票地，汇票上未记载出票地的，出票人的营业场所、住所或者经常居住地为出票地。

4.出票的程序

商业承兑汇票可以由付款人签发并承兑，也可以由收款人签发交由付款人承兑。付款人是汇票出票人在汇票上记载的委托其支付汇票金额的人，付款人并非因出票人的支付委托即成为当然的票据债务人，而是必须经其承兑。在承兑之前的票据付款人为出票人，在承兑之后的票据付款人为承兑人。商业承兑汇票加盖出票人签章，签章必须清楚。出票人将签发好的商业承兑汇票交给收款人后，出票行为即告完成。

银行承兑汇票的出票人填写银行承兑汇票后，向银行申请承兑，申请承兑时要填制一式三联的银行承兑协议。出票人要按汇票及合同的内容认真填写银行承兑协议的有关栏目，并在出票人签章处盖章，然后将汇票第一联、第二联及双方交易合同、银行承兑协议一并交开户银行审查，银行对汇票的内容逐项审查。审核无误后，在第一联、第二联汇票上注明银行承兑协议编号，并在第二联汇票“承兑人签章”处加盖汇票专用章并由授权的经办人签名或盖章。由出票人申请承兑的，将第二联汇票连同第一联银行承兑协议交给出票人，由出票人将汇票第二联交付收款人；由持票人提示承兑的，将第二联汇票交给持票人，第一联银行承兑协议交给出票人。同时，按规定向出票人收取票面金额5‰的承兑手续费。

5.出票的效力

出票是以创设票据权利为目的的票据行为，所以出票人依照《票据法》的规定完成出票行为之后，即产生票据上的效力。这一效力表现为创设票据权利和引起票据债务的发生，这种权利义务因汇票当事人的地位不同而不同。

（1）对收款人的效力。收款人取得出票人发出的汇票后，即取得票据权利。

（2）对付款人的效力。出票行为是单方行为，付款人并不因此而有付款义务，只有付款的权限。但基于出票人的付款委托使其具有承兑人的地位，在其对汇票进行承兑后，即成为汇票上的主债务人。

（3）出票人的效力。出票人委托他人付款，一旦该行为成立，就必须保证该付款能得以实现。如果付款人不予以付款，出票人就应该承担票据责任。

**（三）商业汇票的承兑**

1.承兑的概念

所谓承兑，是指汇票付款人承诺在汇票到期日支付汇票金额的票据行为。承兑是汇票特有的制度。汇票是一种出票人委托他人付款的委付证券，但是出票人的出票行为完成之后，由于其是一种单方法律行为，故对付款人并不当然产生约束力，只有在付款人表示愿意向收款人或持票人支付汇票金额后，持票人才可于汇票到期日向付款人行使付款请求权，承兑就是这样一种明确付款人的付款责任，确定持票人票据权利的制度。

2.承兑的程序

商业承兑汇票可以由付款人签发并承兑，也可以由收款人签发交由付款人承兑。银行承兑汇票应由在承兑银行开立存款账户的存款人签发，并向银行申请承兑。商业承兑汇票可以在出票时向付款人提示承兑后使用，也可以在出票后先使用再向付款人提示承兑。

（1）提示承兑。

提示承兑是指持票人向付款人出示汇票，并要求付款人承诺付款的行为。根据我国《票据法》的规定，因汇票付款日期的形式不同，提示承兑的期限也不一样。

①定日付款或出票后定期付款的商业汇票，持票人应当在汇票到期日前向付款人提示承兑。

②见票后定期付款的汇票，持票人应当从出票日起1个月内向付款人提示承兑。

③见票即付的汇票无需提示承兑。

汇票未按照规定期限提示承兑的，持票人失去对其前手追索款项的权利。

（2）承兑成立。

①承兑时间。付款人对向其提示承兑的汇票，应当自收到提示承兑的汇票之日起3日内承兑或者拒绝承兑。如果付款人在3日内不作承兑与否表示的，则应视为拒绝承兑，持票人可以请求其作出拒绝承兑证明，向其前手行使追索权。

②接受承兑。付款人收到持票人提示承兑的汇票时，应当向持票人签发收到汇票的回单。回单上应当记明汇票提示承兑日期并签章。

③承兑格式。付款人承兑汇票的，应当在汇票正面记载"承兑"字样和承兑日期并签章；见票后定期付款的汇票，应当在承兑时记载付款日期。"承兑"字样和承兑人签章是绝对记载事项，缺一不可，否则承兑行为无效。付款人承兑汇票，不得附有条件；承兑附有条件的，视为拒绝承兑。

④退回已承兑汇票。付款人依承兑格式填写完毕应记载事项后，并不意味着承兑生效，只有在将其已承兑的汇票退回持票人才产生承兑的效力。

（3）承兑效力。

付款人承兑汇票后，应当承担到期付款的责任。

**（四）商业汇票的付款**

1.付款的概念

商业汇票的付款是指付款人依据票据文义支付票据金额，以消灭票据关系的行为。

2.付款的程序

（1）提示付款。提示付款是指持票人向付款人或承兑人出示票据，请求付款的行为。持票人只有在法定期限内为付款提示的，才产生法律效力。

《票据法》规定，持票人应当按照下列法定期限提示付款：①见票即付的汇票，自出票日起1个月内向付款人提示付款；②定日付款、出票后定期付款或者见票后定期付款的汇票，自到期日起10日内向承兑人提示付款。

持票人未在规定期限提示付款的，在作出说明后，承兑人或者付款人仍应当继续对持票人承担付款责任。

（2）支付票款。持票人按照上述规定向付款人或承兑人进行付款提示后，付款人必须无条件地在当日按票据金额足额支付给持票人。

3.付款的效力

付款人依法足额付款后，全体汇票债务人的责任解除。付款人依照票据文义支付票据金额之后，票据关系随之消灭，汇票上的全体债务人的责任便予以解除。

**（五）商业汇票的背书**

1.背书的概念

背书是指在票据背面或者粘单上记载有关事项并签章的票据行为，是票据权利转移的重要形式。

2.背书的形式

背书是一种要式行为，故其必须符合法定的形式，即必须做成背书并交付，才能有效成立。

（1）背书由背书人签章并记载背书日期。背书未记载日期的，视为在汇票到期日前背书。

（2）汇票以背书转让或者以背书将一定的汇票权利授予他人行使时，必须记载被背书人名称。

（3）以背书转让的汇票，背书应当连续。背书连续是指在票据转让中，转让汇票的背书人与受让汇票的被背书人在汇票上的签章依次前后衔接。

（4）背书不得附有条件。背书时附有条件的，所附条件不具有汇票上的效力。将汇票金额的一部分转让的背书或者将汇票金额分别转让给二人以上的背书无效。

（5）背书人在汇票上记载"不得转让"字样，其后手再背书转让的，原背书人对后手的被背书人不承担保证责任。

（6）票据凭证不能满足背书人记载事项的需要，可以加附粘单，黏附于票据凭证上。粘单上的第一记载人，应当在汇票和粘单的粘接处签章。

3.法定禁止背书

汇票被拒绝承兑、被拒绝付款或者超过付款提示期限的，不得背书转让；背书转让的，背书人应当承担汇票责任。

4.背书的效力

背书人以背书转让汇票后，即承担保证其后手所持汇票承兑和付款的责任。背书人在汇票得不到承兑或者付款时，应当向持票人清偿法定金额和费用。

**（六）商业汇票的保证**

1.保证的概念

票据保证，即票据债务人以外的第三人，以担保特定债务人履行票据债务为目的，而在票据上所为的一种附属票据行为。保证的作用在于加强持票人票据权利的实现，确保票据付款义务的履行，促进票据流通。

保证人由汇票债务人以外的他人担当。

2.保证的格式

保证人必须在汇票或者粘单上记载下列事项：

（1）表明"保证"的字样。

（2）保证人名称和住所。

（3）被保证人的名称。

（4）保证日期。

（5）保证人签章。

保证的绝对记载事项包括"保证"字样和保证人签章，其余为相对记载事项。

保证不得附有条件；附有条件的，不影响对汇票的保证责任。

3.保证的效力

保证一旦成立，即保证人与被保证人之间产生法律效力，保证人必须对保证行为承担相应的责任。

（1）保证人的责任。保证人对合法取得汇票的持票人所享有的汇票权利，承担保证责任。但是，被保证人的债务因汇票记载事项欠缺而无效的除外。被保证的汇票，保证人应当与被保证人对持票人承担连带责任。汇票到期后得不到付款的，持票人有权向保证人请求付款，保证人应当足额付款。

（2）保证人的追索权。保证人清偿汇票债务后，可以行使持票人对被保证人及其前手的追索权。

## 四、银行汇票

### （一）银行汇票的概念和适用范围

银行汇票是出票银行签发的，由其在见票时按照实际结算金额无条件支付给收款人或者持票人的票据。单位和个人在异地、同城或同一票据交换区域的各种款项结算，均可使用银行汇票。

### （二）银行汇票的记载事项

签发银行汇票必须记载事项：

（1）表明“汇票”的字样。

（2）无条件支付的承诺。

（3）确定的金额。

（4）付款人名称。

（5）收款人名称。

（6）出票日期。

（7）出票行签章（汇票专用章、经办人员名章）。

汇票上未记载上述规定事项之一的，汇票无效。

单位和个人各种款项的结算，均可使用银行汇票。银行汇票可以用于转账，填明“现金”字样的银行汇票也可以用于支取现金。申请人或者收款人为单位的，不得在“银行汇票申请书”上填明“现金”字样。

### （三）银行汇票构成

银行汇票一式四联：

第一联为卡片，为承兑行支付票款时作为付出传票；

第二联为银行汇票，与第三联解讫通知一并由汇款人自带，在兑付行兑付汇票后此联作为银行往来账付出传票；

第三联解讫通知，在兑付行兑付后随报单寄签发行，由签发行作为余款收入传票；解讫通知是银行通知某项票据结算完了的一个单据，其实就是说明手续已经办理的单据。

第四联是多余款通知，并在签发行结清后交汇款人。

### (四）银行汇票的基本规定

1. 银行汇票的种类

《支付结算办法》第五十四条规定：“单位和个人各种款项结算，均可使用银行汇票。银行汇票可以用于转账，填明‘现金’字样的银行汇票也可以用于支取现金。”签发现金银行汇票，申请人和收款人必须均为个人；申请人或者收款人为单位的，银行不得为其签发现金银行汇票。

2. 银行汇票的付款人与付款地

银行汇票付款人为银行汇票的出票银行；银行汇票付款地为代理付款人或出票人所在地。

3. 银行汇票的签章

银行汇票的出票人在票据上的签章，应为经中国人民银行批准使用的该银行汇票专用章加其法定代表人或其授权经办人的签名或盖章。

4. 提示付款

《支付结算办法》第五十七条规定：“银行汇票的提示付款期限自出票日起1个月。持票人超过付款期限提示付款的，代理付款人不予受理。”

5. 银行汇票的背书

《支付结算办法》第六十三条规定：“收款人可以将银行汇票背书转让给被背书人。银行汇票的背书转让以不超过出票金额的实际结算金额为准。未填写实际结算金额或实际结算金额超过出票金额的银行汇票不得背书转让。”填明“现金”字样的银行汇票不得背书转让。背书应当连续。

6. 银行汇票的丧失补救

《支付结算办法》第七十一条规定：“银行汇票丧失，失票人可以凭人民法院出具的其享有票据权利的证明，向出票银行请求付款或退款。”

填明“现金”字样和代理付款人的银行汇票丧失，可以由失票人通知付款人或代理付款人挂失止付。

### (五）银行汇票申办和兑付的基本规定

收款人受理申请人交付的银行汇票时，应在出票金额以内，根据实际需要的款项办理结算，并将实际结算金额和多余金额准确、清晰地填入银行汇票和解讫通知的有关栏内。未填明实际结算金额和多余金额或实际结算金额超过出票金额的，银行不予受理。银行汇票的实际结算金额不得更改，更改实际结算金额的银行汇票无效。

持票人向银行提示付款时，必须同时提交银行汇票和解讫通知，缺少任何一联，银行不予受理。持票人超过期限向代理付款银行提示付款不获付款的，须在票据权利时效内向出票银行作出说明，并提供本人身份证件或单位证明，持银行汇票和解讫通知向出票银行请求付款。

## 五、银行本票

### (一）银行本票的概念

银行本票是银行签发的，承诺自己在见票时无条件支付确定的金额给收款人或者持票人的票据。

**（二）银行本票的适用范围**

单位和个人在同一票据交换区域需要支付的各种款项，均可以使用银行本票。银行本票可以用于转账，注明“现金”字样的银行本票可以用于支取现金。

**（三）银行本票的记载事项**

签发银行本票必须记载下列事项：

（1）表明“银行本票”的字样。

（2）无条件支付的承诺。

（3）确定的金额。

（4）收款人名称。

（5）出票日期。

（6）出票人签章。

欠缺记载上列事项之一的，银行本票无效。申请人和收款人为单位的，不得申请签发现金银行本票。

**（四）银行本票种类**

银行本票分为不定额本票和定额本票两种。定额银行本票是指凭证上预先印有固定面额的银行本票。定额银行本票面额为1 000元、5 000元、1万元和5万元。不定额银行本票是指凭证上金额栏是空白的，签发时根据实际需要填写金额（起点金额为5 000元），并用压数机压印金额的银行本票。

**（五）银行本票的提示付款期限**

银行本票的提示付款期限自出票日起最长不得超过2个月。持票人超过付款期限提示付款的，代理付款人不予受理。

银行本票的持票人未按照规定期限提示付款的，丧失对出票人以外的前手的追索权。

**（六）银行本票的背书与丧失补救**

收款人可以将银行本票背书转让，填有“现金”字样的银行本票不能背书转让。

银行本票丧失，失票人可以凭人民法院出具的其享有票据权利的证明，向出票银行请求付款或退款。

# 第五节 银行卡

## 一、银行卡的概念与分类

**（一）银行卡的概念**

银行卡是指经批准由商业银行（含邮政金融机构）向社会发行的具有消费信用、转账结算、存取现金等全部或部分功能的信用支付工具。

**（二）银行卡的分类**

（1）按信息载体不同分为磁条卡和芯片卡。

（2）按发行主体是否在境内分为境内卡和境外卡。

（3）按是否给予持卡人授信额度分为信用卡和借记卡。

（4）按发行对象不同分为个人卡和单位卡。

（5）按账户币种不同分为人民币卡、外币卡和双币种卡。

此外信用卡还可以按照是否向开卡银行交存备用金分为贷记卡和准贷记卡。贷记卡是指发卡银行给予持卡人一定的信用额度，持卡人可以在信用额度内先消费、后还款的信用卡。它具有透支消费、期限内还款可免息、卡内存款不计付利息等特点。准贷记卡是指持卡人必须先按照发卡银行要求交存一定金额备用金，当备用金余额不足支付时，可以在规定的信用额度内透支的信用卡。

## 二、银行卡账户与交易

### （一）银行卡交易的基本规定

（1）单位人民币卡可办理商品交易和劳务供应款项的结算，但不得透支。单位信用卡不得用于10万元以上的商品交易、劳务供应款项的结算，并一律不得支取现金。

（2）发卡银行对贷记卡的取现应当每笔进行授权，每卡每日累计取现不得超过限定额度。

（3）发卡银行应当依照法律规定遵守信用卡业务风险控制指标。同一持卡人单笔透支发生额，个人卡不得超过2万元（含等值外币）、单位卡不得超过5万元（含等值外币），同一账户月透支额，个人卡不得超过5万元（含等值外币），单位卡不得超过发卡银行对该单位综合授信额度的3%。无综合授信额度可参照的单位，其月透支余额不得超过10万元（含等值外币）。

（4）准贷记卡的透支期限最长为60天。贷记卡的首月最低还款额不得低于其当月透支余额的10%。

（5）发卡银行通过下列途径追偿透支款项和诈骗款项：扣减持卡人保证金；依法处理抵押物和质押物；向保证人追索透支款项；通过司法机关的诉讼程序进行追偿。

### （二）银行卡的资金来源

单位卡账户的资金，一律从其基本存款账户转账存入，不得交存现金，不得将销货收入的款项存入单位卡账户。

个人卡账户的资金只限于其持有的现金存入和工资性款项及属于个人的劳务报酬收入转账存入。严禁将单位的款项转账存入个人卡账户。

### （三）银行卡的计息和收费

1.计息

（1）发卡银行对准贷记卡及借记卡（不含储值卡）账户内的存款，按照中国人民银行规定的同期同档次存款利率及计息办法计付利息。

（2）发卡银行对贷记卡账户内的存款、储值卡（含IC卡的电子钱包）内的币值不付利息。

（3）贷记卡持卡人非现金交易享受如下优惠条件：

①免息还款期待遇。银行记账日至发卡银行规定的到期还款日之间为免息还款期。免息还款期最长为60天。贷记卡持卡人在到期还款日前偿还所使用全部银行款项即可

享受免息还款期待遇，无须支付非现金交易的利息。

②最低还款额待遇。贷记卡持卡人在到期还款日前偿还所使用全部银行款项有困难的，可按照发卡银行规定的最低还款额还款。

③贷记卡持卡人选择最低还款额方式或超过发卡银行批准的信用额度用卡时，不再享受免息还款其待遇，应当支付未偿还部分自银行记账日起，按规定利率计算的透支利息。贷记卡持卡人支取现金、准贷记卡透支，不享受免息还款期和最低还款额待遇，应当支付现金交易额或透支额自银行记账日起，按规定利率计算的透支利息。贷记卡透支按月计收复利，准贷记卡透支按月计收单利，透支利率为日利率5‰，并根据中国人民银行的此项利率调整而调整。

④发卡银行对贷记卡持卡人未偿还最低还款额和超信用额度用卡的行为，应当分别按最低还款额未还部分、超过信用额度部分的5%收取滞纳金和超限费。

2.收费

收费是指商业银行办理银行卡收单业务向商户收取结算手续费。

**（四）银行卡申领、注销和挂失**

1.银行卡的申领

凡在中国境内金融机构开立基本存款账户的单位，可凭中国人民银行核发的开户许可证申领单位卡。单位卡可申领若干张，持卡人资格由申领单位法定代表人或其委托的代理人书面指定和注销。

凡具有完全民事行为能力的公民，可凭本人有效身份证件及发卡银行规定的相关证明文件申领个人卡。个人卡的主持卡人，可为其配偶及年满18周岁的亲属申领附属卡，附属卡最多不得超过两张，主持卡人有权要求注销其附属卡。

2.银行卡的注销

持卡人在还清信用卡全部交易款项、透支本息和有关费用后，有下列情况之一的可以办理销户：

（1）信用卡有效期满45天后，持卡人不更换新卡的。

（2）信用卡挂失满45天后，没有附属卡又不更换新卡的。

（3）信誉不佳，被列入止付名单，发卡银行已收回其信用卡45天的。

（4）持卡人因故死亡，发卡银行已回收其信用卡45天的。

（5）持卡人要求销户或担保人撤销担保，并已交回全部信用卡45天的。

（6）信用卡账户2年以上未发生交易的。

（7）持卡人违反其他规定，发卡银行认为应该取消资格的。

销户时，单位卡账户余额转入其基本存款账户，不得提取现金；个人卡账户可以转账结清，也可以提取现金。发卡银行办理销户，应当收回信用卡。

3.银行卡的挂失

银行卡遗失或被盗，持卡人应立即持本人身份证或其他有效证明，就近向发卡银行或代办银行申请挂失，并按规定提供有关情况，办理挂失手续；也可以通过电话银行或者网上银行申请挂失。持卡人申请挂失后，找回信用卡的，可申请撤销挂失止付。

**【例2-37】**（单选）信用卡销户时，单位卡账户的余额应（　　）。

A. 转入基本存款账户　　　　B. 转入一般存款账户

C. 转入临时存款账户　　　　D. 支取现金

【解析】A。信用卡销户时，单位卡账户余额转入其基本存款账户，不得提取现金。

# 第六节　其他结算方式

## 一、汇兑

### （一）汇兑的概念和分类

汇兑是指汇款人委托银行将其款项支付给收款人的结算方式。汇兑便于汇款人向异地的收款人主动付款，适用范围十分广泛。汇兑适用于单位和个人的各种款项的结算。

汇兑分为信汇和电汇两种。一般来说，信汇是以邮寄方式将汇款凭证转给外地收款人指定的汇入行，而电汇则是以电报方式将汇款凭证转发给收款人指定的汇入行，后者的汇款速度比前者快捷，汇款人可根据实际需要选择。不在银行开户的个人，向当地银行交足款项后即可办理汇兑结算。

### （二）办理汇兑的程序

汇兑结算的操作程序包括委托、汇出、汇入和收账（或取款）4个阶段。

1. 委托银行办理汇兑

单位或个人需要使用汇兑结算时，应向开户银行提交一式四联的信汇凭证或一式三联的电汇凭证。

签发汇兑凭证必须记载下列事项：

（1）表明“信汇”或“电汇”的字样。

（2）无条件支付的委托。

（3）确定的金额。

（4）收款人名称。

（5）汇款人名称。

（6）汇入地点、汇入行名称。

（7）汇出地点、汇出行名称。

（8）委托日期。

（9）汇款人签章。

汇款人委托汇款时，应注意：

（1）汇兑凭证上载明收款人为个人的（如汇出差旅费或个体户用款），收款人需到汇入银行领取现款，汇款人应在汇兑凭证上注明“留行待取”字样。留行待取的汇款，需指定单位的收款人领取的，应注明收款人的单位名称，信汇凭收款人签章支取的，应在信汇凭证上预留其印章。

（2）汇款人因故确定不能转汇的，应在汇款凭证上备注栏注明“不得转汇”字样。

（3）汇款和收款人均为个人，需在汇入银行支取现金的，应在信、电汇凭证上的“汇款金额”大写栏，先填写“现金”字样，后填写汇款金额。

2.银行汇出

汇出银行受理汇款人签发的汇兑凭证，经审查无误后，应及时向汇入银行办理汇款，并向汇款人签发汇款回单，在第一联信、电汇凭证上加盖转讫章退给汇款人，汇款人根据第一联汇兑凭证（回单），作银行存款支出的账务处理。

汇款回单只能作为汇出银行受理汇款的依据，不能作为该笔汇款已转入收款人账户的证明。

汇出银行受理后，汇款人委托信汇的，根据第二联信汇凭证转账，第三联信汇凭证上加盖联行专用章，与第四联随同联行邮划贷方报单寄汇入行；汇款人委托电汇的，汇出银行根据第三联电汇凭证编制三联电划贷方报单，凭此向汇入行拍发电报。

3.收款人银行汇入

汇入银行接到汇出行的汇兑凭证之后，应审查汇兑凭证上的联行专用章与联行报单印章是否一致，审核无误后，根据收款人的不同情况进行审查并办理付款手续。

汇入行接到汇出行发出的电报，经审核无误后，应编制第三联电划贷方补充报单，第三联银行加盖转讫章代收账通知交给收款人。

支取现金的，信、电汇凭证上必须有按规定填明的“现金”字样，才能办理。未填明“现金”字样，需要支取现金的，由汇入银行按照国家现金管理规定审查支付。

4.收款人收账

汇入银行对开立存款账户的收款人，应将汇给其的款项直接转入收款人账户，并向其发出收账通知。收账通知是银行将款项确已收入收款人账户的凭据。

未在银行开立存款账户的收款人，凭信、电汇的取款通知或“留行待取”的，向汇入银行支取款项，必须交验本人的身份证件，在信、电汇凭证上注明证件名称、号码及发证机关，并在“收款人签盖章”处签章；信汇凭签章支取的，收款人的签章必须与预留信汇凭证上的签章相符。银行审查无误后，以收款人的姓名开立应解汇款及临时存款账户，该账户只付不收，付完清户，不计付利息。

收款人需要委托他人向汇入银行支取款项的，应在取款通知上签章，注明本人身份证件名称、号码、发证机关和“代理”字样以及代理人姓名。代理人代理取款时，也应在取款通知上签章，注明其身份证件名称、号码及发证机关，并同时交验代理人和被代理人的身份证件。

转账支付的，应由原收款人向银行填制支款凭证，并由本人交验其身份证件办理支付款项。该账户的款项只能转入单位或个体工商户的存款账户，严禁转入储蓄和信用卡账户。

转汇的，应由原收款人向银行填制信、电汇凭证，并由本人交验其身份证件。转汇的收款人必须是原收款人。原汇入银行必须在信、电汇凭证上加盖“转汇”戳记。

**（三）汇兑的撤销和退汇**

1.汇兑的撤销

汇兑的撤销是指汇款人对汇出银行尚未汇出的款项，向汇出银行申请撤销的行为。汇款人申请撤销汇款必须是该款项尚未从汇出银行汇出。在申请撤销时，汇款人应出具正式函件或本人身份证及原信、电汇回单；汇出银行只有在查明确未汇出款项，并收回原信、电汇回单时，方可办理撤销手续。但转汇银行不得受理汇款人或汇出银行对汇款的撤销。

2.汇兑的退汇

汇兑的退汇是指汇款人对汇出银行已经汇出的款项申请退回汇款的行为。申请退汇的前提是汇款人与收款人必须达成一致退汇的意见，否则不能办理退汇。

①对已在汇入银行开立存款账户的收款人，由汇款人与收款人自行联系退汇。

②对未在汇入银行开立存款账户的收款人，汇款人应向汇出银行出具正式函件，如写明原因的退汇申请以及原信、电汇回单，由汇出银行通知汇入银行，汇入银行核实汇款确未支付并将款项退回汇出银行后，方可办理退汇。

③收款人拒绝接受的汇款，汇入银行会立即办理退汇。

④汇入银行向收款人发出取款通知后，经过两个月仍无法交付，汇入银行会主动办理退汇。

【例2-38】（单选）下列关于汇兑结算方式的表述，正确的是（　　）。

A.单位可使用汇兑结算方式，个人不能使用汇兑结算方式

B.个人可使用汇兑结算方式，单位不能使用汇兑结算方式

C.单位和个人均可使用汇兑结算方式

D.单位可使用汇兑结算方式，个人只有在与单位发生经济业务往来时，才能使用汇兑结算方式

【解析】C。汇兑适用于单位和个人的各种款项的结算。

## 二、委托收款

### （一）委托收款的概念

委托收款是收款人委托银行向付款人收取款项的结算方式。委托收款结算款项的划回方式，分邮寄和电报两种，由收款人选用。委托收款的适用范围十分广泛，无论是同城还是异地都可办理。单位和个人凭已承兑的商业汇票、债券、存单等付款人债务证明办理款项的结算，均可以使用委托收款结算方式。

### （二）委托收款的记载事项

委托收款的记载事项包括：

（1）表明“委托收款”的字样。

（2）确定的金额。

（3）付款人名称。

（4）收款人名称。

（5）委托收款凭据名称及寄单证张数。

（6）委托日期。

（7）收款人签章。

委托收款以银行以外的单位为付款人的，委托收款凭证必须记载付款人开户银行名称；以银行以外的单位或在银行开立存款账户的个人为收款人的，委托收款凭证必须记

载收款人开户银行名称；未在银行开立存款账户的个人为收款人的，委托收款凭证必须记载被委托银行名称。欠缺记载的，银行不予受理。

**（三）委托收款的结算规定**

1.委托收款办理方法

（1）以银行为付款人的，银行应在当日将款项主动支付给收款人。

（2）以单位为付款人的，银行通知付款人后，付款人应于接到通知当日书面通知银行付款。

银行在办理划款时，付款人存款账户不能足额支付的，应通过被委托银行向收款人发出未付款通知书。

2.委托收款的注意事项

（1）付款人审查有关债务证明后，对收款人委托收款的款项需要拒绝付款的，有权提出拒绝付款。

（2）收款人收取公用事业费，必须具有收付双方事先签订的经济合同，由付款人向开户银行授权，并经开户银行同意，报经中国人民银行当地分支行批准，可以使用同城特约委托收款。

## 三、托收承付

**（一）托收承付的概念**

托收承付是根据购销合同，由销货单位发货后委托银行向异地付款人收取款项，由付款人向银行承认付款的支付结算工具。

使用托收承付结算方式的收款单位和付款单位，必须是国有企业、供销合作社以及经营管理较好并经开户银行审查同意的城乡集体所有制工业企业。办理托收承付结算的款项，必须是商品交易，以及因商品交易而产生的劳务供应的款项。代销、寄销、赊销商品的款项不得办理托收承付结算。

收付双方办理托收承付结算，必须重合同、守信用。收款人对同一付款人发货托收累计3次收不回货款的，收款人开户银行应暂停收款人办理托收；付款人累计3次提出无理拒付的，付款人开户行应暂停其向外办理托收。托收承付结算每笔的金额起点为1万元，新华书店系统每笔的金额起点为1 000元。

**（二）托收承付的结算规定**

托收承付凭证记载事项有：

（1）表明“托收承付”的字样。

（2）确定的金额。

（3）付款人的名称和账号。

（4）收款人的名称和账号。

（5）付款人的开户银行名称。

（6）收款人的开户银行名称。

（7）托收附寄单证张数或册数。

（8）合同名称、号码。

（9）委托日期。

（10）收款人签章。

收付双方使用托收承付结算方式必须签有符合《经济合同法》的购销合同，并在合同上订明使用托收承付结算款项的划回方法，分为邮寄和电报，由收款人选用。

### （三）托收承付的办理方法

1. 托收

收款人按照签订的购销合同发货后，应将托收凭证并附发运凭证或其他符合托收承付结算的有关证明和交易单证送交银行。

2. 承付

购货单位承付货款有验单承付和验货承付两种方式。验单承付期为3天，从购货单位开户银行发出通知的次日算起（承付期内遇法定节假日顺延）。验货承付期为10天，从运输部门向付款人发出提货通知的次日算起，付款人在承付期内，未向银行表示拒绝付款，银行即视作承付，在承付期满的次日上午将款项划给收款人。不论验单承付还是验货承付，付款人都可以在承付期内提前向银行表示承付，并通知银行提前付款，银行应立即办理划款。

3. 拒绝付款

付款人在承付期内，对以下情况可以向银行提出全部或者部分拒绝付款：

（1）没有签订购销合同或者购销合同未订明托收承付结算方式的款项。

（2）未经双方事先达成协议，收款人提前交货或因逾期交货，付款人不再需要该项货物的款项。

（3）未按合同规定的到货地址发货的款项。

（4）代销、寄销、赊销商品的款项。

（5）验单付款，发现所列货物的品种、规格、数量、价格与合同规定不符，或货物已到，经查验货物与合同规定或发货清单不符的款项。

（6）验货付款，经查验货物与合同规定或与发货清单不符的款项。

（7）货款已经支付或计算错误的款项。

4. 重办托收

收款人对被无理拒绝付款的托收款项，在收到退回的结算凭证及其所附单证后，需要委托银行重办托收。经开户银行审查，确属无理拒绝付款，可以重办托收。

## 四、国内信用证

### （一）国内信用证的概念

国内信用证（简称信用证）是开证银行依照申请人（购货方）的申请向受益人（销售方）开出的有一定金额、在一定期限内凭信用证规定的单据支付款项的书面承诺，是适用于国内贸易的一种支付结算方式。

国内信用证为不可撤销、不可转账的跟单信用证。不可撤销是指信用证开具后在有效期内，非经信用证各有关当事人（即开证银行、开证申请人和收益人）的同意，开证银行不得修改或撤销；不可转让是指受益人不能将信用证的权力转让给他人。

只有经中国人民银行批准经营结算业务的商业银行总行以及经商业银行总行批准开

办信用证结算业务的分支机构可以办理信用证结算。

**（二）国内信用证的结算方式**

国内信用证结算方式只适用于国内企业之间商品交易产生的货款结算，并且只能用于转账结算，不得支取现金。

**（三）国内信用证的办理基本程序**

1.开证

开证申请人使用信用证时，应委托其开户银行办理开证业务。

开证申请人申请办理开证业务时，应当填具开证申请书、信用证申请人承诺书并提交有关购销合同。开证申请书和信用证申请人承诺书记载的事项应完整、明确，并由申请人签章。签章应与预留银行的签章相符。

开证行在决定受理该项业务时，应向申请人收取不低于开证金额20%的保证金，并可根据申请人资信情况要求其提供抵押、质押或由其他金融机构出具保函。

2.通知

通知行的确定。开证行与受益人开户行为同一系统行的，受益人开户行为通知行。开证行与受益人开户行为跨系统行的，开证行确定的与受益人开户行同城的开证行同系统银行机构为通知行。开证行在受益人开户行所在地没有同系统分支机构的，应在受益人所在地选择一家银行机构建立信用证代理关系，其代理行为通知行。

通知行的责任。通知行收到信用证或信用证修改书，应该认真核验开证行签章的真伪、所用密押是否正确等真实性。无误的，应填制信用证通知书或信用证修改通知书，连同信用证或信用证修改书交付受益人。

通知行应在收到信用证或信用证修改书的次日起3个营业日内作出处理。

3.议付

议付是指信用证指定的议付行在单证相符条件下，扣除议付利息后向受益人给付对价的行为。只审核单据而未付出对价的，不构成议付。议付仅限于延期付款信用证。

议付行必须是开证行指定的受益人开户行。未被指定议付的银行或指定的议付行不是受益人开户行，不得办理议付。

议付行议付后，应通过委托收款将单据寄开证行索偿资金。议付行议付信用证后，对受益人具有追索权。到期不获付款的，议付行可从受益人账户收取议付金额。

4.付款

开证行对议付行寄交的凭证、单据等审核无误后，对即期付款信用证，从申请人账户收取款项支付给受益人；对延期付款信用证，应向议付行或受益人发出到期付款确认书，并于到期日从申请人账户收取款项支付给议付行或受益人。

申请人交存的保证金和其存款账户余额不足支付的，开证行仍应在规定的时间内进行付款。对不足支付的部分作逾期贷款处理。

## 基础训练

### 一、单项选择题

1. 支付结算的基本原则中（　　）是民法通则中“诚实信用”原则在支付结算中的具体表现。

A. 恪守信用履约付款的原则　　B. 谁的钱进谁的账，由谁支配原则

C. 银行不垫款原则　　D. 诚实守信原则

2. 无权更改票据内容的人，对票据上签章以外的记载事项加以改变的行为属于（　　）。

A. 变造行为　　B. 伪造行为　　C. 非法行为　　D. 违规行为

3. 存款人因借款或其他结算需要申请开立一般存款账户，其数量（　　）。

A. 只能开立1个　　B. 不能超过2个

C. 不能超过3个　　D. 没有限制

4. 邮政储蓄机构办理银行卡业务开立的账户属于（　　）。

A. 单位银行结算账户　　B. 个人银行结算账户

C. 基本存款账户　　D. 一般存款账户

5. 中国人民银行应于（　　）工作日内对银行报送的基本存款账户的开户资料的合规性予以审核。

A.2个　　B.3个　　C.5个　　D.10个

6. 银行开立（　　）实行核准制度，经中国人民银行当地支行核准后由开户银行核发开户登记证。

A. 一般存款账户　　B. 个人银行结算账户

C. 预算单位开立专用存款账户　　D. 基本建设资金专用存款账户

7. 单位银行卡账户的资金必须由（　　）账户转账存入。

A. 基本存款　　B. 一般存款　　C. 专用存款　　D. 现金缴存

8. 注册验资需要开立临时账户的，应出具（　　）或有关部门的批文。

A. 基本账户卡　　B. 验资报告

C. 企业名称预先核准通知书　　D. 营业执照

9. 临时存款账户最长有效期不得超过（　　）。

A.1年　　B.2年　　C.3年　　D.5年

10. 从单位银行结算账户支付给个人银行结算账户的款项应纳税的，税收代扣单位付款时应出具相应的（　　）。

A. 扣税凭证　　B. 扣税账簿　　C. 完税证明　　D. 收款收据

11. 票据的第一顺序权利又称主要的票据权利，是指（　　）。

A. 追索权　　B. 付款请求权　　C. 提示权　　D. 要求承兑权

12. 在票据背面或者粘单上记载有关事项并签单的行为称为（　　）。

A. 出票　　B. 背书　　C. 承兑　　D. 保证

13.银行本票的最长有效期为（　　）。

A.0天　B.30天　C.2个月　D.6个月

14.下列有关汇兑的表述中，不正确的是（　　）。

A.汇兑分为信汇和电汇两种

B.汇兑每笔金额起点为1万元

C.汇兑适用于单位和个人各种款项的结算

D.汇兑是汇款人委托银行将其款项支付给收款人的结算方式

15.下列存款账户中，可以用于办理现金支取的是（　　）。

A.证券交易结算资金专用存款账户　B.一般存款账户

C.信托基金专用存款账户　D.临时存款账户

**二、多项选择题**

1.可以办理支付结算的金融机构有（　　）。

A.银行　B.城市信用合作社

C.农村信用合作社　D.邮政储蓄所

2.支付结算凭证上的签章为（　　）。

A.签名　B.盖章　C.签名加盖章　D.签名或盖章

3.支付结算的基本原则有（　　）。

A.诚实守信　B.恪守信用，履约付款

C.谁的钱进谁的账，由谁来支付　D.银行不垫款

4.票据上不可更改的内容有（　　）。

A.出票日期　B.签发日期　C.收款人名称　D.票面金额

5.银行结算账户的种类包括（　　）。

A.基本存款账户　B.一般存款账户　C.个人结算账户　D.临时存款账户

6.下列（　　）存款人可以申请开立基本存款账户。

A.企业法人　B.非企业法人

C.个体工商户　D.单位设立的非独立核算的附属机构

7.一般存款账户可以办理（　　）业务。

A.日常转账结算　B.现金收付结算　C.借款转存　D.借款归还

8.票据的功能有（　　）。

A.支付功能　B.汇兑功能　C.信用功能　D.融资功能

9.在本票中的基本当事人包括（　　）。

A.出票人　B.付款人　C.收款人　D.背书人

10.票据中的非基本当事人有（　　）。

A.出票人　B.承兑人　C.背书人　D.被背书人

11.以下（　　）属于票据行为。

A.出票　B.背书　C.承兑　D.付款

12.可以挂失止付的票据包括（　　）。

A.商业汇票　B.支票

C.“现金”银行汇票　　　　　　　　　　D.银行本票

13.根据《支付结算办法》的规定，下列各项中，属于背书不得记载的内容有（　　）。

A.部分背书　　　　B.附有条件的背书　C.背书签章　　　D.背书日期

14.银行卡按是否具有透支功能分为（　　）。

A.信用卡　　　　　B.借记卡　　　　　C.贷记卡　　　　D.准贷记卡

15.托收承付的收款单位和付款单位必须是（　　）。

A.国有企业　　　　B.经开户银行审查同意的城乡集体所有制工业企业

C.供销合作社　　　D.所有单位

**三、判断题**

1.个人也可以成为办理支付结算的主体。（　　）

2.支付结算是一种要式行为。（　　）

3.个人在票据和结算凭证上的签章，必须为本人本名的签名和盖章。（　　）

4.银行对伪造、变造的票据和结算凭证，只要以善意且符合规定的正常操作程序审查后支付的，不再承担付款的责任。（　　）

5.对个人银行结算账户的存款和有关资料，除国家法律行政法规另有规定外，银行有权拒绝任何单位或个人查询。（　　）

6.中国人民银行省、市、自治区、直辖市分行根据统一的支付结算制度制定实施细则，报总行备案批准后执行。（　　）

7.单位、个人和银行办理支付结算，必须使用各银行按规定印制的票据凭证和结算凭证。（　　）

8.未使用中国人民银行统一规定格式的结算凭证，银行也可受理，但由此造成的损失，由委托人自行承担。（　　）

9.没有开立存款账户的个人，不可以通过银行办理支付结算。（　　）

10.票据上有伪造，变造的签章的，不影响票据上其他当事人真实签章的效力。（　　）

11.票据签章的变造属于伪造。（　　）

12.伪造票据属于欺诈行为，但变造不属于。（　　）

13.银行票据的内容不可以更改。（　　）

14.银行票据上的收款人名称，单位和银行的名称必须记载全称。（　　）

15.票据的出票日期不可使用阿拉伯数字写。（　　）

16.大写日期未按要求规范填写的，银行不予受理。（　　）

17.金额的大写也可用繁体字，少数民族文字或外国文字书写。（　　）

18.银行结算账户是活期存款账户。（　　）

19.存款人必须在注册地或住所地开立银行结算账户。（　　）

20.企业开具的所有对公账户，自开户之日起，应于5个工作日内书面通知基本存款账户开户银行。（　　）

**四、案例分析题**

1.玉林公司会计部门开出和收到的票据情况如下：（1）2月5日，收到A公司开户银行开出的银行汇票一张，注明出票日期为2月4日，金额为10万元。（2）2月10日，玉林公司向客户B企业开出一张支票，由于B企业的名称全称和金额不确定，因此出纳在开出支票时未记载收款人名称和金额。（3）2月15日，为支付欠C公司的咨询费，将王子公司开具的支票背书转让给C公司，在背书时，出纳将玉林公司的签章盖在了票据背面“被背书人”处，将C公司的名称写在“背书人”处。

（1）下列属于银行汇票非法定记载事项的有（　　）。

A.付款日期　　B.出票地

C.签发票据的原因　　D.票据项下交易的合同号码

（2）2月5日玉林公司收到的银行汇票，下列提示付款期限中，没有超过法定期限的是（　　）。

A.2月14日　　B.3月2日

C.4月14日　　D.6月14日

（3）关于2月10日玉林公司向B企业开出支票的行为，下列表述中正确的是（　　）。

A.收款人名称可以授权补记，在出票时未记载的，票据也是有效的

B.由于“收款人名称”是支票的绝对记载事项，因此玉林公司开具的支票无效

C.由于“确定的金融”是支票的绝对记载事项，因此玉林公司开具的支票无效

D.确定的金额可以授权补记，在出票时未记载的，票据也是有效的

（4）支票的提示付款期限是（　　）。

A.出票日起10日内　　B.出票日起1个月内

C.到期日期10日内　　D.到期日期1个月内

（5）关于2月15日玉林公司转让票据的行为，下列观点正确的有（　　）。

A.背书时应不记载背书人，被背书人记载为C公司

B.玉林公司出纳的背书记载不符合规定

C.该记载会导致此票据不连续

D.该记载会导致付款人拒绝付款

2.中财公司在甲银行开立基本存款账户。2015年4月，中财公司发生的结算业务如下：（1）4月5日，中财公司与乙银行签订短期借款合同后，持相关开户资料向乙银行申请开立了一般存款账户。（2）4月10日，中财公司出纳王某填写一张金额为420 000元的转账支票（以下简称A支票），交采购员李某支付财信公司货款。由于粗心，王某误将收款人“财信公司”写成“才信公司”；李某发现后，要求王某更正；王某随即将支票上的“才”改为“财”，并在更正处盖章。李某将该支票交给了财信公司。（3）4月14日，财信公司将A支票退回，要求中财公司重新签发一张转账支票。出纳员王某重新填写了一张转账支票（以下简称B支票）交给财信公司。财信公司持B支票到甲银行办理支票转账，甲银行审核B支票时，发现中财公司银行存款账户余额不足支付支票金额，将B支票退还财信公司，并提请中国人民银行对中财公司予以处罚。财信公司持退回的B支票要求中财公司付款并予以赔偿，中财公司承诺在4月17日前支付财信公司

货款。

要求：根据上述资料，回答下列问题：

（1）出纳王某在填写B支票时，下列表述中，正确的有（　　）。

A.该支票的提示付款期至4月23日止

B.该支票的提示付款期至4月20日止

C.大写金额为：肆拾贰万元

D.B支票只能用于转账不得用于支取现金

（2）中财公司签发B支票给财信公司，因中财公司银行存款账户余额不足，导致财信公司不能如期取得B支票的款项。下列表述中，正确的有（　　）。

A.中财公司的行为属于签发空头支票

B.中国人民银行可以对中财公司处以支票金额5%但不低于1000元的罚款

C.中国人民银行可以对中财公司处以支票金额2%但不低于1000元的罚款

D.财信公司有权要求中财公司赔偿，赔偿金额为8400元

（3）出纳王某在填写A支票时，下列表述中，正确的有（　　）。

A.收款人名称可以更改，但应在更正处盖章

B.如未记载出票日期，该支票无效

C.支票中的收款人名称和金额是可以授权补记的事项

D.该支票金额的中文大写和阿拉伯数码记载不一致，应以中文大写为准

（4）中财公司在乙银行开立的一般存款账户，可以办理（　　）。

A.借款转存　　B.借款归还　　C.存入现金　　D.支取现金

（5）出纳王某在填写A支票时，出票日期4月10日的正确写法为（　　）。

A.肆月十日　　B.肆月壹拾日　　C.肆月零壹拾日　　D.零肆月零壹拾日

3.2012年3月10日，某公司向银行申领了信用卡，其中一部分作为对管理人员的福利，另一部分作为公司自用。

（1）下列情形中可以办理销户的有（　　）。

A.4月12日，该公司要求注销自用的信用卡

B.3月11日，公司一名管理人员的信用卡丢失并于当日挂失，4月12日要求注销该丢失的信用卡

C.至2013年6月7日，该公司自用的信用卡未发生过任何交易

D.至2014年8月30日，该公司自用的信用卡未发生过任何交易

（2）关于信用卡资金来源的表述中，正确的有（　　）。

A.公司可以将资金从其基本存款账户中转账存入持有的信用卡

B.公司持有的信用卡可以交存现金

C.公司可以将其销货收入的款项存入持有的信用卡

D.公司管理人员可以将个人的收入及公司的暂时款项存入其持有的信用卡

（3）公司的下列做法中，错误的有（　　）。

A.3月16日，公司持卡购买一台价值12万元的设备

B.3月21日，公司将其信用卡转借给其子公司

C.3月30日，公司从信用卡上支取现金5 000元

D.4月1日，公司结算信用卡，3月共透支15万元（该公司无综合授信额度）

（4）关于信用卡的表述中，正确的有（　　）。

A.同一持卡人单笔透支发生额，个人卡不得超过2万元

B.贷记卡的首月最低还款额不得低于其当月透支余额的3%

C.信用卡透支利率为日利率5%

D.准贷记卡的透支期限最长为60天

（5）发卡银行给予持卡人一定的信用额度，持卡人可以在信用额度内先消费、后还款的信用卡是（　　）。

A.普通卡　　B.附属卡　　C.贷记卡　　D.准贷记卡

4.2015年4月公司发生如下业务：（1）甲企业开出一张付款期限为3个月的商业汇票给乙企业，丙企业在该汇票的正面记载了保证，乙企业取得汇票后，将该汇票背书转让给丁企业；（2）甲企业采用汇兑方式结算前欠戊公司的货款。

（1）下列各项中属于保证当事人的有（　　）。

A.甲企业和乙企业　　B.甲企业和丙企业

C.丙企业和丁企业　　D.乙企业和丁企业

（2）关于背书事项，下列表述错误的是（　　）。

A.若该票据记载“不得转让”，则该票据的背书无效

B.若该票据附有“货到付款”，则该票据的背书无效

C.若该票据仅将其一半转让给丁企业，则该票据的背书无效

D.若该票据标明“商业汇票”，则该票据的背书无效

（3）下列各项中，不得背书转让的情形有（　　）。

A.被拒绝承兑　　B.背书时附有条件

C.票据的一部分转让背书　　D.票据记载“不得转让”

（4）保证的绝对记载事项有（　　）。

A.被保证人的名称、住所　　B.保证日期

C.保证文句　　D.保证人签章

（5）汇入银行向戊公司发出取款通知后，经过（　　）个月无法交付的汇款，应主动办理退汇。

A.1　　B.2　　C.3　　D.4

# 第三章　税收法律制度

## 知识全景图

- 税收法律制度
  - 税收概述
    - 税收特征
      - 强制性
      - 无偿性
      - 固定性
    - 税收作用
      - 财政收入主要形式
      - 调控经济运行
      - 维护国家政权
      - 维护国家利益
    - 税收分类
      - 征税对象
      - 征收管理分工体系
      - 征收和支配权限
      - 计税标准
    - 税法要素
      - 人物：征税人、纳税义务人、征税对象、税目
      - 内容：税率、计税依据、减免税
      - 时间：纳税环节、纳税期限
      - 地点：纳税地点
      - 法律责任
  - 主要税种
    - 增值税
    - 消费税
    - 营业税
    - 企业所得税
    - 个人所得税
      - 纳税义务人
      - 税目、税率
      - 应纳税额
      - 纳税义务发生时间
      - 纳税地点
      - 纳税期限
  - 税收征管
    - 税务登记
      - 登记主体
      - 登记种类
      - 登记程序
      - 登记后法律效果
    - 发票开具与管理
      - 发票种类
        - 适用范围
        - 联次
        - 印制领购要求
      - 开具要求
    - 纳税申报
    - 税款征收
    - 税务代理
    - 税收检查及法律责任

## ◆ 学习目标

1.掌握税收的概念、特征及分类

2.了解我国的税收法律规范体系及税法的构成要素

3.掌握主要税种的计税依据、税目、税率、应纳税额以及税收征管

4.熟知税收征管法中的税务登记、发票管理、纳税申报的相关规定

5.掌握税收征管法中的税款征收、税务代理的相关规定

6.了解税收检查及法律责任

## 案例导引

### 营业税起征点提高，享受优惠需对号入座

近日，财政部出台了《关于修改〈中华人民共和国增值税暂行条例实施细则〉和〈中华人民共和国营业税暂行条例实施细则〉的决定》（中华人民共和国财政部令第65号），自2011年11月1日起，将营业税起征点调整为：按期纳税的，为月营业额5 000元～20 000元；按次纳税的，为每次（日）营业额300元～500元。为此，个人独资企业主万先生认为，我以个人财产对外承担无限连带责任，缴纳个人所得税，属于个人，可以享受营业税起征点的税收优惠政策。

请问：万先生的看法正确吗？

分析提示：

首先，《中华人民共和国营业税暂行条例实施细则》第二十三条规定："条例第十条所称营业税起征点，是指纳税人营业额合计达到起征点。营业税起征点的适用范围限于个人。"所称个人，是指个体工商户和其他个人。

其次，个人独资企业和私人合伙企业不享受起征点税收优惠。个人独资企业和私人合伙企业属于营业税纳税人中的"单位"中的"企业"范畴，虽然《中华人民共和国企业所得税法》（以下简称《企业所得税法》）第一条规定了个人独资企业、合伙企业不需要缴纳企业所得税，但这跟个人独资企业、合伙企业是否属于"企业"的范围没有关系。个人独资企业、合伙企业不能因为不属于适用《企业所得税法》的"企业"，就认为也不属于营业税纳税人中所称的"企业"范畴，而应属于个人的范畴来享受起征点的优惠，这种理解是错误的。

最后，企业涉税事项是一项政策性极强的事务，身为财务人员，应具备熟悉和学习税收法规政策的能力，依法为企业承办各类涉税事项。

# 第一节　税收概述

## 一、税收的概念、作用、特征与分类

### （一）税收的概念与作用

1.税收的概念

税收是国家为了实现其职能，凭借政治权利，按照法定标准，强制、无偿取得财政收入的一种特定分配形式。

（1）税收与国家存在直接联系，两者密不可分，是政府机器赖以生存并实现其职能的物质基础。

（2）税收是一个分配范畴，是国家参与并调节国民收入分配的手段，是国家财政收入的主要形式。

（3）税收是国家在征税过程中形成的一种特殊分配关系，即以国家为主体的分配关系，因而税收的性质取决于社会经济制度的性质。

2.税收的作用

（1）税收是国家组织财政收入的主要形式。

在社会主义市场经济条件下，税收成为我国财政收入的主要形式，税收收入逐年大幅度上升，成为国家满足公共需要的主要财力保障。我国自1994年税制改革以来，税收收入占财政收入的比重基本都维持在90%以上，说明税收是我国组织财政收入的主要形式。

（2）税收是国家调控经济运行的重要手段。

经济决定税收、税收影响经济。税收是国家宏观调控的重要手段，通过制定税法，以法律的形式确定国家与纳税人之间的利益分配关系，调节社会成员的收入水平，调整产业结构和社会资源的优化配置，使之符合国家的宏观经济政策；同时，以法律的平等原则公平分配经营单位和个人的税收负担，鼓励平等竞争，为市场经济的发展创造良好的条件。

（3）税收具有维护国家政权的作用。

国家政权是税收产生和存在的必要条件，而国家政权的存在又依赖于税收的存在。没有税收，国家机器就不可能有效运转。同时，税收分配不是按照等价原则和所有权原则分配的，而是凭借政治权利对物质利益进行调节，体现国家支持什么、限制什么，从而达到维护和巩固国家政权的目的。

（4）税收是国际经济交往中维护国家利益的可靠保证。

税收是对外开放进程中保护国家权益的重要手段。根据独立自主、平等互利的原则，与各国进行税收谈判，签订避免双重征税协定，以发展我国的对外贸易和国际经济技术交往；根据国家经济建设发展的需要，对进口商品征收进口关税，保护国内市场和幼稚产业，维护国家的经济独立和经济利益；根据我国的实际情况，对某些出口产品征收出口关税，以限制国内紧缺资源的外流，保证国内生产、生活的需要；同时，为扩大出口，实行出口退税制度，鼓励国内产品走向国际市场，增强出口产品在国际市场上的竞争力。

**（二）税收的特征**

1.强制性

国家税务机关依照法律规定直接向纳税人征税，法律的强制力是导致税收的强制性特征的最直接原因。即税收的征收以国家强制力为后盾，纳税与否不以纳税人的意志为征税的要件，纳税人必须依法纳税，否则国家通过法律强制力迫使纳税人履行纳税义务，并追究其相应的法律责任。

2.无偿性

国家的征税过程就是把纳税人所有的这部分财产转移给国家所有，形成国家财政收入，不再返还给原纳税人，也不向纳税人支付任何报酬。

3.固定性

税收的固定性指税收是国家通过法律形式预先规定了对什么征税及征收比例等税制要素，并保持相对的连续性和稳定性。不仅纳税人必须严格依法按时足额申报纳税，而且国家也只能依法定程序和标准征税。

税收三性是一个完整的统一体，它们相辅相成、缺一不可。其中，无偿性是核心，强制性是保障，固定性是对强制性和无偿性的一种规范和约束。

**（三）税收的分类**

1.按征税对象分类

税收按征税对象分类可将全部税收划分为流转额税类、所得额税类、财产税类、资源税类和行为税类5种类型。

（1）流转额税类：以商品流转额和非商品流转额为课税对象的税收统称，税款随着商品周转而产生，包括增值税、消费税、关税等。

（2）所得额税类：以收益所得额为课税对象的税收统称，包括企业所得税、个人所得税等。

（3）财产税类：以财产价值为课税对象的税收统称，包括房产税、契税、车辆购置税和车船税。

（4）资源税类：以资源绝对收益和级差收益为课税对象的税收统称，包括资源税、耕地占用税、城镇土地使用税。

（5）行为税类：以特定行为为课税对象的税收统称，包括印花税、城市维护建设税、屠宰税等。

2.按征收管理的分工体系分类

税收按征收管理的分工体系分类可将全部税收分为工商税类、关税类。

（1）工商税类：工商税类的税收由税务机关负责征收管理。工商税类的税收是指以从事工业、商业和服务业的单位和个人为纳税人的各种税的总称，是我国现行税制的主体部分。它具体包括增值税、消费税、资源税、企业所得税、个人所得税、城市维护建设税、房产税、土地增值税、印花税等。工商税类的税收的征收范围较广，既涉及社会再生产的各个环节，也涉及生产、流通、分配、消费的各个领域，是筹集国家财政收入、调节宏观经济最主要的税收工具。

（2）关税类：关税类的税收由海关负责征收管理。关税是对进出境的货物、物品征收的税收的总称，主要是指进出口关税，也包括由海关代征的进口环节增值税、消费税和船舶吨税，以及对入境旅客行李物品和个人邮递物品征收的进口税。

3.按照税收征收权限和收入支配权限分类

税收按照征收权限和收入支配权限分类，可分为中央税、地方税和中央地方共享税。

（1）中央税属于中央政府的财政收入，由国家税务总局征收管理，如消费税、关税等为中央税。

（2）地方税属于各级地方政府的财政收入，由地方税务局征收管理，如城市维护建设税、城镇土地使用税、土地增值税等为地方税。

（3）中央与地方共享税属于中央政府和地方政府的共同收入，目前主要由国家税务总局征收管理，如增值税、资源税、证券交易税。增值税中央分享75%，地方分享25%。资源税按不同的资源品种划分，一部分资源税作为地方收入，海洋石油资源税作为中央收入。证券交易税，中央与地方各分享50%。

4.按照计税标准不同进行的分类

税收按计税标准不同，可分为从量税、从价税和复合税。

（1）从量税：从量税是指以课税对象的数量（重量、面积、件数）为依据，按固定税额计征的一类税。从量税实行定额税率，具有计算简便等优点，如我国现行的资源税、车船税和土地使用税等。

（2）从价税：从价税是指以课税对象的价格为依据，按一定比例计征的一类税。从价税实行比例税率和累进税率，税收负担比较合理，如我国现行的增值税、营业税、关税和各种所得税等税种。

（3）复合税：复合税是对某一货物或物品既征收从价税，又征收从量税，即采用从量税和从价税同时征收的一种方法。复合税可以分为两种：一种是以从量税为主加征从价税；另一种是以从价税为主加征从量税。

**【例3-1】**（单选）税收按照征收权限和收入支配权限分类，可以分为中央税、地方税和中央地方共享税。下列各项中，属于地方税的是（　　）。

A.增值税　　B.土地增值税　　C.企业所得税　　D.资源税

【解析】B。本题考核地方税包括的税种。选项ACD均属于中央和地方共享税。

**【例3-2】**（多选）在下列税种中，属于行为税类的有（　　）。

A.印花税　　B.增值税　　C.车辆购置税　　D.城镇土地使用税

【解析】A。本题考核行为税包括的税种。选项B增值税属于流转税，选项C车辆购置税属于财产税，选项D城镇土地使用税属于资源税。

## 二、税法及构成要素

### （一）税收的概念及其与税法的关系

1.税法的概念

税法即税收法律制度，是指国家权力机关和行政机关制定的用以调整国家与纳税人之间在征纳税方面的权利与义务关系的法律规范的总称。它是国家及纳税人依法征税、依法纳税的行为准则。其目的是保障国家利益和纳税人的合法权益，维护正常的税收秩序，保证国家的财政收入。

2.税收与税法的关系

税法与税收密不可分，税法是税收的法律表现形式，税收则是税法所确定的具体内容。税收是国家为了行使其职能而取得财政收入的一种方式。税法是国家凭借其权利，利用税收工具的强制性、无偿性、固定性特征参与社会产品和国民收入分配的法律规范的总称。因此，税收属于经济学概念，税法属于法学概念。

**（二）税法的分类**

1.按照税法的功能作用的不同，税法可分为税收实体法和税收程序法

税收实体法主要是指确定税种立法，具体规定各税种的征收对象、征收范围、税目、税率、纳税地点等。例如，《企业所得税法》、《中华人民共和国个人所得税法》（以下简称《个人所得税法》）就属于税收实体法。

税收程序法是指税务管理方面的法律，主要包括税收管理法、纳税程序法、发票管理办法、税务机关组织法、税务争议处理法等。《税收征收管理法》就属于税收程序法。

2.按照主权国家行使税收管辖权的不同，税法可分为国内税法、国际税法、外国税法

国内税法一般是按照属人或属地原则，规定一个国家的内部税收制度。

国际税法是指国家间形成的税收制度，主要包括双边或多边国家间的税收协定、条约和国际惯例，一般而言，其效力高于国内税法。

外国税法是指外国各个国家制定的税收制度。

3.按照税法法律级次划分，税法可分为税收法律、税收行政法规、税收规章和税收规范性文件

税收法律是指享有国家立法权的国家最高权力机关，依照法律程序制定的有关税收分配活动的基本制度。它主要包括《企业所得税法》、《个人所得税法》、《税收征收管理法》等。

税收行政法规是指国家最高行政机关根据其职权或国家最高权力机关的授权，依据宪法和税收法律，通过一定法律程序制定的有关税收活动的实施规定或办法。目前，在我国税法体系中，税收法律的实施细则和绝大多数税种，都是以税收行政法规的形式出现的，如《中华人民共和国个人所得税实施细则》、《中华人民共和国增值税暂行条例》等都属于税收行政法规。税收行政法规是目前我国税收立法的主要形式。

税收规章是指根据法律或者国务院的行政法规、决定、命令，在国家税务总局职权范围内制定的，在全国范围内对税务机关、纳税人、扣缴义务人及其他税务当事人具有普遍约束力的税收规范性文件。

税收规范性文件是指省以下（含本级）各级税务机关依照法定职权和规定程序制定并发布的，涉及纳税人、扣缴义务人及其他税务行政管理相对人的权力、义务，在本辖区内对征纳双方具有普遍约束力并能够反复适用的文件。

**（三）税法的构成要素**

1.征税人

征税人是指代表国家行使征税职权的各级税务机关和其他征收机关。广义的征税人

应该包括国家权力机关、行政机关和代表国家行使税收征收管理的财政税务机关和海关等。狭义的征税人就是国家的税收征收管理机关。在我国，各级财政机关、税务机关和海关具有负责实施各项税法，负责税收的征收管理工作，行使税收征管的行政权力，是国家的征税人。

2.纳税义务人

纳税义务人即纳税主体，是指依法直接负有纳税义务的自然人、法人和其他组织。

3.征税对象

征税对象即纳税客体，在实际工作中也笼统称之为征税范围，是指税收法律关系中权利义务所指向的对象，即对什么征税，是区分不同税种的主要标志。

4.税目

税目是税法中具体规定应当征税的项目，是征税对象的具体化。

5.税率

税率是指应纳税额与计税金额之间的比例，是计算税额的尺度，也是衡量税负轻重与否的重要标志。我国现行的税率主要有：

（1）比例税率，即对同一征税对象，不论其数额大小，均按同一个比例征税的税率。我国的增值税、城市维护建设税、企业所得税等采用的是比例税率。

（2）定额税率，又称固定税率，是指按征税对象的一定单位直接规定固定的税额，而不采取百分比的形式。目前采用定额税率的有资源税、城镇土地使用税、车船税等。

（3）累进税率，是根据征税对象数额的大小，规定不同等级的税率，即征税对象数额越大，税率越高，可分为超额累进税率和超率累进税率。

超额累进税率是把征税对象划分为若干等级，对每个等级部分分别规定相应税率，分别计算税额，各级税额之和为应纳税额。目前，采用这种税率的有个人所得税。

超率累进税率，即以征税对象数额的相对率划分若干级距，分别规定相应的差别税率，相对率每超过一个级距的，对超过的部分就按高一级的税率计算征税。目前，采用这种税率的是土地增值税。

6.计税依据

计税依据是指计算应纳税额的依据或标准，即依据什么来计算纳税人应缴纳的税额。

（1）从价计征，是指以征税对象的价格或者金额作为计税标准，按一定比率计算征收的各种税种，如我国开征的增值税、关税等。

（2）从量计征，是以征税对象的重量、体积、数量为计税标准，采取固定税额计算征收的各种税。例如，我国的车船税、耕地占用税、城镇土地使用税等都属于从量计征的范围。

（3）复合计征，既包括从量计征又包括从价计征，即应纳税额等于应税销售数量乘以定额税率再加上应税销售额乘以比例税率。

7.纳税环节

纳税环节是税法规定的征税对象在从生产到消费的流转过程中应当缴纳税款的环节。例如，流转税在生产和流通环节纳税、所得税在分配环节纳税等。

8.纳税期限

纳税期限是纳税人按照税法规定缴纳税款的期限，如营业税的纳税期限分别为5日、10日、15日、1个月或者1个季度。具体纳税期限由主管税务机关根据纳税人应纳税额的大小分别核定。纳税人必须在规定的纳税期限内缴纳税款。

9.纳税地点

纳税地点主要是指根据各个税种纳税对象的纳税环节和有利于对税款的源泉控制而规定的纳税人的具体纳税地点。

10.减免税

减免税是税收制度中对某些纳税人和课税对象给予一定鼓励和照顾的一种规定。

（1）减税和免税：减税是指对应征税款减少征收一部分。免税是对按规定应征收的税款全部免除。这具体又分为两种情况：一种是税法直接规定的长期减免税项目；另一种是依法给予的一定期限内的减免税措施，期满之后仍应按规定纳税。我国现行的税收减免权限集中于国务院，任何地区、部门不得规定减免税项目。

（2）起征点是指税法规定对征税对象开始征税的起点数额。征税对象的数额达到起征点的就全部数额征税，未达到起征点的不征税。规定起征点是为了免除收入较少的纳税人的税收负担，缩小征税面，贯彻税收负担合理的税收政策。

（3）免征额，又称“费用扣除额”，是在课税对象的全部数额中预先确定的免于征税的数额，即在确定计税依据时，允许从全部收入中扣除的费用限额。规定免征额是为了照顾纳税人的生活、教育等的最低需要。当课税对象低于免征额时，不用征税；当课税对象高于免征额时，则从课税对象总额中减去免征额后，对余额部分征税。

11.法律责任

法律责任是指对违反国家税法规定的行为人采取的处罚措施，包括行政责任和刑事责任。

**【例3-3】**（单选）下列税法构成要素中，衡量纳税义务人税收负担轻重与否的重要标志是（　　）。

A.计税依据　　B.减税免税　　C.税率　　D.征税对象

【解析】C。本题考核税法要素中税率的有关概念。计算纳税人应纳税额的尺度是税率，也是衡量税负轻重与否的重要标志。

## 实务指南

### 国税与地税的区别

按照税收收入归属和征管管辖权限的不同，可分为中央（收入）税和地方（收入）税，分别通过国税系统和地税系统征收。

消费税为中央税，增值税和企业所得税、个人所得税为中央与地方共享税，其他税一般为地方税。

国税，由国税局征收；地税，由地税局征收；中央与地方共享税，由国税局征收，共享税中地方分享的部分，由国税局直接划入地方金库。

国家税务局征收的税种：增值税，消费税，企业所得税（铁道部门、各银行总行、各保险公司集中缴纳的所得税；中央企业缴纳的所得税； 中央与地方所属企业、事业单位组成的联营企业、股份制企业缴纳的所得税；海洋石油企业缴纳的所得税；外商投资企业和外国企业所得税），储蓄存款利息所得个人所得税，证券交易印花税，海洋石油企业缴纳的资源税，车辆购置税。

地方税务局征收的税种：除上述行业以外的营业税、地方国有企业、集体企业、私营企业缴纳的所得税、城市维护建设税、个人所得税、资源税、房产税、土地增值税、城镇土地使用税、印花税、契税、车船税。

**考场指南**

1.税收的作用：财政收入主体、调控经济运行、维护国家政权、维护国家利益。

2.税收的特征：强制性、无偿性、固定性。

3.税法和税收关系：税法是税收的法律表现形式，税收则是税法所确定的具体内容。

4.税法要素：征税人、纳税义务人、征税对象、税目、税率、计税依据、纳税环节、纳税期限、纳税地点、减免税、法律责任。

5.税率的类型：比例税率、定额税率、累进税率。

# 第二节 主要税种

## 一、增值税

增值税法是指国家制定的用以调整增值税征收与缴纳之间权利及义务关系的法律规范。现行增值税法的基本规范，是2008年11月5日国务院第34次常务会议修订通过，11月10日以国务院令第538号公布，2009年1月1日起施行的《中华人民共和国增值税暂行条例》（以下简称《增值税暂行条例》）以及2008年12月15日财政部、国家税务总局第50号令颁布的《中华人民共和国增值税暂行条例实施细则》（以下简称《增值税暂行条例实施细则》）。

为促进第三产业发展，从2012年1月1日起，我国在部分地区和行业开展深化增值税制度改革试点，从而建立有利于科学发展的税收制度，促进经济结构调整，支持现代服务发展。2013年5月24日，财政部、国家税务总局发布了《关于在全国开展交通运输业和部分现代服务业营业税改征增值税试点税收政策的通知》，自2013年8月1日起，在全国范围内开展交通运输业和部分现代服务业“营改增”试点。

### （一）增值税的概念与分类

1.增值税的概念

增值税是以商品（含应税劳务和应税服务）在流转过程中产生的增值额作为计税依据而征收的一种流转税。按照我国增值税法的规定，增值税是对在我国境内销售货物或者提供加工、修理修配劳务，以及进口货物的企业单位和个人，就其取得的货物或提供应税劳务和应税服务的增值额和货物进口金额为计税依据而征收的一种流转税。

在实际工作中很难精确计量增值额，因此增值税的计算一般采取税款抵扣的方式计算增值税应纳税额，即纳税人根据货物或应税劳务和应税服务销售额，按照规定的税率计算出一个税额，然后从中扣除上一道环节已纳增值税税额，其余额即为纳税人应纳的增值税税额。

2.增值税的分类

在实践中，各国施行的增值税都是以法定增值额为课税对象的。法定增值额和理论增值额往往不相一致，其主要区别在于对购入固定资产的处理上。所以，根据对购入固定资产已纳税款处理的不同，可以将增值税分为不同的类型。依据实行增值税的各个国家允许抵扣已纳税款的扣除项目范围的大小，增值税分为生产型增值税、收入型增值税、消费型增值税三种类型。

（1）生产型增值税。

生产型增值税是指计算增值税时，不允许扣除任何外购固定资产的价款，作为课税基数的法定增值额除包括纳税人新创造价值外，还包括当期计入成本的外购固定资产价款部分，即法定增值额的内容从整个社会来说相当于国民生产总值，故称为生产型增值税。此种类型的增值税对固定资产存在重复征税，而且越是资本有机构成高的行业，重复征税就越严重。这种类型的增值税虽然不利于鼓励投资，但可以保证财政收入。

（2）收入型增值税。

收入型增值税是指计算增值税时，对外购固定资产价款只允许扣除当期计入产品价值的折旧费部分，作为课税基数的法定增值额相当于国民收入部分，故称为收入型增值税。此种类型的增值税从理论上讲是一种标准的增值税，但由于外购固定资产是以折旧方式分期转入产品价值的，且转入部分没有逐笔对应的外购凭证，所以给凭借发票扣税的计算方法带来困难，从而影响了这种方法的广泛采用。

（3）消费型增值税。

消费型增值税是指计算增值税时，允许将当期购入的固定资产价款一次性全部扣除。作为课税基数的法定增值额相当于消费资料价值部分，故称为消费型增值税。此种类型的增值税可以彻底消除重复征税问题，有利于促进技术进步，但会减少财政收入，它是世界上实行增值税的国家普遍采用的一种类型。我国从2009年1月1日起全面实行消费型增值税。

## （二）增值税的征税范围

1.征税范围的基本规定

（1）销售或者进口的货物。

货物是指有形动产，包括电力、热力、气体在内。销售货物是指有偿转让货物的所有权。

（2）提供的加工、修理修配劳务。

提供加工、修理修配劳务是指有偿提供加工、修理修配劳务。加工是指受托加工货物，即委托方提供原料及主要材料，受托方按照委托方的要求制造货物并收取加工费的业务；修理修配是指对受托损伤和丧失功能的货物进行修复，使其恢复原状和功能的业务。单位或个体经营者聘用的员工为本单位或雇主提供加工、修理修配劳务，不包括在内。

（3）提供的应税服务。

应税服务是指陆路运输服务、水路运输服务、航空运输服务、管道运输服务、邮政普通服务、邮政特殊服务、其他邮政服务、研发和技术服务、信息技术服务、文化创意服务、物流辅助服务、有形动产租赁服务、鉴证咨询服务、广播影视服务等。

提供应税服务是指有偿提供应税服务，但不包括非营业活动中提供的应税服务。

其中，非营业活动是指：

①非企业性单位按照法律和行政法规的规定，为履行国家行政管理和公共服务职能收取政府性基金或者行政事业性收费的活动。

②单位或者个体工商户聘用的员工为本单位或者雇主提供应税服务。

③单位或个体工商户为员工提供应税服务。

④ 财政部和国家税务总局规定的其他情形。

2.应税服务的具体内容

（1）交通运输业。交通运输业是指使用运输工具将货物或者旅客送达目的地，使其空间位置得到转移的业务活动，包括陆路运输服务、水路运输服务、航空运输服务和管道运输服务。

（2）邮政业。邮政业是指中国邮政集团公司及其所属邮政行业提供邮件寄递、邮政汇兑、机要通信和邮政代理等邮政基本服务的业务活动，包括邮政普通服务、邮政特殊服务和其他邮政服务。邮政储蓄业务按照金融、保险业税目征收营业税。

（3）电信业。电信业是指利用有线、无线的电磁系统或者光电系统等各种通信网络资源，提供语音通话服务，传送、发射、接收或者应用图像、短信等电子数据和信息的业务活动，包括基础电信服务和增值电信服务。

①基础电信服务是指利用固网、移动网、卫星、互联网，提供语音通话服务的业务活动，以及出租或者出售带宽、波长等网络元素的业务活动。

②增值电信服务是指利用固网、移动网、卫星、互联网、有线电视网络，提供短信和彩信服务、电子数据和信息的传输及应用服务、互联网接入服务等业务活动。卫星电视信号落地转接服务，按照增值电信服务计算缴纳增值税。

（4）部分现代服务业。部分现代服务业是指围绕制造业、文化产业、现代物流产业等提供技术性、知识性服务的业务活动，具体包括研发和技术服务、信息技术服务、文化创意服务、物流辅助服务、有形动产租赁服务、鉴证咨询服务、广播影视服务。

3.征收范围的特殊规定

（1）视同销售货物。

单位或个体经营者的下列行为，视同销售货物：①将货物交付其他单位或者个人代销；②销售代销货物；③设有两个以上机构并实行统一核算的纳税人，将货物从一个机构移送其他机构用于销售，但相关机构设在同一县（市）的除外；④将自产、委托加工的货物用于非增值税应税项目；⑤将自产、委托加工的货物用于集体福利或者个人消费；⑥将自产、委托加工或者购进的货物作为投资，提供给其他单位或者个体工商户；⑦将自产、委托加工或者购进的货物分配给股东或者投资者；⑧将自产、委托加工或者购进的货物无偿赠送其他单位或者个人。

上述第⑤项所称“集体福利或个人消费”是指企业内部设置的供职工使用的食堂、浴室、理发室、宿舍、幼儿园等福利设施及设备、物品等，或者以福利、奖励、津贴等形式发放给职工个人的物品。

（2）视同提供应税服务。

单位和个体工商户的下列情形，视同提供应税服务：①向其他单位或者个人无偿提供应税服务，但以公益活动为目的或者以社会公众为对象的除外。②财政部和国家税务总局规定的其他情形。

（3）混合销售。

混合销售是指一项销售行为既涉及货物销售又涉及提供非增值税应税劳务的销售行为。

除《增值税暂行条例实施细则》第六条的规定外，从事货物的生产、批发或者零售的企业、企业性单位和个体工商户的混合销售行为，视为销售货物，应当缴纳增值税；其他单位和个人的混合销售行为，视为销售非增值税应税劳务，不缴纳增值税。

（4）兼营非增值税应税劳务。

兼营非增值税应税劳务是指纳税人的经营范围既包括销售货物和提供应税劳务，又包括提供非增值税应税劳务。纳税人兼营非增值税应税项目的，应分别核算货物或者应税劳务的销售额和非增值税应税项目的营业额；未分别核算的，由主管税务机关核定货物或者应税劳务的销售额。

与混合销售行为不同的是，兼营非增值税应税劳务是指销售货物或提供应税劳务与提供非增值税应税劳务不同时发生在同一购买者身上，也不发生在同一项销售行为中。

（5）混业经营。

纳税人兼有不同税率或者征收率的销售货物、提供加工修理修配劳务或者应税服务的，应当分别核算适应不同税率或征收率的销售额，未分别核算销售额的，从高适用税率或征收率。

**（三）增值税纳税人**

增值税纳税人是指税法规定负有缴纳增值税义务的单位和个人。在我国境内销售、进口货物或者提供加工、修理修配劳务以及应税服务的单位和个人，为增值税纳税人。按照经营规模的大小和会计核算健全与否等标准，增值税纳税人可分为小规模纳税人和一般纳税人。

1.小规模纳税人

小规模纳税人是指年应征增值税销售额（以下简称年应税销售额，包括一个公历年度内的全部应税销售额）在规定的标准以下，并且会计核算不健全，不能按规定报送有关税务资料的增值税纳税人。所谓会计核算不健全，是指不能正确核算增值税的销项税额、进项税额和应纳税额。根据《增值税暂行条例》、《增值税暂行条例实施细则》和“营改增”相关文件的规定，小规模纳税人的认定标准为：

（1）从事货物生产或者提供应税劳务的纳税人，以及以从事货物生产或者提供应税劳务为主，并兼营货物批发或者零售的纳税人，年应税销售额在50万元以下（含本数，下同）的，“以从事货物生产或者提供应税劳务为主”是指纳税人的年货物生产或提供应税劳务的销售额占全年应税销售额的比重在50%以上。

（2）除上述规定以外的纳税人（不含提供应税服务的纳税人），年应税销售额在80万元以下的。

（3）对提供应税服务的，年应税服务销售额在500万元以下的。

（4）年应税销售额超过小规模纳税人标准的其他个人按小规模纳税人纳税。

（5）非企业性单位、不经常发生应税行为的企业可选择按小规模纳税人纳税；对于应税服务年销售额超过规定标准但不经常提供应税服务的单位和个体工商户可选择按照小规模纳税人纳税。

（6）旅店业和饮食业纳税人销售非现场消费的食品，属于不经常发生增值税应税行为，根据《增值税暂行条例实施细则》第二十九条的规定，可以选择按小规模纳税人纳税。

（7）兼有销售货物、提供加工修理修配劳务以及应税服务，且不经常发生应税行为的单位和个体工商户可选择按照小规模纳税人纳税。

2.一般纳税人

一般纳税人是指年应税销售额，超过财政部、国家税务总局规定的小规模纳税人标准的企业和企业性单位，即除上述小规模纳税人以外的其他纳税人属于一般纳税人。一般纳税人的特点是增值税进项税额可以抵扣销项税额。

下列纳税人不属于一般纳税人：

（1）年应税销售额未超过小规模纳税人标准的企业。

（2）除个体工商户以外的其他个人。

（3）选择按照小规模纳税人纳税的非企业性单位。

（4）不经常发生增值税应税行为的企业。

年应税销售额未超过标准的小规模纳税人会计核算健全，能够提供准确税务资料的，可以向主管税务机关申请一般纳税人资格认定，不作为小规模纳税人。

除国家税务总局另有规定外，纳税人一经认定为一般纳税人后，不得转为小规模纳税人。

**【例3-4】**（多选）下列项目中，不认定为一般纳税人的有（　　）。

A.年应税销售额50万元的从事货物批发的纳税人

B.新开业的个体工商户

C.不经常发生增值税应税行为的企业

D.年应税销售额100万元的从事货物生产的纳税人

【解析】BC。除个体工商户以外的其他个人、选择按照小规模纳税人纳税的非企业性单位、不经常发生增值税应税行为的企业不认定为一般纳税人。新开业的个体工商户默认为小规模纳税人，只有向国税局申请认定通过之后，才能成为一般纳税人。年应税销售额未超过标准的小规模纳税人会计核算健全，能够提供准确税务资料的，可以向主管税务机关申请一般纳税人资格认定，不作为小规模纳税人，A可以认定为一般纳税人。

**（四）增值税的扣缴义务人**

中华人民共和国境外（以下称境外）的单位或者个人在境内提供应税劳务和应税服务，在境内未设有经营机构的，以其境内代理人为增值税扣缴义务人；在境内没有扣缴义代理人的，以接受方为增值税和扣缴义务人。

**（五）增值税税率**

我国增值税采用比例税率形式。绝大多数一般纳税人适用基本税率、低税率或零税率；小规模纳税人和采用简易办法征税的一般纳税人，适用征收率。

1.基本税率

基本税率，又称标准税率，适用于大多数征税对象，体现了增值税税负的轻重。我国增值税的基本税率为17%。

2.低税率

（1）下列应税货物按低税率13%计征增值税。

①粮食、食用植物油；

②自来水、暖气、冷气、热水、煤气、石油液化气、天然气、沼气、居民用煤炭制品；

③图书、报纸、杂志；

④饲料、化肥、农药、农机、农膜；

⑤农产品；

⑥音像制品；

⑦电子出版物；

⑧二甲醚；

⑨食用盐；

以及国务院规定的其他货物。

（2）下列应税服务按照低税率征收增值税：

①提供交通运输业服务、邮政服务和基础电信服务，税率为11%；

②提供现代服务业服务（有形动产租赁服务除外）、增值电信服务，税率为6%。

3.零税率

零税率，即税率为零，仅适用于法律不限制或不禁止的报关出口的货物。国务院另有规定的某些货物，不适用零税率。

（1）纳税人出口货物，税率为零，但是，国务院另有规定的除外。

（2）单位和个人提供的国际运输服务、向境外单位提供的研发服务和设计服务以及财政部和国家税务总局规定的其他应税服务，税率为零。

4.征收率

小规模纳税人经营规模小，且会计核算不健全，小规模纳税人销售货物或者提供应税劳务和应税服务，实行按照销售额和征收率计算应纳税额的简易办法，并不得抵扣进项税额。小规模纳税人适用征收率为3%。

纳税人提供适用不同税率或者征收率的应税服务，应当分别核算适用不同税率或者征收率的销售额；未分别核算的，从高适用税率。

### （六）增值税一般纳税人应纳税额的计算

我国增值税实行扣税法。一般纳税人凭增值税专用发票及其他合法扣税凭证注明税款进行抵扣，应纳增值税税额的计算公式为：

应纳增值税税额=当期销项税额-当期进项税额

1.销项税额

销项税额是指纳税人销售货物或者提供应税劳务和应税服务，按照销售额或提供应税劳务和应税服务收入与规定的税率计算并向购买方收取的增值税税额。其计算公式：

销项税额=销售额×适用税率

2.销售额

（1）一般销售方式下的销售额。

销售额为纳税人销售货物或提供应税劳务和应税服务向购买方收取的全部价款和价外费用，但不包括收取的销项税额。

价外费用是指价外向购买方收取的手续费、补贴、基金、集资费、返还利润、奖励费、违约金、滞纳金、延期付款利息、赔偿金、代收款项、代垫款项、包装费、包装物租金、储备费、优质费、运输装卸费以及其他各种性质的价外收费。但下列项目不包括在内：

①受托加工应征消费税的消费品所代收代缴的消费税。

②同时符合以下条件的代垫运输费用：承运部门的运输费用发票开具给购买方的；纳税人将该项发票转交给购买方的。

③同时符合以下条件代为收取的政府性基金或者行政事业性收费：

A.由国务院或者财政部批准设立的政府性基金，由国务院或者省级人民政府及其财政、价格主管部门批准设立的行政事业性收费。

B.收取时开具省级以上财政部门印制的财政票据。

C.所收款项全额上缴财政。

④销售货物的同时代办保险等而向购买方收取的保险费，以及向购买方收取的代购买方缴纳的车辆购置税、车辆牌照费。

（2）特殊销售方式下的销售额。

①包装物押金是否计入销售额。

包装物是指纳税人包装本单位货物的各种物品。纳税人销售货物时另收取包装物押金，目的是促使购货方及早退回包装物以便周转使用。对包装物的押金是否计入货物销售额征收增值税呢?根据税法规定，纳税人为销售货物而出租出借包装物收取的押金，单独记账核算的，时间在1年以内，又未过期的，不并入销售额征税，但对因逾期未收回包装物不再退还的押金，应按所包装货物的适用税率征收增值税。其中，“逾期”是指按合同约定实际逾期或以1年为期限，对收取1年以上的押金，无论是否退还均并入销售额征税。当然，在将包装物押金并入销售额征税时，需要先将该押金换算为不含税价，再并入销售额征税。对于个别包装物周转使用期限较长的，报经税务机关确定后，可适当放宽逾期期限。另外，包装物押金不应混同于包装物租金，包装物租金在销货时作为价外费用并入销售额计算销项税额。国家税务总局国税发[1995]192号文件规定，从1995年6月1日起，对销售除啤酒、黄酒外的其他酒类产品而收取的包装物押金，无论是否返还以及会计上如何核算，均应并入当期销售额征税。对销售啤酒、黄酒所收取的押金，按上述一般押金的规定处理。

【例3-5】（单选）某酒厂为一般纳税人。3月份向一小规模纳税人销售白酒，开具普通发票上注明含税金额为93 600元；同时收取包装物押金2 000元，此业务酒厂应计算的销项税额为（　　）元。

A.13 600　　B.13 890.60　　C.15 011.32　　D.15 301.92

【解析】B。本题考核酒类包装物押金增值税的计算。酒类包装物押金无论是否逾期，均以收到时，并入收入当期销售额计算销项税额。酒厂应计算的销项税额=（93 600+2 000）÷（1+17%）×17%＝13 890.60（元）。

②折扣方式销售。

折扣销售是指销货方在销售货物或提供应税劳务和应税服务时，因购货方购货数量较大等原因而给予购货方的价格优惠（如购买5件，销售价格折扣10%；购买10件，折扣20%等）。由于折扣是在实现销售时同时发生的，因此税法规定，纳税人采取折扣方式销售货物，如果销售额和折扣额在同一张发票上分别注明的，可按折扣后的销售额征收增值税；如果将折扣额另开发票，不论其在财务上如何处理，均不得从销售额中减除折扣额。

③以旧换新方式销售。

以旧换新是指纳税人在销售自己的货物时，有偿收回旧货物的行为。根据税法规定，采取以旧换新方式销售货物的，应按新货物的同期销售价格确定销售额，不得扣减旧货物的收购价格。之所以这样规定，既是因为销售货物与收购货物是两个不同的业务活动，销售额与收购额不能相互抵减，也是为了严格增值税的计算征收，防止出现销售额不实、减少纳税的现象。考虑到金银首饰以旧换新业务的特殊情况，对金银首饰以旧换新业务、可以按销售方实际收取的不含增值税的全部价款征收增值税。

④还本销售方式销售。

还本销售是指纳税人在销售货物后，到一定期限由销售方一次或分次退还给购货方全部或部分价款。这种方式实际上是一种筹集资金，是以货物换取资金的使用价值，到期还本不付息的方法。税法规定，采取还本销售方式销售货物，其销售额就是货物的销售价格，不得从销售额中减除还本支出。

⑤以物易物方式销售。

以物易物是一种较为特殊的购销活动，是指购销双方不是以货币结算，而是以同等价款的货物相互结算，实现货物购销的一种方式。在实务中，有的纳税人以为以物易物不是购销行为，销货方收到购货方抵顶货款的货物，认为自己不是购货；购货方发出抵顶货款的货物，认为自己不是销货。这两种认识都是错误的。正确的方法应当是：以物易物双方都应作购销处理，以各自发出的货物核算销售额并计算销项税额，以各自收到的货物按规定核算购货额并计算进项税额。应注意，在以物易物活动中，应分别开具合法的票据，如收到的货物不能取得相应的增值税专用发票或其他合法票据的，不能抵扣进项税额。

⑥旧货的销售。

根据《财政部、国家税务总局关于部分货物适用增值税低税率和简易办法征收增值税政策的通知》（财税[2009]9号）规定，一般纳税人销售旧货，按照简易办法依照4%征收率减半征收增值税。应开具普通发票，不得自行开具或者由税务机关代开增值税专用发票。小规模纳税人销售自己使用过的固定资产，减按2%征收率征收增值税。

旧货是指进入二次流通的具有部分使用价值的货物（含旧汽车、旧摩托车和旧游艇），但不包括自己使用过的物品。

⑦视同销售货物行为。

单位或者个体工商户的下列行为，视同销售货物：

A.将货物交付其他单位或者个人代销。

B.销售代销货物。

C.设有两个以上机构并实行统一核算的纳税人，将货物从一个机构移送其他机构用于销售，但相关机构设在同一县（市）的除外。

D.将自产、委托加工的货物用于非增值税应税项目。

E.将自产、委托加工的货物用于集体福利或者个人消费。

F.将自产、委托加工或者购进的货物作为投资，提供给其他单位或者个体工商户。

G.将自产、委托加工或者购进的货物分配给股东或者投资者。

H.将自产、委托加工或者购进的货物无偿赠送其他单位或者个人。

价格明显偏低并无正当理由的或视同销售货物行为而无销售额者，按下列顺序确定销售额：

A.按纳税人最近时期同类货物的平均销售价格确定。

B.按其他纳税人最近时期同类货物的平均销售价格确定。

C.按组成计税价格确定。组成计税价格的公式为：

组成计税价格=成本×（1+成本利润率）

征收增值税的货物，同时又征收消费税的，其组成计税价格中应加计消费税税额。

公式中的成本是指销售自产货物的为实际生产成本，销售外购货物的为实际采购成本。公式中的成本利润率由国家税务总局确定。

（3）含税销售额的换算。

为了符合增值税作为价外税的要求，纳税人在填写进销货及纳税凭证、进行账务处理时，应分项记录不含税销售额、销项税额和进项税额，以正确计算应纳增值税税额。然而，在实际工作中，常常会出现一般纳税人将销售货物或者提供应税劳务和应税服务采用销售额和销项税额合并定价收取的方法，这样，就会形成含税销售额，就会导致增值税计税环节出现重复纳税的现象，甚至出现物价非正常上涨的局面。因此，一般纳税人销售货物或者提供应税劳务和应税服务，采用销售额和销项税额合并定价方法的，按下列公式计算销售额：

销售额＝含税销售额÷（1+税率）

公式中的税率为销售的货物或者提供应税劳务和应税服务按《增值税暂行条例》规定所适用的税率。

3.进项税额

进项税额是指纳税人购进货物或者接受应税劳务和应税服务所支付或者负担的增值税税额。下列进项税额准予从销项税额中抵扣：

（1）从销售方或者提供方取得的增值税专用发票上注明的增值税税额。

（2）从海关取得的海关进口增值税专用缴款书上注明的增值税税额。

（3）购进农产品，除取得增值税专用发票或者海关进口增值税专用缴款书外，按照农产品收购发票或者销售发票上注明的农产品买价和13%的扣除率计算的进项税额。进项税额计算公式：

进项税额=买价×扣除率

（4）购进或者销售货物以及在生产经营过程中支付运输费用（代垫运费除外）的，根据货物运输业增值税专用发票所列运费金额，依11%的扣除率计算的进项税额。进项税额计算公式：

进项税额=运输费用金额×扣除率

需要注意的是，并不是纳税人支付的所有进项税额都可以从销项税额中抵扣。纳税人购进货物或者接受应税劳务和应税服务，取得的增值税扣税凭证不符合法律、行政法规或者国务院税务主管部门有关规定的，其进项税额不得从销项税额中抵扣。

此外，下列项目的进项税额不得从销项税额中抵扣：

（1）用于简易计税方法计税项目、非增值税应税项目、免征增值税项目、集体福利或者个人消费的购进货物或者接受应税劳务。

（2）非正常损失的购进货物及相关的加工修理修配劳务或者交通运输业服务。

（3）非正常损失的在产品、产成品所耗用的购进货物（不包括固定资产）、加工修理修配劳务或者交通运输业服务。

（4）接受的旅客运输服务。

**（七）增值税小规模纳税人应纳税额的计算**

小规模纳税人销售货物、提供应税劳务和应税服务，由于其经营规模小，会计核算不健全，难以按增值税税率计税和适用增值税专用发票抵扣进项税款，因此实行按销售额与征收率计算应纳税额的简易办法，不得抵扣进项税额。小规模纳税人增值税征收率一律为3%，征收率的调整由国务院决定。其计算公式为：

应纳税额=销售额×征收率

当小规模纳税人采取价税合一方式销售货物或提供应税劳务和应税服务时，应将含税销售额换算为不含税销售额。其换算公式为：

销售额=含税销售额÷（1+征收率）

需要注意的是：小规模纳税人不得抵扣进项税额，另外，小规模纳税人取得的销售额与一般纳税人一样，都是销售货物或提供应税劳务和应税服务向购买方收取的全部价款和价外费用，不包括收取的增值税税额。

**（八）增值税征收管理**

1.纳税义务发生的时间

（1）销售货物或者提供应税劳务的纳税义务发生时间。

①纳税人销售货物或者提供应税劳务，其纳税义务发生时间为收讫销售款项或者取得索取销售款项凭据的当天；先开具发票的，为开具发票的当天。其中，收讫销售款项或者取得索取销售款项凭据的当天按销售结算方式的不同，具体为：

A.采取直接收款方式销售货物，不论货物是否发出，均为收讫销售款项或者取得索取销售款项凭据的当天。

纳税人生产经营活动中采取直接收款方式销售货物，已将货物移送对方并暂估销售收入入账，但既未收讫销售款项或取得索取销售款项凭据也未开具销售发票的，其增值税纳税义务发生时间为收讫销售款项或取得索取销售款项凭据的当天；先开具发票的，为开具发票的当天。

B.采取托收承付和委托银行收款方式销售货物，为发出货物并办妥托收手续的当天。

C.采取赊销和分期收款方式销售货物，为书面合同约定的收款日期的当天；无书面合同的或者书面合同没有约定收款日期的，为货物发出的当天。

D.采取预收货款方式销售货物，为货物发出的当天。

E.委托其他纳税人代销货物，为收到代销单位的代销清单或者收到全部或者部分货款的当天；未收到代销清单及货款的，为发出代销货物满180天的当天。

F.销售应税劳务，为提供劳务同时收讫销售款项或取得索取销售款项凭据的当天。

G.纳税人发生除将货物交付其他单位或者个人代销和销售代销货物以外的视同销售货物行为，为货物移送的当天。

②纳税人进口货物，其纳税义务发生时间为报关进口的当天。

③增值税扣缴义务发生时间为纳税人增值税纳税义务发生的当天。

（2）提供应税服务的纳税义务发生时间。

①纳税人提供应税服务的纳税义务发生时间为提供应税服务并收讫销售款项或者取得索取销售款项凭据的当天；先开具发票的，为开具发票的当天。

其中，收讫销售款项是指纳税人提供应税服务过程中或者完成后收到款项；取得索取销售款项凭据的当天是指书面合同确定的付款日期；未签订书面合同或者书面合同未确定付款日期的，为应税服务完成的当天。

②纳税人提供有形动产租赁服务采取预收款方式的，其纳税义务发生时间为收到预收款的当天。

③纳税人发生视同提供应税服务的，其纳税义务发生时间为应税服务完成的当天。

④增值税扣缴义务发生时间为纳税人增值税纳税义务发生的当天。

2.纳税期限

纳税期限分别为1日、3日、5日、10日、15日、1个月或者1个季度。纳税人以1个月或者1个季度为1个纳税期的，自期满之日起15日内申报纳税；以1日、3日、5日、10日或者15日为1个纳税期的，自期满之日起5日内预缴税款，于次月1日起15日内申报纳税并结清上月应纳税款。

扣缴义务人解缴税款的期限，依照上述规定执行。纳税人进口货物，应当自海关填发进口增值税专用缴款书之日起15日内缴纳税款。

纳税人出口货物适用税率为零的货物，可以按月向税务机关申报办理该项出口货物的退税。

3.纳税地点

（1）固定业户应当向其机构所在地的主管税务机关申报纳税。总机构和分支机构不在同一县（市）的，应当分别向各自所在地的主管税务机关申报纳税；但在同一省（区、市）范围内的，经省（区、市）财政厅（局）、国家税务局审批同意，可以由总机构汇总向总机构所在地的主管税务机关申报纳税。

（2）固定业户到外县（市）销售货物或者提供应税劳务和应税服务，应当向其机构所在地的主管税务机关申请开具外出经营活动税收管理证明，并向其机构所在地的主管税务机关申报纳税；未开具证明的，应当向销售地或者劳务发生地的主管税务机关申报纳税；未向销售地、劳务和服务发生地的主管税务机关申报纳税的，由其机构所在地的主管税务机关补征税款。

（3）非固定业户销售货物或者提供应税劳务和应税服务，应当向销售地、劳务和服务发生地的主管税务机关申报纳税；未向销售地、劳务和服务发生地的主管税务机关申报纳税的，由其机构所在地或者居住地的主管税务机关补征税款。

（4）进口货物，应当向报关地海关申报纳税。

（5）扣缴义务人应当向其机构所在地或者居住地的主管税务机关申报缴纳其扣缴的税款。

## 二、消费税

消费税法是指国家制定的用以调整消费税征收与缴纳之间权利与义务关系的法律规范。现行消费税的基本规范，是2008年11月5日经国务院第34次常务会议修订通过并颁布，自2009年1月1日起施行的《中华人民共和国消费税暂行条例》（以下简称《消费税暂行条例》），以及2008年12月15日财政部、国家税务总局第51号令颁布的《中华人民共和国消费税暂行条例实施细则》（以下简称《消费税暂行条例实施细则》）。

### （一）消费税的概念与计税方法

1.消费税的概念

消费税是对在中国境内从事生产、委托加工和进口应税消费品的单位和个人征收的一种流转税，是对特定的消费品和消费行为在特定的环节征收的一种间接税。

2.消费税的计税方法

消费税实行从价定率、从量定额，或者从价定率和从量定额复合计税（以下简称复合计税）的办法计算应纳税额。

（1）从价定率计税：

应纳税额＝应税消费品销售额×适用税率

（2）从量定额计税：

应纳税额＝应税消费品销售数量×适用税额标准

（3）从价定率和从量定额复合计税：

应纳税额=销售额×比例税率＋销售数量×定额税率

**（二）消费税的征税范围**

1.生产应税消费品

生产应税消费品在生产销售环节征税。纳税人将生产的应税消费品换取生产资料、消费资料、投资入股、偿还债务，以及用于继续生产应税消费品以外的其他方面都应缴纳消费税。

2.委托加工应税消费品

委托加工应税消费品是指委托方提供原料和主要材料，由受托方在只收取加工费和代垫部分辅助材料加工的应税消费品。由受托方提供原材料或其他情形的一律不能视同加工应税消费品。

委托加工的应税消费品，除受托方为个人外，受托方向委托方交货时代收代缴税款；委托个人加工的应税消费品，由委托方收回后缴纳消费税。

委托加工的应税消费品，委托方用于连续生产应税消费品的，所纳税款准予按规定抵扣；直接出售的，不再缴纳消费税。委托方将收回的应税消费品，以不高于委托方的计税价格出售的，为直接出售，不再缴纳消费税；委托方以高于受托方的计税价格出售的，不属于直接出售，需按照规定申报缴纳消费税，在计税时准予扣除受托方已代收代缴的消费税。

3.进口应税消费品

单位和个人进口应税消费品，于报关进口时由海关代征消费税。

4.批发、零售应税消费品

经国务院批准，自1995年1月1日起，金银首饰消费税由生产销售环节征收改为由零售环节征收。改在零售环节征收消费税的金银首饰仅限于金基、银基合金首饰以及金、银和金基、银基合金的镶嵌首饰，适用税率为5%。其计税依据是不含增值税的销售额。

对既销售金银首饰，又销售非金银首饰的生产、经营单位，应将两类商品划分清楚，分别核算销售额。凡划分不清楚或不能分别核算的，在生产环节销售的，一律从高适用税率征收消费税；在零售环节销售的，一律按金银首饰征收消费税。金银首饰与其他产品组成成套消费品销售的，应按销售额全额征收消费税。

金银首饰连同包装物一起销售的，无论包装物是否单独计价，也无论会计上如何核算，均应并入金银首饰的销售额，计征消费税。

带料加工的金银首饰，应按受托方销售的同类金银首饰的销售价格确定计税依据征收消费税。没有同类金银首饰销售价格的，按照组成计税价格计算纳税。

纳税人采用以旧换新（含翻新改制）方式销售的金银首饰，应按实际收取的不含增值税的全部价款确定计税依据征收消费税。

**（三）消费税纳税人**

消费税的纳税人是在我国境内生产、委托加工和进口《消费税暂行条例》规定的应税消费品的单位和个人。

单位是指企业、行政单位、事业单位、军事单位、社会团体及其他单位。

个人是指个体工商户及其他个人。

在中华人民共和国境内是指生产、委托加工和进口属于应当缴纳消费税的消费品的起运地或者所在地在境内。

**（四）消费税税目与税率**

1.消费税税目

我国目前共有15个税目，分别为：烟；酒；化妆品；贵重首饰及珠宝玉石；鞭炮、焰火；成品油；小汽车；摩托车；高尔夫球及球具；高档手表；游艇；木制一次性筷子；实木地板；电池；涂料。

（1）烟。

凡是以烟叶为原料加工生产的产品，不论使用何种辅料，均属于本税目的征收范围，包括卷烟（进口卷烟、白包卷烟、手工卷烟和未经国务院批准纳入计划的企业及个人生产的卷烟）、雪茄烟和烟丝。卷烟又分为甲类卷烟和乙类卷烟。

（2）酒。

酒是酒精度在1度以上的各种酒类饮料。酒类包括粮食白酒、薯类白酒、黄酒、啤酒和其他酒。

对饮食业、商业、娱乐业举办的啤酒屋（啤酒坊）利用啤酒生产设备生产的啤酒，应当征收消费税。

（3）化妆品。

本税目的征收范围包括各类美容及修饰类化妆品、高档护肤类化妆品和成套化妆品。

美容、修饰类化妆品是指香水、香水精、香粉、口红、指甲油、胭脂、眉笔、唇笔、蓝眼油、眼睫毛以及成套化妆品。

舞台、戏剧、影视演员化妆用的上妆油、卸妆油、油彩不属于本税目的征收范围。

高档护肤类化妆品的征收范围另行制定。

（4）贵重首饰及珠宝玉石。

凡以金、银、白金、宝石、珍珠、钻石、翡翠、珊瑚、玛瑙等高贵稀有物质及其他金属、人造宝石等制作的各种金银首饰，以及镶嵌首饰和经采掘、打磨、加工的各种珠宝玉石，都属于本税目的征收范围。

对出国人员免税商店销售的金银首饰征收消费税。

（5）鞭炮、焰火。

各种鞭炮、焰火属于本税目的征收范围。

体育上用的发令纸、鞭炮药引线，不按本税目征收。

（6）成品油。

本税目包括汽油、柴油、石脑油、溶剂油、航空煤油、润滑油、燃料油7个子目。

橡胶填充油、溶剂油原料属于溶剂油征收范围。

润滑油包括矿物性润滑油、植物性润滑油、动物性润滑油和化工原料合成润滑油。

（7）小汽车。

汽车是指由动力驱动，具有4个或4个以上车轮的非轨道承载的车辆，包括乘用车、中轻型商用客车。

要求：含驾驶员座位在内的座位数≤23座。

不包括：

①电动汽车。

②车身长度≥7米、座位10~23座（含）以下的商用客车。

③沙滩车、雪地车、卡丁车、高尔夫车。

（8）摩托车。

摩托车包括轻便摩托车和摩托车两种。对最大设计车速不超过50千米/小时，发动机汽缸总工作容量不超过50毫升的三轮摩托车不征收消费税。

（9）高尔夫球及球具。

高尔夫球及球具是指从事高尔夫球运动所需的各种专用装备，包括高尔夫球、高尔夫球杆及高尔夫球包（袋）等。

高尔夫球是指重量不超过45.93克、直径不超过42.67毫米的高尔夫球运动比赛、练习用球；高尔夫球杆是指被设计用来打高尔夫球的工具，由杆头、杆身和握把3部分组成；高尔夫球包（袋）是指专门用于装高尔夫球及球杆的包（袋）。

本税目的征收范围包括高尔夫球、高尔夫球杆、高尔夫球包（袋）。高尔夫球杆的杆头、杆身和握把也属于本税目的征收范围。

（10）高档手表。

高档手表是指销售价格（不含增值税）每只在10 000元（含）以上的各类手表。

本税目的征收范围包括符合以上标准的各类手表。

（11）游艇。

游艇是指长度大于8米（含）小于90米（含），船体由玻璃钢、钢、铝合金、塑料等多种材料制作，可以在水上移动的水上浮载体。按照动力划分，游艇分为无动力艇、帆艇和机动艇。

本税目的征收范围包括艇身长度大于8米（含）小于90米（含），内置发动机，可以在水上移动，一般为私人或团体购置，主要用于水上运动和休闲娱乐等非营利活动的各类机动艇。

（12）木制一次性筷子。

木制一次性筷子，又称卫生筷子，是指以木材为原料经过锯段、浸泡、旋切、刨切、烘干、筛选、打磨、倒角、包装等环节加工而成的各类供一次性使用的筷子。

本税目的征收范围包括各种规格的木制一次性筷子。

未经打磨、倒角的木制一次性筷子也属于本税目的征税范围。

（13）实木地板。

实木地板是指以木材为原料，经锯割、干燥、刨光、截断、开榫、涂漆等工序加工而成的块状或条状的地面装饰材料。实木地板按生产工艺不同，可分为独板（块）实木地板、实木指接地板、实木复合地板3类；按表面处理状态不同，可分为未涂饰地板（白坯板、素板）和漆饰地板两类。

本税目的征收范围包括各类规格的实木地板、实木指接地板、实木复合地板及用于装饰墙壁、天棚的侧端面为榫、槽的实木装饰板。未经涂饰的素板也属于本税目的征税范围。

（14）电池。

电池是一种将化学能、光能等直接转换为电能的装置，一般由电极、电解质、容器、极端，通常还有隔离层组成的基本功能单元，以及用一个或多个基本功能单元装配成的电池组。本税目的征收范围包括原电池、蓄电池、燃料电池、太阳能电池和其他电池。

自2015年2月1日起对电池（铅蓄电池除外）征收消费税；对无汞原电池、金属氢化物镍蓄电池（又称“氢镍蓄电池”或“镍氢蓄电池”）、锂原电池、锂离子蓄电池、太阳能电池、燃料电池、全钒液流电池免征消费税。自2016年1月1日起，对铅蓄电池按4%税率征收消费税。

（15）涂料。

涂料是指涂于物体表面能形成具有保护、装饰或特殊性能的固态涂膜的一类液体或固体材料之总称。自2015年2月1日起对涂料征收消费税，但施工状态下挥发性有机物（VOC）含量低于420克/升（含）的涂料免征消费税。

2.消费税税率

消费税采用比例税率和定额税率两种形式。经整理汇总的消费税税目、税率（税额）表见表3-1。

表3-1　**消费税税目、税率（税额）表**

| 税　目 | 税　率（税额） |
|---|---|
| 一、烟 | |
| 1.卷烟 | |
| （1）甲类卷烟 | 56%加0.003元/支 |
| （2）乙类卷烟 | 36%加0.003元/支 |
| （3）批发环节 | 5% |
| 2.雪茄烟 | 36% |
| 3.烟丝 | 30% |
| 二、酒 | |
| 1.白酒 | 20%加0.5元/500克（或者500毫升） |
| 2.黄酒 | 240元/吨 |
| 3.啤酒 | |
| （1）甲类啤酒 | 250元/吨 |
| （2）乙类啤酒 | 220元/吨 |
| 4.其他酒 | 10% |

续表

| 税　目 | 税　率（税额） |
| --- | --- |
| 三、化妆品 | 30% |
| 四、贵重首饰及珠宝玉石 | |
| 1.金银首饰、铂金首饰、钻石及钻石饰品 | 5% |
| 2.其他贵重首饰和珠宝玉石 | 10% |
| 五、鞭炮、焰火 | 15% |
| 六、成品油 | |
| 1.汽油 | 1.52元/升 |
| 2.柴油 | 1.20元/升 |
| 3.航空煤油 | 1.20元/升 |
| 4.石脑油 | 1.52元/升 |
| 5.溶剂油 | 1.52元/升 |
| 6.润滑油 | 1.52元/升 |
| 7.燃料油 | 1.20元/升 |
| 七、摩托车 | |
| 1.气缸容量（排气量,下同）在250毫升的 | 3% |
| 2.气缸容量在250毫升以上的 | 10% |
| 八、小汽车 | |
| 1.乘用车 | |
| （1）气缸容量（排气量,下同）在1.0升（含）以下的 | 1% |
| （2）气缸容量在1.0升以上至1.5升（含）的 | 3% |
| （3）气缸容量在1.5升以上至2.0升（含）的 | 5% |
| （4）气缸容量在2.0升以上至2.5升（含）的 | 9% |
| （5）气缸容量在2.5升以上至3.0升（含）的 | 12% |
| （6）气缸容量在3.0升以上至4.0升（含）的 | 25% |
| （7）气缸容量在4.0升以上的 | 40% |
| 2.中轻型商用客车 | 5% |
| 九、高尔夫球及球具 | 10% |
| 十、高档手表 | 20% |
| 十一、游艇 | 10% |
| 十二、木制一次性筷子 | 5% |
| 十三、实木地板 | 5% |
| 十四、电池 | 4% |
| 十五、涂料 | 4% |

**（五）消费税应纳税额**

1.从价定率计税

（1）销售额的确定。

销售额为纳税人销售应税消费品向购买方收取的全部价款和价外费用。价外费用是指价外向购买方收取的手续费、补贴、基金、集资费、返还利润、奖励费、违约金、滞纳金、延期付款利息、赔偿金、代收款项、代垫款项、包装费、包装物租金、储备费、优质费、运输装卸费以及其他各种性质的价外收费。但下列项目不包括在内：

①同时符合以下条件的代垫运输费用：

A.承运部门的运输费用发票开具给购买方的。

B.纳税人将该项发票转交给购买方的。

②同时符合以下条件代为收取的政府性基金或者行政事业性收费：

A.由国务院或者财政部批准设立的政府性基金，由国务院或者省级人民政府及其财政、价格主管部门批准设立的行政事业性收费。

B.收取时开具省级以上财政部门印制的财政票据。

C.所收款项全额上缴财政。

实行从价定率办法计算应纳税额的应税消费品连同包装物销售的，无论包装物是否单独计价以及在会计上如何核算，均应并入应税消费品的销售额中缴纳消费税。如果包装物不作价随同产品销售，而是收取押金，此项押金则不应并入应税消费品的销售额中缴纳消费税。但对因逾期未收回的包装物不再退还的或者已收取的时间超过12个月的押金，应并入应税消费品的销售额，按照应税消费品的适用税率缴纳消费税。

对既作价随同应税消费品销售，又另外收取押金的包装物的押金，凡纳税人在规定的期限内没有退还的，均应并入应税消费品的销售额，按照应税消费品的适用税率缴纳消费税。

对酒类产品生产企业销售酒类产品（黄酒、啤酒除外）而收取的包装物押金，无论押金是否返还与会计上如何核算，均需并入酒类产品的销售额中，依酒类产品的适用税率征收消费税。

（2）含增值税销售额的换算。

如果纳税人应税消费品的销售额中未扣除增值税税款或者因不得开具增值税专用发票而发生价款和增值税税款合并收取的，在计算消费税时，应将含增值税的销售额换算为不含增值税税款的销售额。其换算公式为：

应税消费品的销售额＝含增值税的销售额÷（1+增值税税率或者征收率）

2.从量定额计税

（1）销售数量的确认。

A.销售应税消费品的，为应税消费品的销售数量。

B.自产自用应税消费品的，为应税消费品的移送使用数量。

C.委托加工应税消费品的，为纳税人收回的应税消费品数量。

D.进口应税消费品的，为海关核定的应税消费品进口征税数量。

（2）计量单位的换算标准。

实行从量定额办法计算应纳税额的应税消费品，计量单位的换算标准如下：

A.黄酒1吨 = 962升。

B.啤酒1吨 = 988升。

C.汽油1吨 = 1 388升。

D.柴油1吨 = 1 176升。

E.航空煤油1吨=1 246升。

F.石脑油1吨=1 385升。

G.溶剂油1吨=1 282升。

H.润滑油1吨=1 126升。

I.燃料油1吨=1 015升。

3.从价定率和从量定额复合计税

现行消费税的征税范围中，只有卷烟、白酒采用复合计税方法。应纳税额等于应税销售数量乘以定额税率再加上应税销售额乘以比例税率。

4.应税消费品已纳税款扣除

为了避免重复征税，现行消费税规定，将外购应税消费品和委托加工收回的应税消费品继续生产应税消费品销售的，可以将外购应税消费品和委托加工收回应税消费品已缴纳的消费税给予扣除，按当期生产领用数量计算准予扣除外购和委托加工收回的应税消费品已纳的消费税税款。

纳税人用外购或委托加工收回的已税珠宝玉石生产的改在零售环节征收消费税的金银首饰，在计税时一律不得扣除外购或委托加工收回的珠宝玉石的已纳消费税税款。

允许扣除已纳税款的应税消费品只限于从工业企业购进的应税消费品和进口环节已缴纳消费税的应税消费品，对从境内商业企业购进应税消费品的已纳税款一律不得扣除。

5.自产自用应税消费品应纳税额

纳税人自产自用应税消费品用于连续生产应税消费品的，不纳税；凡用于其他方面的，应按照纳税人生产的同类消费品的销售价格计算纳税，没有同类消费品销售价格的，按照组成计税价格计算纳税。

实行从价定率办法计算纳税的组成计税价格计算公式：

组成计税价格=（成本+利润）÷（1-比例税率）

实行复合计税办法计算纳税的组成计税价格计算公式：

组成计税价格=（成本+利润+自产自用数量×定额税率）÷（1-比例税率）

6.委托加工应税消费品应纳税额

委托加工应税消费品，按照受托方的同类消费品的销售价格计算纳税；没有同类消费品销售价格的，按照组成计税价格计算纳税。

实行从价定率办法计算纳税的组成计税价格计算公式：

组成计税价格=（材料成本+加工费）÷（1-比例税率）

实行复合计税办法计算纳税的组成计税价格计算公式：

组成计税价格=（材料成本+加工费+委托加工数量×定额税率）÷（1-比例税率）

### （六）消费税征收管理

1.纳税义务发生时间

纳税人生产的应税消费品于销售时纳税。纳税人自产自用的应税消费品，用于连续生产应税消费品的，不纳税；用于其他方面的，于移送使用时纳税。

委托加工的应税消费品，除受托方为个人外，由受托方在向委托方交货时代收代缴税款。委托加工的应税消费品，委托方用于连续生产应税消费品的，所纳税款准予按规定抵扣。

进口的应税消费品，于报关进口时纳税。

（1）纳税人销售的应税消费品，其纳税义务发生时间为：

①采取赊销和分期收款结算方式的，为书面合同约定的收款日期的当天；书面合同没有约定收款日期或者无书面合同的，为发出应税消费品的当天。

②采取预收货款结算方式的，为发出应税消费品的当天。

③采取托收承付和委托银行收款方式的，为发出应税消费品并办妥托收手续的当天。

④采取其他结算方式的，为收讫销售款项或者取得索取销售款项凭据的当天。

（2）纳税人自产自用应税消费品的，其纳税义务发生时间为移送使用的当天。

（3）纳税人委托加工应税消费品的，其纳税义务发生时间为纳税人提货的当天。

（4）纳税人进口应税消费品的，其纳税义务发生时间为报关进口的当天。

2.纳税期限

消费税的纳税期限分别为1日、3日、5日、10日、15日、1个月或者1个季度。纳税人的具体纳税期限，由主管税务机关根据纳税人应纳税额的大小分别核定；不能按照固定期限纳税的，可以按次纳税。

纳税人以1个月或者1个季度为1个纳税期的，自期满之日起15日内申报纳税；以1日、3日、5日、10日或者15日为1个纳税期的，自期满之日起5日内预缴税款，于次月1日起15日内申报纳税并结清上月应纳税款。纳税人进口应税消费品，应当自海关填发海关进口消费税专用缴款书之日起15日内缴纳税款。

3.纳税地点

（1）纳税人销售的应税消费品，以及自产自用的应税消费品，除国务院财政、税务主管部门另有规定外，应当向纳税人机构所在地或者居住地的主管税务机关申报纳税。

（2）委托加工的应税消费品，除受托方为个人外，由受托方向机构所在地或者居住地的主管税务机关解缴消费税税款。

委托个人加工的应税消费品，由委托方向其机构所在地或者居住地主管税务机关申报纳税。

（3）进口的应税消费品，应当向报关地海关申报纳税。

**【例3-6】**（多选）根据消费税的规定，下列关于纳税人销售应税消费品的纳税义务发生时间，说法正确的有（　　）。

A.采取分期收款结算方式的，为书面合同约定的收款日期的当天，书面合同没有约定收款日期或者无书面合同的，为实际收到货款的当天

B.纳税人自产自用应税消费品的，为移送使用的当天

C.纳税人委托加工应税消费品的，为纳税人提货的当天

D.采取预收货款结算方式的，为发出应税消费品的当天

【解析】BCD。纳税人销售应税消费品的纳税义务发生时间，采取赊销和分期收款方式销售货物，为书面合同约定的收款日期的当天，无书面合同的或者书面合同没有约定收款日期的，为发出应税消费品的当天。

**【例3-7】**（判断）委托个体经营者加工的应税消费品，由受托方向其机构所在地或居住地主管税务机关申报缴纳消费税。（　　）

【解析】×。委托个人加工的应税消费品，由委托方向其机构所在地或者居住地主管税务机关申报纳税。

## 三、营业税[①]

营业税法是指国家制定的用以调整营业税征收与缴纳之间权利及义务关系的法律规范。现行营业税的基本规范，是2008年11月5日国务院第34次常务会议修订通过的《中华人民共和国营业税暂行条例》（以下简称《营业税暂行条例》）和2008年12月15日财政部、国家税务总局第52号令发布的《中华人民共和国营业税暂行条例实施细则》（以下简称《营业税暂行条例实施细则》）。

### （一）营业税的概念

营业税是对在我国境内提供应税劳务、转让无形资产（不包括“营改增”中的转让商标权、转让著作权、转让专利权、转让非专利权，下同）或销售不动产的单位和个人，就其所取得的营业额征收的一种流转税。应税劳务是指属于建筑业、文化体育业、金融保险业、娱乐业、部分服务业税目征收范围的劳务。从事上述业务应缴纳营业税，不同的税目税率会有差异，税率从3%到20%不等。

### （二）营业税纳税人和扣缴义务人

在中华人民共和国境内提供应税劳务、转让无形资产或者销售不动产的单位和个人，为营业税的纳税人。营业税的扣缴义务人是指根据税法的规定，负有扣缴纳税人应纳税款义务的单位和个人。

中华人民共和国境外的单位或者个人在境内提供应税劳务、转让无形资产或者销售不动产，在境内未设有经营机构的，以其境内代理人为扣缴义务人；在境内没有代理人的，以受让方或者购买方为营业税扣缴义务人。

在中华人民共和国境内（以下简称境内）提供应税劳务、转让无形资产或者销售不动产，是指：

（1）提供或者接受应税劳务的单位或者个人在境内。

（2）所转让的无形资产（不含土地使用权）的接受单位或者个人在境内。

（3）所转让或者出租土地使用权的土地在境内。

（4）所销售或者出租的不动产在境内。

---

① 自2016年5月1日起，我国全面推行“营改增”政策，营业税自此退出历史舞台。

单位是指企业、行政单位、事业单位、军事单位、社会团体及其他单位。

个人是指个体工商户和其他有经营行为的个人。

**（三）营业税的税目、税率**

1.营业税税目

营业税税目按行业、类别的不同分别设置。目前，税目为7个，包括：

（1）建筑业。

建筑业是指建筑安装工程作业。

本税目的征收范围包括建筑、安装、修缮、装饰、其他工程作业。

（2）金融保险业。

金融保险业是指经营金融、保险的业务。

金融是指经营货币资金融通活动的业务，包括贷款、融资租赁、金融商品转让、金融经纪业、邮政储蓄业务和其他金融业务（注：有形动产融资租赁，已纳入“营改增”）。

保险是指将通过契约形式集中起来的资金，用以补偿被保险人的经济利益的业务。

（3）文化体育业。

文化体育业是指经营文化、体育活动的业务，包括文化业和体育业。

文化业是指经营文化活动的业务，包括表演、播映、其他文化业。

体育业是指举办各种体育比赛和为体育比赛或体育活动提供场所的业务。

（4）娱乐业。

娱乐业是指为娱乐活动提供场所和服务的业务。

本税目征收范围包括经营歌厅、舞厅、卡拉OK歌舞厅、音乐茶座、台球、高尔夫球、保龄球、游艺场等娱乐场所，以及娱乐场所为顾客进行娱乐活动提供服务的业务。

（5）服务业（部分）。

服务业是指利用设备、工具、场所、信息或技能为社会提供服务的业务。

本税目的征收范围包括代理业、旅店业、饮食业、旅游业、租赁业和其他服务业（注：仓储业和广告业及有形动产的经营租赁，广告代理服务、知识产权代理服务、货物运输代理服务、代理报关服务、客运场站代理服务、代理记账服务、邮政代理服务，已纳入“营改增”）。

（6）转让无形资产。

转让无形资产是指转让无形资产的所有权或使用权的行为，包括转让土地使用权、转让自然资源使用权（注：转让商标权、转让专利权、转让非专利技术、转让著作权和转让商誉，已纳入“营改增”）。

（7）销售不动产。

销售不动产是指有偿转让不动产所有权的行为，包括销售建筑物或构筑物、销售其他土地附着物。

2013年8月1日起，交通运输业（铁路运输业除外）和部分现代服务业“营改增”试点在全国范围内推开；2014年1月1日起，铁路运输业和邮政服务业纳入“营改增”试点。至此，交通运输业已全部纳入“营改增”范围。

2.营业税税率

营业税按行业、类别的不同实行有差别的比例税率，具体规定为：

（1）建筑业、文化体育业，税率为3%。

（2）服务业（部分）、金融保险业、销售不动产、转让无形资产，税率为5%。

（3）娱乐业执行5%~20%的幅度税率，具体适用的税率由各省、自治区、直辖市人民政府根据当地的实际情况在税法规定的幅度内决定。

**（四）营业税应纳税额**

纳税人的营业额为纳税人提供应税劳务、转让无形资产或者销售不动产收取的全部价款和价外费用。价外费用包括收取的手续费、补贴、基金、集资费、返还利润、奖励费、违约金、滞纳金、延期付款利息、赔偿金、代收款项、代垫款项、罚息及其他各种性质的价外收费，但不包括同时符合以下条件代为收取的政府性基金或者行政事业性收费：

（1）由国务院或者财政部批准设立的政府性基金，由国务院或者省级人民政府及其财政、价格主管部门批准设立的行政事业性收费。

（2）收取时开具省级以上财政部门印制的财政票据。

（3）所收款项全额上缴财政。

纳税人兼有不同税目应税行为的，应当分别核算，未分别核算营业额的从高适用税率。营业税的计算公式为：

应纳税额=营业额×适用税率

**【例3-8】**（单选）下列各项中，属于营业税纳税人的是（　　）。

A.销售小汽车的销售公司　　B.提供交通运输业的运输公司

C.提供娱乐服务的俱乐部　　D.提供邮政服务的邮电局

【解析】C。本题考核营业税的纳税人。选项A销售小汽车的销售公司属于增值税纳税人，选项B提供交通运输业的运输公司和选项D提供邮政服务的邮电局属于“营改增”的范围，属于增值税纳税人。

**【例3-9】**（单选）某建筑企业2014年1月份提供一项建筑工程劳务，取得劳务价款5 000万元，支付职工工资等支出1 000万元。则该企业当月应缴纳的营业税为（　　）万元。

A.120　　B.150　　C.200　　D.250

【解析】B。本题考核营业税的计算。应缴纳的营业税=5 000×3%=150（万元）。

**（五）营业税征收管理**

1.纳税义务发生时间

营业税纳税义务发生时间为纳税人提供应税劳务、转让无形资产或者销售不动产并收讫营业收入款项或者取得索取营业收入款项凭据的当天。国务院财政、税务主管部门另有规定的，从其规定。

营业税扣缴义务发生时间为纳税人营业税纳税义务发生的当天。

（1）纳税人转让土地使用权或者销售不动产，采用预收款方式的，其纳税义务发生时间为收到预收款的当天。

（2）纳税人自建建筑物销售，其纳税义务发生时间，为其销售自建建筑物并收讫营业收入款项或者取得索取营业收入款项凭据的当天。

（3）纳税人将不动产无偿赠与他人，其纳税义务发生时间为不动产所有权转移的当天。

2.纳税期限

营业税的纳税期限分别为5日、10日、15日、1个月或者1个季度。纳税人的具体纳税期限，由主管税务机关根据纳税人应纳税额的大小分别核定；不能按照固定期限纳税的，可以按次纳税。

纳税人以1个月或者1个季度为1个纳税期的，自期满之日起15日内申报纳税；以5日、10日或者15日为1个纳税期的，自期满之日起5日内预缴税款，于次月1日起15日内申报纳税并结清上月应纳税款。

3.纳税地点

营业税的纳税地点实行属地征收管理，是根据纳税人的情况和便于征收管理的原则确定的。

（1）纳税人提供应税劳务应当向其机构所在地或者居住地的主管税务机关申报纳税。但是，纳税人提供的建筑业劳务以及国务院财政、税务主管部门规定的其他应税劳务，应当向应税劳务发生地的主管税务机关申报纳税。

（2）纳税人转让无形资产应当向其机构所在地或者居住地的主管税务机关申报纳税。但是，纳税人转让、出租土地使用权，应当向土地所在地的主管税务机关申报纳税。

（3）纳税人销售、出租不动产应当向不动产所在地的主管税务机关申报纳税。

扣缴义务人应当向其机构所在地或者居住地的主管税务机关申报缴纳其扣缴的税款。

## 四、企业所得税

企业所得税法是指国家规定的用以调整企业所得税征收与缴纳之间权利及义务关系的法律规范。现行企业所得税法的基本规范，是2007年3月16日第十届全国人民代表大会第五次会议全体通过的《中华人民共和国企业所得税法》（以下简称《企业所得税法》）和2007年11月28日国务院第197次常务会议通过的《中华人民共和国企业所得税法实施条例》（以下简称《企业所得税法实施条例》）。

### （一）企业所得税的概念

企业所得税是对我国境内的企业和其他取得收入的组织的生产经营所得和其他所得征收的一种税。其中，企业分为居民企业和非居民企业。居民企业是指依法在中国境内成立，或者依照外国（地区）法律成立但实际管理机构在中国境内的企业。非居民企业是指依照外国（地区）法律成立且实际管理机构不在中国境内，但在中国境内设立机构、场所的，或者在中国境内未设立机构、场所，但有来源于中国境内所得的企业。

### （二）企业所得税征税对象

企业所得税征税对象是指企业的生产经营所得、其他所得和清算所得。

居民企业应当就其来源于中国境内、境外的所得缴纳企业所得税。

非居民企业在中国境内设立机构、场所的，应当就其所设机构、场所取得的来源于中国境内的所得，以及发生在中国境外但与其所设机构、场所有实际联系的所得，缴纳企业所得税。

非居民企业在中国境内未设立机构、场所的，或者虽设立机构、场所但取得的所得与其所设机构、场所没有实际联系的，应当就其来源于中国境内的所得缴纳企业所得税。

所得来源的具体确定方法：

（1）销售货物所得，按照交易活动发生地确定。

（2）提供劳务所得，按照劳务发生地确定。

（3）转让财产所得，不动产转让所得按照不动产所在地确定，动产转让所得按照转让动产的企业或者机构、场所所在地确定，权益性投资资产转让所得按照被投资企业所在地确定。

（4）股息、红利等权益性投资所得，按照分配所得的企业所在地确定。

（5）利息所得、租金所得、特许权使用费所得，按照负担、支付所得的企业或者机构、场所所在地确定，或者按照负担、支付所得的个人的住所地确定。

（6）其他所得，由国务院财政、税务主管部门确定。

**（三）企业所得税税率**

企业所得税实行比例税率，现行规定是：

（1）基本税率为25%。适用于居民企业和在中国境内设立机构、场所且所得与其所设机构、场所有实际联系的非居民企业。

（2）低税率为20%。适用于在中国境内未设立机构、场所的，或者虽设立机构、场所但取得的所得与其所设机构、场所没有实际联系的非居民企业就其来源于中国境内的所得缴纳企业所得税。但实际征收时，适用10%的税率。

**（四）企业所得税应纳税所得额**

应纳税所得额是指企业每一纳税年度的收入总额，减除不征税收入、免税收入、各项扣除以及允许弥补的以前年度亏损后的余额。其基本公式为：

$$\text{应纳税所得税}=\text{收入总额}-\text{不征税收入}-\text{免税收入}-\text{各项扣除}-\text{允许弥补的以前年度亏损}$$

1.收入总额

企业以货币形式和非货币形式从各种来源取得的收入，为收入总额，包括纳税人来源于中国境内、境外的生产经营收入和其他收入。

2.不征税收入

不征税收入是指从性质上不属于企业营利性活动带来的经济利益、不负有纳税义务并作为应纳税所得额组成部分的收入。其具体为：

（1）财政拨款。

（2）依法收取并纳入财政管理的行政事业性收费、政府性基金。

（3）国务院规定的其他不征税收入。

3.免税收入

免税收入包括：

（1）国债利息收入。

（2）符合规定条件的居民企业之间的股息、红利等权益性投资收益。

（3）在中国境内设立机构、场所的非居民企业从居民企业取得与该机构、场所有实际联系的股息、红利等权益性投资收益。

（4）符合规定条件的非营利组织的收入。

4.准予扣除的项目

《企业所得税法》规定，企业实际发生的与取得收入有关的、合理的支出，包括成本、费用、税金、损失和其他支出，准予在计算应纳税所得额时扣除。

（1）成本。成本是指企业在生产经营活动中发生的销售成本、销货成本、业务支出以及其他耗费。

（2）费用。费用是指企业在生产经营活动中发生的销售费用、管理费用和财务费用，已经计入成本的有关费用除外。

（3）税金。税金是指企业发生的除企业所得税和允许抵扣的增值税以外的企业缴纳的各项税金及其附加。

（4）损失。损失是指企业在生产经营活动中发生的固定资产和存货的盘亏、毁损、报废损失，转让财产损失，呆账损失，坏账损失，自然灾害等不可抗力因素造成的损失以及其他损失。

企业发生的损失，减除责任人赔偿和保险赔款后的余额，依照国务院财政、税务主管部门的规定扣除。

企业已经作为损失处理的资产，在以后纳税年度又全部收回或者部分收回时，应当计入当期收入。

（5）其他支出。其他支出是指除成本、费用、税金、损失外，企业在生产经营活动中发生的与生产经营活动有关的、合理的支出。

在实际中，计算应纳税所得额时还应注意三方面的内容：①企业发生的支出应当区分收益性支出和资本性支出。收益性支出在发生当期直接扣除；资本性支出应当分期扣除或者计入有关资产成本，不得在发生当期直接扣除。②企业的不征税收入用于支出所形成的费用或者财产，不得扣除或者计算对应的折旧、摊销扣除。③除企业所得税法和本条例另有规定外，企业实际发生的成本、费用、税金、损失和其他支出，不得重复扣除。

5.不得扣除的项目

在计算应纳税所得额时，下列支出不得扣除：

（1）向投资者支付的股息、红利等权益性投资收益款项。

（2）企业所得税税款。

（3）税收滞纳金。

（4）罚金、罚款和被没收财物的损失。

（5）超过规定标准的捐赠支出（企业发生的公益性捐赠支出，在年度利润总额12%以内的部分，准予在计算应纳税所得额时扣除）。

（6）赞助支出。

（7）未经核定的准备金支出。

（8）企业之间支付的管理费、企业内营业机构之间支付的租金和特许权使用费，以及非银行企业内营业机构之间支付的利息，不得扣除。

（9）与取得收入无关的其他支出。

6.职工福利费、工会经费和职工教育经费支出的税前扣除

（1）企业发生的职工福利费支出，不超过工资薪金总额14%的部分，准予扣除。

（2）企业拨缴的工会经费，不超过工资薪金总额2%的部分，准予扣除。

（3）除国务院财政、税务主管部门另有规定外，企业发生的职工教育经费支出，不超过工资薪金总额2.5%的部分，准予扣除；超过部分，准予在以后纳税年度结转扣除。

7.亏损弥补

亏损是指企业依照《企业所得税法》和《企业所得税法实施条例》的规定，将每一纳税年度的收入总额减除不征税收入、免税收入和各项扣除后小于零的数额。税法规定，企业纳税年度发生的亏损，准予向以后年度结转，用以后年度的所得弥补，但结转年限最长不得超过5年。

**【例3-10】**（单选）飞腾公司2014年度实现利润总额为320万元，无其他纳税调整事项。经税务机关核实的2013年度亏损额为300万元。该公司的企业所得税适用25%的税率。该公司2014年度应缴纳的企业所得税税额为（　　）万元。

A.105.6　　B.5　　C.5.4　　D.3.6

【解析】B。本题考核企业所得税的计算。

2011年度应缴纳的企业所得税税额＝（320－300）×25%＝5（万元）

## （五）企业所得税征收管理

1.纳税地点

（1）除税收法律、行政法规另有规定外，居民企业以企业登记注册地为纳税地点；但登记注册地在境外的，以实际管理机构所在地为纳税地点。居民企业在中国境内设立不具有法人资格的营业机构的，应当汇总计算并缴纳企业所得税。

（2）非居民企业在中国境内设立机构、场所的，应当就其所设机构、场所取得的来源于中国境内所得，以及发生在中国境外但与其所设机构、场所有实际联系的所得，以机构、场所所在地为纳税地点。非居民企业在中国境内设立两个或者两个以上机构、场所的，经税务机关审核批准，可以选择由其主要机构、场所汇总缴纳企业所得税。

（3）非居民企业在中国境内未设立机构、场所的，或者虽设立机构、场所但取得的所得与其所设机构、场所没有实际联系的，以扣缴义务人所在地为纳税地点。

（4）除国务院另有规定外，企业之间不得合并缴纳企业所得税。

2.纳税期限

企业所得税按年计征，分月或者分季预缴，年终汇算清缴，多退少补。

企业所得税按纳税年度计算。纳税年度自公历1月1日起至12月31日止。企业在一个纳税年度中间开业，或者终止经营活动，使该纳税年度的实际经营期不足12个月的，应当以其实际经营期为1个纳税年度。企业依法清算时，应当以清算期间作为1个纳税年度。

3.纳税申报

企业所得税分月或者分季预缴。企业应当自月份或者季度终了之日起15日内，向税务机关报送预缴企业所得税纳税申报表，预缴税款。

企业根据《企业所得税法》规定分月或者分季预缴企业所得税时，应当按照月度或者季度的实际利润额预缴；按照月度或者季度的实际利润额预缴有困难的，可以按照上一纳税年度应纳税所得额的月度或者季度平均额预缴，或者按照经税务机关认可的其他方法预缴。预缴方法一经确定，该纳税年度内不得随意变更。

企业应当自年度终了之日起5个月内，向税务机关报送年度企业所得税纳税申报表，并汇算清缴，结清应缴应退税款。

企业在报送企业所得税纳税申报表时，应当按照规定附送财务会计报告和其他有关资料。

企业在年度中间终止经营活动的，应当自实际经营终止之日起60日内，向税务机关办理当期企业所得税汇算清缴。

企业应当在办理注销登记前，就其清算所得向税务机关申报并依法缴纳企业所得税。

企业所得税以人民币计算。所得以人民币以外的货币计算的，应当折合成人民币计算并缴纳税款。

## 五、个人所得税

个人所得税法是指国家制定的用以调整个人所得税征收与缴纳之间权利及义务关系的法律规范。现行个人所得税的基本规范是1980年9月10日第五届全国人民代表大会第三次会议制定、根据2011年6月30日第十一届全国人民代表大会常务委员会第二十一次会议决定修改的《中华人民共和国个人所得税法》（以下简称《个人所得税法》），以及2011年7月19日修改的《中华人民共和国个人所得税法实施条例》（以下简称《个人所得税法实施条例》）。

### （一）个人所得税概念

个人所得税是以自然人取得的各类应税所得为征税对象而征收的一种所得税，是政府利用税收对个人收入进行调节的一种手段。个人所得税的纳税人不仅包括个人，还包括具有自然人性质的企业。

### （二）个人所得税纳税义务人

个人所得税纳税义务人，包括中国公民、个体工商户、个人独资企业、合伙企业投资者以及在中国有所得的外籍人员（包括无国籍人员，下同）和中国香港、中国澳门、中国台湾同胞。上述纳税义务人依据住所和居住时间两个标准，区分为居民和非居民，分别承担不同的纳税义务。

1.居民纳税义务人

居民纳税义务人是指在中国境内有住所，或者无住所而在中国境内居住满1年，从中国境内和境外取得所得的个人。

居民纳税义务人负有无限纳税义务。其所取得的应纳税所得，无论是来源于中国境内还是中国境外任何地方，都要在中国缴纳个人所得税。

2.非居民纳税义务人

非居民纳税义务人是在中国境内无住所又不居住或者无住所而在境内居住不满1年，从中国境内取得所得的个人。

非居民纳税义务人承担有限纳税义务，仅就其来源于中国境内的所得，向中国缴纳个人所得税。

自2000年1月1日起，个人独资企业和合伙企业投资者均为个人所得税的纳税义务人。

**【例3-11】**（多选）根据个人所得税法律制度的规定，可以将个人所得税的纳税义务人区分为居民纳税义务人和非居民纳税义务人，依据的标准有（　　）。

A.境内有无住所　　　　　　B.境内工作时间

C.取得收入的工作地　　　　D.境内居住时间

【解析】AD。本题考核个人所得税纳税义务人的判断标准。我国个人所得税纳税义务人依据住所和居住时间两个标准，区分为居民和非居民，分别承担不同的纳税义务。

**（三）个人所得税的应税项目和税率**

1.个人所得税应税项目

（1）工资、薪金所得。

工资、薪金所得是指个人因任职或者受雇而取得的工资、薪金、奖金、年终加薪、劳动分红、津贴、补贴以及与任职或者受雇有关的其他所得。

（2）个体工商户的生产、经营所得。

个体工商户的生产、经营所得是指：

①个体工商户从事工业、手工业、建筑业、交通运输业、商业、饮食业、服务业、修理业以及其他行业取得的所得。

②个人经政府有关部门批准，取得执照，从事办学、医疗、咨询以及其他有偿服务活动取得的所得。

③上述个体工商户和个人取得的与生产、经营有关的各项应纳税所得。

④个人因从事彩票代销业务而取得的所得，应按照个体工商户的生产、经营所得项目计征个人所得税。

⑤从事个体出租车运营的出租车驾驶员取得的收入，按个体工商户的生产、经营所得项目缴纳个人所得税。

⑥个体工商户和从事生产、经营的个人，取得与生产、经营活动无关的其他各项应税所得，应分别按照其他应税项目的有关规定，计算征收个人所得税。

⑦个人独资企业、合伙企业的个人投资者以企业资本为本人、家庭成员及其相关人员支付与企业生产经营无关的消费性支出及购买汽车、住房等财产性支出，视为企业对个人投资者利润分配，并入投资者个人的生产经营所得，依照个体工商户的生产、经营所得项目计征个人所得税。

其他个人从事个体工商业生产、经营取得的所得。

（3）对企业、事业单位的承包经营、承租经营所得。

对企事业单位的承包经营、承租经营所得是指个人承包经营、承租经营以及转包、转租取得的所得，包括个人按月或者按次取得的工资、薪金性质的所得。

（4）劳务报酬所得。

劳务报酬所得是指个人从事设计、装潢、安装、制图、化验、测试、医疗、法律、会计、咨询、讲学、新闻、广播、翻译、审稿、书画、雕刻、影视、录音、录像、演出、表演、广告、展览、技术服务、介绍服务、经纪服务、代办服务以及其他劳务取得的所得。

（5）稿酬所得。

稿酬所得是指个人因其作品以图书、报刊形式出版、发表而取得的所得。

（6）特许权使用费所得。

特许权使用费所得是指个人提供专利权、商标权、著作权、非专利技术以及其他特许权的使用权取得的所得；提供著作权的使用权取得的所得，不包括稿酬所得。

（7）利息、股息、红利所得。

利息、股息、红利所得是指个人拥有债权、股权而取得的利息、股息、红利所得。

（8）财产租赁所得。

财产租赁所得是指个人出租建筑物、土地使用权、机器设备、车船以及其他财产取得的所得。

（9）财产转让所得。

财产转让所得是指个人转让有价证券、股权、建筑物、土地使用权、机器设备、车船以及其他财产取得的所得。

（10）偶然所得。

偶然所得是指个人得奖、中奖、中彩以及其他偶然性质的所得。

（11）经国务院财政部门确定征税的其他所得。

除上述列举的各项个人应税所得外，其他确有必要征税的个人所得，由国务院财政部门确定。个人取得的所得，难以界定应纳税所得项目的，由主管税务机关确定。

2.个人所得税税率

个人所得税税率按所得项目不同分别确定。

（1）工资、薪金所得。

工资、薪金所得适用3%～45%七级超额累进税率（见表3-2）。

表3-2 **工资、薪金所得个人所得税税率表**

| 级数 | 全月含税应纳税所得额 | 税率(%) | 速算扣除数(元) |
|---|---|---|---|
| 1 | 不超过1 500元的部分 | 3 | 0 |
| 2 | 超过1 500～4 500元的部分 | 10 | 105 |
| 3 | 超过4 500～9 000元的部分 | 20 | 555 |
| 4 | 超过9 000～35 000元的部分 | 25 | 1 005 |
| 5 | 超过35 000～55 000元的部分 | 30 | 2 755 |
| 6 | 超过55 000～80 000元的部分 | 35 | 5 505 |
| 7 | 超过80 000元的部分 | 45 | 13 505 |

注：本表所称全月含税应纳税所得额是指依照税法规定，以每月收入额减除费用3 500元以及附加减除费用后的余额。

（2）个体工商户的生产、经营所得和对企事业单位的承包经营、承租经营所得。

个体工商户的生产、经营所得和对企事业单位的承包经营、承租经营所得适用5%～35%五级超额累进税率（见表3-3）。

表3-3 个体工商户的生产、经营所得和对企事业单位的承包经营、承租经营所得个人所得税税率表

| 级数 | 全年含税应纳税所得额 | 税率(%) | 速算扣除数(元) |
|---|---|---|---|
| 1 | 不超过15 000元的部分 | 5 | 0 |
| 2 | 超过15 000～30 000元的部分 | 10 | 750 |
| 3 | 超过30 000～60 000元的部分 | 20 | 3 750 |
| 4 | 超过60 000～100 000元的部分 | 30 | 9 750 |
| 5 | 超过100 000元的部分 | 35 | 14 750 |

注：本表所称全年含税应纳税所得额，对个体工商户的生产、经营所得，是指以每一纳税年度的收入总额，减除成本、费用以及损失后的余额；对企事业单位的承包经营、承租经营所得，是指以每一纳税年度的收入总额，减除必要费用后的余额。

个人独资企业和合伙企业的生产、经营所得，也适用5%～35%五级超额累进税率。

（3）稿酬所得适用20%的比例税率，并按应纳税额减征30%，其实际税率为14%。

（4）劳务报酬所得适用20%比例税率。对劳务报酬所得一次收入畸高的，可以实行加成征收，具体办法由国务院规定。

劳务报酬所得一次收入畸高，是指个人一次取得劳务报酬，其应纳税所得额超过20 000元。对应纳税所得额超过20 000～50 000元的部分，依照税法规定计算应纳税额后再按照应纳税额加征五成；超过50 000元的部分，加征十成。因此，劳务报酬所得实际上适用20%、30%、40%的三级超额累进税率（见表3-4）。

表3-4 劳务报酬所得个人所得税税率表

| 级数 | 每次应纳税所得额 | 税率(%) | 速算扣除数(元) |
|---|---|---|---|
| 1 | 不超过20 000元的部分 | 20 | 0 |
| 2 | 超过20 000～50 000元的部分 | 30 | 2 000 |
| 3 | 超过50 000元的部分 | 40 | 7 000 |

注：本表所称每次应纳税所得额，是指每次收入额减除费用800元（每次收入额不超过4 000元时）或者减除20%的费用（每次收入额超过4 000元时）后的余额。

（5）特许权使用费所得，利息、股息、红利所得，财产租赁所得，财产转让所得，偶然所得和其他所得，适用20%的比例税率。

出租居民住房适用10%的税率。自2007年8月15日起，居民储蓄利息税税率调为5%。

**【例3-12】**（多选）根据个人所得税的规定，以下各项所得适用累进税率形式的有（　　）。

A. 工资、薪金所得　　　　　　B. 个体工商户生产、经营所得

C. 财产转让所得　　　　　　　D. 承包、承租经营所得

【解析】ABD。本题考核个人所得税的税率。对于财产转让所得适用的是比例税率，税率为20%。

**【例3-13】**（判断）某演员取得一次性的演出收入21 000万元，对此应实行加成征收办法计算个人所得税。（　　）

【解析】×。本题考核个人所得税中劳务报酬所得的处理。劳务报酬的加成征收是对一次取得劳务收入扣除费用后的所得额超过20 000元时适用，21 000×（1-20%）=16 800（元），故不适用加成征收。

### （四）个人所得税应纳税所得额

1. 工资、薪金所得

工资、薪金所得，以每月收入额减除费用3 500元后的余额为应纳税所得额。

工资、薪金所得应纳税额的计算公式为：

应纳税额=应纳税所得额×适用税率-速算扣除数

　　　　=（每月收入额-3 500）×适用税率－速算扣除数

2. 个体工商户的生产、经营所得

个体工商户的生产、经营所得，以每一纳税年度的收入总额，减除成本、费用以及损失后的余额，为应纳税所得额。个体工商户业主的费用扣除标准为42 000元/年（3 500元/月）；个体户向其从业人员实际支付的合理的工资、薪金支出，允许在税前据实扣除，个体工商户业主的工资薪金支出不得在税前扣除。

个人独资企业和合伙企业每一纳税年度的收入总额减除成本、费用以及损失后的余额，作为投资者个人的生产、经营所得，比照个体工商户的生产、经营所得应税项目，适用5%～35%五级超额累进税率，计算征收个人所得税。

个体工商户的生产、经营所得应纳税额的计算公式为：

应纳税额=应纳税所得额×适用税率-速算扣除数

　　　　=（全年收入总额-成本、费用及损失-3 500×12）×适用税率-速算扣除数

3. 对企事业单位的承包经营、承租经营所得

对企事业单位的承包经营、承租经营所得，以每一纳税年度的收入总额，减除必要费用后的余额，为应纳税所得额。减除必要费用是指按月减除3 500元。

4. 劳务报酬所得、稿酬所得、特许权使用费所得、财产租赁所得

劳务报酬所得、稿酬所得、特许权使用费所得、财产租赁所得，每次收入不超过4 000元的，减除费用800元；4 000元以上的，减除20%的费用，其余额为应纳税所得额。

（1）劳务报酬所得，其个人所得税应纳税额的计算公式为：

①每次收入不足4 000元的：

应纳税额=应纳税所得额×适用税率

　　　　=（每次收入额-800）×20%

②每次收入在4 000元以上但不超过20 000元的：

应纳税额=应纳税所得额×适用税率

=每次收入额×（1-20%）×20%

③每次收入的应纳税所得额超过20 000元的：

应纳税额=应纳税所得额×适用税率-速算扣除数

=每次收入额×（1-20%）×适用税率-速算扣除数

（2）稿酬所得，其个人所得税应纳税额的计算公式为：

①每次收入不足4 000元的：

应纳税额=应纳税所得额×适用税率×（1-30%）

=（每次收入额－800）×20%×（1-30%）

②每次收入在4 000元以上的：

应纳税额=应纳税所得额×适用税率×（1-30%）

=每次收入额×（1-20%）×20%×（1-30%）

5.财产转让所得

财产转让所得，以转让财产的收入额减除财产原值和合理费用后的余额，为应纳税所得额。

6.利息、股息、红利所得及其他所得

利息、股息、红利所得，偶然所得和其他所得，以每次收入额为应纳税所得额。

**（五）个人所得税征收管理**

个人所得税的纳税办法有自行申报纳税和代扣代缴两种。

1.自行申报纳税

自行申报纳税是指由纳税人自行在税法规定的纳税期限内，向税务机关申报取得的应税所得项目和数额，如实填写个人所得税纳税申报表，并按照税法规定计算应纳税额，据此缴纳个人所得税的一种方法。

自行申报纳税的纳税义务人包括：

（1）自2006年1月1日起，年所得12万元以上的；

（2）从中国境内两处或者两处以上取得工资、薪金所得的；

（3）从中国境外取得所得的；

（4）取得应纳税所得，没有扣缴义务人的；

（5）国务院规定的其他情形。

2.代扣代缴

代扣代缴是指按照税法规定负有扣缴税款义务的单位或者个人，在向个人支付应纳税所得时，应计算应纳税额，从其所得中扣除并缴入国库，同时向税务机关报送扣缴个人所得税报告表。

个人所得税，以所得人为纳税义务人，以支付所得的单位或者个人为扣缴义务人。

凡支付个人应纳税所得的企事业单位、机关、社会团体、军队、驻华机构（不含依法享有外交特权的驻华使馆、联合国及国际组织驻华机构）、个体户等单位或者个人，为个人所得税的扣缴义务人。

代扣代缴的范围包括：工资、薪金所得；对企事业单位的承包经营、承租经营所得；劳务报酬所得；稿酬所得、特许权使用费所得；利息、股息、红利所得；财产租赁所得；财产转让所得；偶然所得；经国务院财政部门确定征税的其他所得。

## 实务指南

### 企业所得税计算实例

某企业（一般纳税人，增值税税率为17%）2012年应纳税所得额为-10万元，2013年应纳税所得额为-15万元，2014年有关经营情况为：

（1）实现产品销售收入1 600万元，取得国债利息收入24万元。

（2）产品销售成本为1 200万元；产品销售费用为45万元；上缴增值税58万元、消费税85万元、城市维护建设税10.01万元、教育费附加4.29万元。

（3）2月1日向银行借款50万元用于生产、经营，借期为半年，银行年贷款利率为6%，支付利息1.5万元。

（4）管理费用为137万元（无超标业务招待费）。

（5）全年购买机器设备5台，共支付24万元；改建厂房支付100万元。

解析：

（1）国债利息收入24万元免交所得税；

（2）上缴增值税58万元不得在所得税前扣除；

（3）购买机器设备、改建厂房支出属于资本性支出，不得在税前扣除；

（4）应税所得额=1 600-1 200-45-85-10.01-4.29-1.5-137=117.2（万元）

补亏后应纳税所得额=117.2-10-15=92.2（万元）

应纳企业所得税=92.2×25%=23.05（万元）

## 考场指南

1.增值税

（1）类型：生产型、收入型、消费型。

（2）纳税人：一般纳税人、小规模纳税人。

（3）税率：基本税率、低税率、零税率、征收率。

（4）一般纳税人应纳税额=当期销项税额－当期进项税额

（5）小规模纳税人应纳税额=销售额×征收率

（6）征收管理：纳税义务发生时间（以开发票、收讫货款、发货为标志）、纳税期限、纳税地点。

2.消费税

（1）计税方法：从价定率、从量定额、复合计税。

（2）税目：15个。

（3）税率：根据不同的税目或子目确定相应的税率或单位税额。

（4）应纳税额=销售额×适用税率

=销售数量×单位税额

=销售数量×单位税额＋销售额（或组成计税价格）×适用税率

(5) 征收管理：纳税义务发生时间（以开发票、收讫货款、发货为标志)、纳税期限、纳税地点。

3. 营业税

(1) 税目：7个。

(2) 税率：按照行业、类别的不同分别采用不同的比例税率（3%、5%、5%～20%)。

(3) 应纳税额=营业额×适用税率

(4) 征收管理：纳税义务发生时间、纳税期限、纳税地点。

4. 企业所得税

(1) 征税对象：居民企业、非居民企业。

(2) 税率：25%、20%、10%。

(3) 应纳税所得额=收入总额－不征税收入－免税收入－各项扣除－允许弥补的以前年度亏损

(4) 不征税收入：财政拨款、依法收取并纳入财政管理的行政事业性收费、政府性基金、其他。

(5) 征收管理：纳税义务发生时间、纳税期限、纳税地点。

5. 个人所得税

(1) 征税对象：居民纳税人、非居民纳税人。

(2) 税目：11个。

(3) 税率：超额累进税率、比例税率。

(4) 征收管理：自行申报纳税、代扣代缴。

# 第三节 税收征管

税务管理是指税务机关在税收征收管理中对征纳过程实施的基础性的管理制度和管理行为。税务管理主要包括税务登记、发票管理和纳税申报三个环节。

## 一、税务登记

税务登记又称纳税登记，是税务机关依据税法规定，对纳税人的生产、经营活动进行登记管理的一项法定制度，也是纳税人依法履行纳税义务的法定手续。

《税务登记管理办法》规定，凡有法律、法规规定的应税收入、应税财产或应税行为的各类纳税人（企业，企业在外地设立的分支机构和从事生产、经营的场所，个体工商户，从事生产、经营的事业单位)，均应当办理税务登记。前款规定以外的纳税人，除国家机关、个人和无固定生产、经营场所的流动性农村小商贩外，也应当办理税务登记。扣缴义务人（国家机关除外）应当在发生扣缴义务时，到税务机关申报登记，领取扣缴税款凭证。

税务登记种类包括：开业登记，变更登记，停业、复业登记，注销登记，外出经营报验登记，纳税人税种登记，扣缴义务人扣缴税款登记等。

**【例3-14】**（判断）凡有法律、法规规定的应税收入、应税财产或者应税行为的各

类纳税人，均应当按照法律规定办理税务登记。(　　)

【解析】√。本题考核税务登记的范围。凡有法律、法规规定的应税收入、应税财产或者应税行为的各类纳税人，均应当按照《征管法》及其实施细则和国家税务总局印发的《税务登记管理办法》规定办理税务登记。

**(一) 开业登记**

开业登记是指从事生产、经营的纳税人，经国家工商行政管理部门批准开业后办理的纳税登记。

1.开业登记的对象

开业登记的纳税人分以下两类：①领取营业执照从事生产、经营的纳税人，包括企业，企业在外地设立的分支机构和从事生产、经营的场所，个体工商户，从事生产、经营的事业单位；②其他纳税人。根据有关规定，不从事生产、经营，但依照法律、法规的规定负有纳税义务的单位和个人，除临时取得应税收入或发生应税行为以及只缴纳个人所得税、车船税的外，都应按规定向税务机关办理税务登记。

2.开业登记的时间和地点

(1) 从事生产、经营的纳税人，应当自领取工商营业执照之日起30日内，向生产、经营地或者纳税义务发生地的主管税务机关申报办理税务登记，如实填写税务登记表并按照税务机关的要求提供有关证件、资料。

(2) 其他纳税人，除国家机关、个人和无固定生产、经营场所的流动性农村小商贩外，均应当自纳税义务发生之日起30日内，向纳税义务发生地税务机关申报办理税务登记，税务机关核发税务登记证及副本。

以下几种情况应当比照开业登记办理：

(1) 扣缴义务人应当自扣缴义务发生之日起30日内，向所在地的主管税务机关申报办理扣缴税款登记；

(2) 跨地区的非独立核算分支机构应当自设立之日起30日内，向所在地税务机关办理注册税务登记；

(3) 从事生产、经营的纳税人到外县市临时从事生产、经营活动的，应当持税务登记证副本和所在地税务机关填开的外出经营活动税收管理证明，向营业地税务机关报验登记，接受税务管理。

3.开业登记的程序

(1) 纳税人办理开业登记，应认真填写税务登记表，并提供相关证件、资料。税务登记表的主要内容包括：①单位名称、法定代表人或者业主姓名及其居民身份证、护照或者其他证明身份的合法证件的号码；②住所、经营地点；③登记类型；④核算方式；⑤生产经营方式；⑥生产经营范围；⑦注册资金（资本）、投资总额；⑧生产经营期限；⑨财务负责人、联系电话；⑩国家税务总局确定的其他有关事项。

纳税人在申报办理税务登记时，应当根据不同情况向税务机关如实提供以下证件和资料：①工商营业执照或其他核准执业证件；②有关合同、章程、协议书；③组织机构统一代码证书；④法定代表人或负责人或业主的居民身份证、护照或者其他证明身份合法证件。

企业在外地的分支机构或者从事生产、经营的场所，在办理税务登记时，还应当提供由总机构所在地税务机关出具的在外地设立分支机构的证明。

（2）税务登记表的受理、审核。纳税人提交的证件和资料齐全且税务登记表的填写内容符合规定的，税务机关应及时发放税务登记证件。纳税人提交的证件和资料不齐全或税务登记表的填写内容不符合规定的，税务机关应当场通知其补正或重新填报。纳税人提交的证件和资料明显有疑点的，税务机关应进行实地调查，核实后予以发放税务登记证件。

（3）税务登记证的核发。税务机关应当自收到申报之日起30日内审核并发给税务登记证件。

（4）税务登记证的使用。除按照规定不需要发给税务登记证件的外，纳税人办理下列事项时，必须持税务登记证件：①开立银行账户；②申请减税、免税、退税；③申请办理延期申报、延期缴纳税款；④领购发票；⑤申请开具外出经营活动税收管理证明；⑥办理停业、歇业；⑦其他有关税务事项。

纳税人应当将税务登记证件正本在其生产、经营场所或者办公场所公开悬挂，接受税务机关检查。纳税人、扣缴义务人遗失税务登记证件的，应当自遗失税务登记证件之日起15日内，书面报告主管税务机关，如实填写税务登记证件遗失报告表，并将纳税人的名称、税务登记证件名称、税务登记证件号码、税务登记证件有效期、发证机关名称在税务机关认可的报刊上作遗失声明，凭报刊上刊登的遗失声明向主管税务机关申请补办税务登记证。

**【例3-15】**（多选）下列关于设立税务登记的说法中，正确的有（　　）。

A.从事生产、经营的纳税人未办理工商营业执照但经有关部门批准设立的，应当自有关部门批准设立之日起30日内申报办理税务登记，税务机关核发税务登记证及副本

B.从事生产、经营的纳税人未办理工商营业执照也未经有关部门批准设立的，应当自纳税义务发生之日起30日内申报办理税务登记，税务机关核发临时税务登记证及副本

C.境外企业在中国境内承包建筑、安装、装配、勘探工程和提供劳务的，应当自项目合同或协议签订之日起30日内，向项目所在地税务机关申报办理税务登记，税务机关核发临时税务登记证及副本

D.已办理税务登记的扣缴义务人应当自扣缴义务发生之日起30日内，向税务登记地税务机关申报办理扣缴税款登记，税务机关核发扣缴税款登记证件

**【解析】**ABC。本题考核设立税务登记的相关规定。根据规定，已办理税务登记的扣缴义务人应当自扣缴义务发生之日起30日内，向税务登记地税务机关申报办理扣缴税款登记，税务机关不再核发扣缴税款登记证件。因此选项D的说法错误。

**【例3-16】**（单选）税务机关对于纳税人填报的税务登记表、提供的证件和资料审核完毕的时间为（　　）。

A.自收到之日起15日内　　B.自纳税人填报之日起15日内

C.自收到之日起30日内　　D.自纳税人填报之日起30日内

【解析】C。自收到之日起30日内。

**【例3-17】**（判断）纳税人、扣缴义务人应当按照国家有关规定，持税务登记证件，在银行或者其他金融机构开立基本存款账户和其他存款账户，并将其全部账号向税务机关报告。（　　）

【解析】√。纳税人、扣缴义务人有依法向税务机关提供纳税信息、资料及账号的义务。

**（二）变更登记**

变更登记是指纳税人在办理税务登记后，原登记内容发生变化时向原税务机关申报办理的税务登记。

1.适用范围

纳税人发生下列情形应当办理变更税务登记：发生改变名称、改变法定代表人、改变经济性质或经济类型、改变住所和经营地点、改变生产经营方式、增减注册资金、改变隶属关系（不涉及主管税务机关变动的）、改变生产经营期限、改变或增减银行账号、改变生产经营权权属以及改变其他税务登记内容的。

2.时间要求

纳税人已在工商行政管理机关办理变更登记的，应当自工商行政管理机关变更登记之日起30日内；纳税人按照规定不需要在工商行政管理机关办理变更登记，或者其变更登记的内容与工商登记内容无关的，应当自税务登记内容实际发生变化之日起30日内，或者自有关机关批准或者宣布变更之日起30日内，办理变更登记。

3.变更税务登记的程序、方法

纳税人持下列证件到原税务登记机关申报办理变更税务登记：①工商登记变更表及工商营业执照；②纳税人变更登记内容的有关证明文件；③税务机关发放的原税务登记证件（登记证正、副本和登记表等）；④其他有关资料。

税务机关应当自受理之日起30日内，审核办理变更税务登记。纳税人税务登记表和税务登记证中的内容都发生变更的，税务机关按变更后的内容重新核发税务登记证件；纳税人税务登记表的内容发生变更而税务登记证中的内容未发生变更的，税务机关不重新核发税务登记证件。

**（三）停业、复业登记**

停业、复业登记是纳税人暂停和恢复生产经营活动而办理的纳税登记。

1.停业登记

从事生产、经营的纳税人，经确定实行定期定额征收方式的，其在营业执照核准的经营期限内需要停业的，应当在停业前向税务机关申报办理停业登记。纳税人的停业期限不得超过一年。

纳税人在申报办理停业登记时，应如实填写停业申请登记表，说明停业理由、停业期限、停业前的纳税情况和发票的领、用、存情况，并结清应纳税款、滞纳金、罚款。税务机关应收存其税务登记证件及副本、发票领购簿、未使用完的发票和其他税务证件。

2.复业登记

纳税人应当于恢复生产经营之前，向税务机关申报办理复业登记，如实填写停、复业报告书，领回并启用税务登记证件、发票领购簿及停业前领购的发票。

3.延长停业登记

纳税人停业期满不能及时恢复生产经营的，应当在停业期满前向税务机关提出延长停业登记申请，并如实填写停、复业报告书。纳税人在停业期间发生纳税义务的，应当按照税收法律、行政法规的规定申报缴纳税款。

【例3-18】（判断）停业、复业登记是纳税人终止和恢复生产经营活动而办理的纳税登记。（　　）

【解析】×。停业、复业登记是纳税人暂停和恢复生产经营活动而办理的纳税登记。

### （四）注销登记

注销登记是指纳税人在发生解散、破产、撤销以及依法终止履行纳税义务的其他情形时，向原登记税务机关申请办理的登记。

1.注销登记的适用范围及时间要求

（1）适用范围：纳税人因经营期限届满而自动解散；企业由于改组、分级、合并等原因而被撤销；企业资不抵债而破产；纳税人住所、经营地点迁移而涉及改变原主管税务机关的；纳税人被工商行政管理部门吊销营业执照；纳税人依法终止履行纳税义务的其他情形。

（2）时间要求：

①纳税人发生解散、破产、撤销以及其他情形，依法终止纳税义务的，应当在向工商行政管理机关或者其他机关办理注销登记前，持有关证件向原税务登记机关申报办理注销税务登记。

②按照规定不需要在工商行政管理机关或者其他机关办理注册登记的，应当自有关机关批准或者宣告终止之日起15日内，持有关证件向原税务登记机关申报办理注销税务登记。

③从事生产经营的纳税人因住所、经营地点变动，涉及改变税务登记机关的，应当在向工商行政管理机关或者其他机关申请办理变更或者注销登记前或者住所、经营地点变动前，向原税务登记机关申报办理注销税务登记，并在30日内向迁达地税务机关申报办理税务登记。

④纳税人被工商机关吊销营业执照或者被其他机关予以撤销登记的，应当自营业执照被吊销或者被撤销登记之日起15日内，向原税务登记机关申报办理注销税务登记。

2.注销登记的程序方法

纳税人办理注销登记前，应当向税务机关提交相关证明文件和资料，结清应纳税款、多退（免）税款、滞纳金和罚款，缴销发票、税务登记证件和其他税务证件，领取并填写注销税务登记申请审批表，经税务机关核准后，办理注销税务登记手续。

### （五）外出经营报验登记

从事生产、经营的纳税人到外县（市）临时从事生产、经营活动的，应当向所在地税务机关申请开具《外出经营活动税收管理证明》（以下简称《外管证》）。税务机关按照一地一证的原则，核发《外管证》，《外管证》的有效期限一般为30日，最长不得超过180天。

纳税人应当在《外管证》注明地进行生产经营前向当地税务机关报验登记，并提交下列证件、资料：① 税务登记证件副本；②《外管证》。

纳税人在《外管证》注明地销售货物的，除提交以上证件、资料外，应如实填写《外出经营货物报验单》，申报查验货物。

纳税人外出经营活动结束，应当向经营地税务机关填报外出经营活动情况申报表，并结清税款、缴销发票。

纳税人应当在《外管证》有效期届满后10日内，持《外管证》回原税务登记地税务机关办理《外管证》缴销手续。

**【例3-19】**（单选）纳税人外出经营活动结束时应当填报外出经营活动情况申报表，并上交给（　　）。

A.公司所在地税务机关　　B.经营地税务机关

C.上一级税务机关　　D.不用上交

【解析】B。

**（六）纳税人税种登记**

纳税人在办理开业或变更税务登记的同时应当申请填报税种登记，由税务机关根据其生产、经营范围及拥有的财产等情况，认定录入纳税人所适用的税种、税目、税率、报缴税款期限、征收方式和缴库方式。税务机关依据纳税人税种登记表所填写的项目，自受理之日起3日内进行税种登记。

**（七）扣缴义务人扣缴税款登记**

已办理税务登记的扣缴义务人应当自扣缴义务发生之日起30日内，向税务登记地税务机关申报办理扣缴税款登记。税务机关在其税务登记证件上登记扣缴税款事项，税务机关不再发给扣缴税款登记证件。

根据税收法律、行政法规的规定可不办理税务登记的扣缴义务人，应当自扣缴义务发生之日起30日内，向机构所在地税务机关申报办理扣缴税款登记。税务机关核发扣缴税款登记证件。

## 二、发票开具与管理

为了加强发票管理和财务监督，保障国家税收收入，维护经济秩序，根据《中华人民共和国税收征收管理法》（以下简称《税收征收管理法》），1993年12月12日经国务院批准并实施了《中华人民共和国发票管理办法》（以下简称《发票管理办法》），该管理办法于2010年12月20日重新修订。国务院税务主管部门统一负责全国的发票管理工作，在中华人民共和国境内印制、领购、开具、取得和保管发票的单位和个人，必须遵守《发票管理办法》。

**（一）发票的概念**

发票是指在购销商品、提供或者接受服务以及从事其他经营活动中，开具、收取的收付款凭证。它是确定经营收支行为发生的法定凭证，是会计核算的原始依据，也是税务稽查的重要证据。

发票的基本内容包括发票的名称、代码和号码、联次及用途、客户名称、开户银行及账号、商品名称或经营项目、计量单位、数量、单价、大小写金额、开票人、开票日期、开票单位（个人）名称（章）等。

税务机关是发票的主管机关，负责发票的印制、领购、开具、取得、保管、缴销的管理和监督。

1.发票的印制

增值税专用发票由国务院税务主管部门确定的企业印制；其他发票，按照国务院税务主管部门的规定，由省、自治区、直辖市税务机关确定的企业印制。禁止私自印制、伪造、变造发票。印制发票的企业必须按照税务机关批准的式样和数量印制发票。

发票应当套印全国统一发票监制章。全国统一发票监制章的式样和发票版面印刷的要求，由国务院税务主管部门规定。发票监制章由省、自治区、直辖市税务机关制作。禁止伪造发票监制章。

发票实行不定期换版制度。

2.发票的领购

需要领购发票的单位和个人，应当持税务登记证件、经办人身份证明、按照国务院税务主管部门规定式样制作的发票专用章的印模，向主管税务机关办理发票领购手续。主管税务机关根据领购单位和个人的经营范围和规模，确认领购发票的种类、数量以及领购方式，在5个工作日内发给发票领购簿。

单位和个人领购发票时，应当按照税务机关的规定报告发票使用情况，税务机关应当按照规定进行查验。

临时到本省、自治区、直辖市以外从事经营活动的单位或者个人，应当凭所在地税务机关的证明，向经营地税务机关领购经营地的发票。

税务机关对外省、自治区、直辖市来本辖区从事临时经营活动的单位和个人领购发票的，可以要求其提供保证人或者根据所领购发票的票面限额以及数量缴纳不超过1万元的保证金，并限期缴销发票。

按期缴销发票的，解除保证人的担保义务或者退还保证金；未按期缴销发票的，由保证人或者以保证金承担法律责任。

3.发票的保管

开具发票的单位和个人应当建立发票使用登记制度，设置发票登记簿，并定期向主管税务机关报告发票使用情况。开错的作废发票，必须将全部联次粘贴在原发票存根上套写“作废”字样或“误填作废”字样，一起妥善保管，以备查核。

已经开具的发票存根联和发票登记簿，应当保存5年。保存期满，报经税务机关查验后销毁。

4.发票的缴销

发票缴销是指用票单位和个人按照规定向税务机关上缴已使用或者未使用的发票。一般包括下列几种情况：

（1）用票单位和个人已使用的发票存根保管期满后，应向主管税务机关造具清册，申请缴销。

（2）用票单位和个人发生解散、破产、撤销、合并、联营、分设、迁移、停业、歇业等情形时应当在申报办理变更税务登记、注销税务登记的同时，对原来印制、购买的发票向税务机关申请缴销。

（3）税务机关统一实行发票换版时，原来的发票在使用到期以后，用票单位和个人应当将其登记造册、集中送税务机关缴销。

（4）用票单位和个人有严重违反税务管理和发票管理行为的，由税务机关将其发票予以收缴。

在办理发票缴销手续时，由用票单位和个人根据发票管理规定，编制发票缴销清册，说明发票种类、号码及使用情况，说明缴销的依据和理由，经负责人签字，加盖单位公章后，连同发票一并报送税务机关。

**（二）发票的种类**

根据《发票管理办法》及其实施细则的有关规定，发票分为专用发票和普通发票两大类。专用发票特指增值税专用发票；普通发票按照征收管理的范围划分为一般普通发票和专业发票两类。

1.增值税专用发票

增值税专用发票是指专门用于结算销售货物和提供加工、修理修配劳务与应税服务使用的一种发票，隶属于国家税务总局管理范围，其样式和印制及管理规定均由国家税务总局制定。

增值税专用发票只限于增值税一般纳税人领购使用，增值税小规模纳税人不得领购使用。一般纳税人有下列情形之一者，不得领购使用增值税专用发票：

（1）会计核算不健全，不能向税务机关准确提供增值税销项税额、进项税额、应纳税额数据及其他有关增值税税务资料的。

（2）有《税收征管法》规定的税收违法行为，拒不接受税务机关处理的。

（3）有下列行为之一，经税务机关责令限期改正而仍未改正的：虚开增值税专用发票；私自印制专用发票；向税务机关以外的单位和个人买取专用发票；借用他人专用发票；未按规定开具专用发票；未按规定保管专用发票和专用设备；未按规定申请办理防伪税控系统变更发行；未按规定接受税务机关检查。

（4）销售的货物全部属于免税项目者。

有上述情形的，如已领购专用发票，主管税务机关应暂扣其结存的专用发票和IC卡。

增值税专用发票的基本联次为4联，各联的用途规定如下：第一联为存根联，由销货方留存备查；第二联为发票联，作为购买方核算采购成本和增值税进项税额的记账凭证；第三联为抵扣联，作为购买方报送主管税务机关认证和留存备查的凭证；第四联为记账联，作为销售方核算销售收入和增值税销项税额的记账凭证。

专用发票开具时限规定如下：

（1）采用预收货款、托收承付、委托银行收款结算方式的，为货物发出的当天。

（2）采用交款提货结算方式的，为收到货款的当天。

（3）采用赊销、分期付款结算方式的，为合同约定的收款日期的当天。

（4）将货物交付他人代销，为收到受托人送交的代销清单的当天。

（5）设有两个以上机构并实行统一核算的纳税人，将货物从一个机构移送其他机构用于销售，按规定应当征收增值税的，为货物移送的当天。

（6）将货物作为投资提供给其他单位或个体经营者，为货物移送的当天。

（7）将货物分配给股东，为货物移送的当天。

2.一般普通发票

一般普通发票主要由营业税纳税人和增值税小规模纳税人使用，增值税一般纳税人在不能开具专用发票的情况下也可使用一般普通发票。一般普通发票由行业发票和专用发票组成。前者适用于某个行业的经营业务，如商业零售统一发票、商业批发统一发票、工业企业产品销售统一发票等；后者仅适用于某一经营项目，如广告费用结算发票、商品房销售发票等。发票的基本联次包括存根联、发票联、记账联。存根联由收款方或开票方留存备查；发票联由付款方或受票方作为付款原始凭证；记账联由收款方或开票方作为记账原始凭证。

3.专业发票

专业发票是指国有金融、保险企业的存贷、汇兑、转账凭证、保险凭证；国有邮政、电信企业的邮票、邮单，话务、电报收据；国有铁路、国有航空企业和交通部门、国有公路、水上运输企业的客票、货票等。

专业发票是一种特殊种类的发票，它属于发票的管理范围，但经有关部门批准后，由主管部门自定式样，自行印制、发放和管理，自行负责。这是专业发票的特征，也是与其他发票的区别之处。

【例3-20】（单选）下列有关增值税专用发票的表述中，不正确的是（　　）。

A.增值税专用发票是指专门用于结算销售货物和提供加工、修理修配劳务与应税服务使用的一种发票

B.只有经国家税务机关认定为增值税一般纳税人的才能领购增值税专用发票，小规模纳税人和法定情形的一般纳税人不得领购使用

C.增值税专用发票由省、自治区、直辖市税务机关指定的企业统一印刷

D.增值税专用发票应当使用防伪税控系统开具

【解析】C。本题考核增值税专用发票。增值税专用发票由国家税务总局指定的企业统一印制。

**（三）发票的开具要求**

销售商品、提供服务以及从事其他经营活动的单位和个人，对外发生经营业务收取款项，收款方应向付款方开具发票；收购单位和扣缴义务人支付款项时，由付款方向收款方开具发票。在开具发票时要遵守下面的规定：

（1）单位和个人只有在发生经营业务、确认营业收入时，才能开具发票，未发生经营业务一律不得开具发票。

（2）开具发票时应按号顺序填开，填写项目齐全、内容真实、字迹清楚，全部联次一次性复写或打印，内容完全一致，并在发票联和抵扣联加盖单位财务印章或者发票专用章。

（3）填写发票应当使用中文。民族自治地区可以同时使用当地通用的一种民族文

字；外商投资企业和外资企业可以同时使用一种外国文字。

（4）使用电子计算机开具发票必须报主管税务机关批准，并使用税务机关统一监制的机打发票。开具后的存根联应当按照顺序号装订成册，以备税务机关检查。

（5）开具发票时间、地点应符合规定。发票的开票时间和地点是记载购销商品、提供或接受劳务等业务实际发生的时间和地点，必须准确，不能混淆销售商品、提供或接受劳务等业务实际发生的时间和地点，时间不得提前或错后。

（6）任何单位和个人不得转借、转让、代开发票；未经税务机关批准，不得拆本使用发票；不得自行扩大专业发票使用范围。

开具发票的单位和个人应当按照税务机关的规定存放和保管发票，不得擅自损毁。已经开具的发票存根联和发票登记簿，应当保存5年。保存期满，报经税务机关查验后销毁。

**【例3-21】**（多选）下列做法不正确的有（　　）。

A.甲公司代其子公司开具了一张价值20 000元的增值税发票

B.乙公司将其未用完的增值税发票转让给丙公司

C.丙公司将闲置的发票本借给丁公司并收取一定的费用

D.丁公司将已开具的发票存根联和发票登记簿保存6年后予以销毁

【解析】ABC。

## 三、纳税申报

纳税申报是指纳税人、扣缴义务人按照法律、行政法规的规定，在申报期限内就纳税事项向税务机关书面申报的一种法定手续。

### （一）纳税申报方式

纳税人应依照法律、法规规定的申报期限、申报内容如实填写纳税申报表，办理纳税申报手续。纳税申报方式包括：

1.直接申报

直接申报即上门申报，纳税人、扣缴义务人直接到税务机关办理纳税申报或者报送代扣代缴、代收代缴税款报告表，是一种传统申报方式。

2.邮寄申报

纳税人采取邮寄方式办理纳税申报的，应当使用统一的纳税申报专用信封，并以邮政部门收据作为申报凭据。邮寄申报以寄出的邮戳日期为实际申报日期。

3.数据电文申报

数据电文申报又称电子申报，是指经税务机关确定的电话语音、电子数据交换或网络传输等电子方式办理的纳税申报。纳税人的网上申报就是数据电文申报方式的一种形式。

纳税人采取电子方式办理纳税申报的，应当按照税务机关规定的期限和要求保存有关资料，并定期书面报送主管税务机关。

4.简易申报

实行定期定额征收的纳税人可以实行简易申报（按期纳税即视为申报）、简并征期

（将若干个纳税期的税款集中在一个纳税期缴纳）的申报方式。

**（二）纳税申报的其他相关规定**

（1）纳税人在纳税期内没有应纳税款的，也应当按照规定办理纳税申报。

（2）纳税人享受减税、免税待遇的，在减税、免税期间应当按照规定办理纳税申报。

（3）纳税人、扣缴义务人不能按期办理纳税申报或者报送代扣代缴、代收代缴税款报告表的，经税务机关核准，可以延期申报。

（4）经核准延期办理前款规定的申报、报送事项的，应当在纳税期内按照上期实际缴纳的税额或者税务机关核定的税额预缴税款，并在核准的延期内办理税款结算。

## 四、税款征收

税款征收是税务机关将税款及时足额地收入国库的一系列活动的总称。它是税收征收管理工作的重要组成部分，税务机关根据保证国家税款及时足额入库、方便纳税人、降低税收成本的原则，确定税款征收方式。

**（一）税款征收方式**

税款征收方式是指税务机关根据各税种的不同特点和纳税人的具体情况而确定的计算、征收税款的形式和方法。我国税款征收方式主要有以下几种：

1.查账征收

查账征收是指由纳税人依据账簿记载，先自行计算缴纳税款，事后经税务机关查账核实，如有不符合税法规定的，则多退少补。查账征收的程序是：纳税人在规定的期限内，向税务机关报送纳税申报表和财务会计报表，经税务机关查账核实后，填写缴款书，由纳税人到当地开户银行缴纳税款。这种征收方式适用于掌握税收法律、法规，账簿、凭证、财务会计制度比较健全，能够如实反映生产经营成果、正确计算应纳税款的纳税人。

2.查定征收

查定征收是指由税务机关根据纳税人的从业人员、生产设备、耗用原材料等情况，在正常生产经营条件下，对其生产的应税产品查实核定产量和销售额，然后依照税法规定的税率征收的一种税款征收方式。这种税款征收方式主要适用于生产经营规模较小，账册不健全，财务管理和会计核算水平较低，产品零星，税源分散的纳税人。

3.查验征收

查验征收是由税务机关对纳税申报人的应税产品进行查验后征税，并贴上完税凭证、查验证或盖查验戳，从而据以征税的税款征收方式。这种税款征收方式适用于某些零星、分散的高税率工业产品，通过查验数量，按市场一般销售价格计算其销售收入并据以征税的一种方法。

4.定期定额征收

定期定额征收是指税务机关按照有关法律、法规的规定，按照一定的程序，核定纳税人在一定经营时间内的应纳税经营额以及收益额，并以此为计税依据，确定其应纳税额的一种征收方式。税务机关核定定额应依照以下程序办理：业户自报、典型调查、定额核定、下达定额。这种税款征收方式适用于生产经营规模小，又确无建账能力，经主管税务机关审核，县级以上税务机关批准可以不设置账簿或暂缓建账的小型纳税人。

5.代扣代缴

代扣代缴是指按照税法规定，负有扣缴税款的法定义务人，在向纳税人支付款项时，从所支付的款项中直接扣收税款的方式。这种方式有利于对零星分散的税源实行源泉控制。

6.代收代缴

代收代缴是指负有代收代缴义务的法定义务人，对纳税人应纳的税款进行代收代缴的方式，即由与纳税人有经济业务往来的单位和个人向纳税人收取款项时，依照税收的规定收取税款并代为缴入国库。

7.委托代征

委托代征是指受托单位按照税务机关核发的代征证书的要求，以税务机关的名义向纳税人征收一些零散税款的一种税款征收方式。

8.其他征收方式

除上述税款征收方式以外，随着科学技术的发展和税务改革的不断推进，新的更方便、快捷、安全、有效的税款征收方式有所发展，如利用网络申报、网络账户转账纳税方式，用IC卡纳税方式，利用税控系统进行纳税的方式等。

**【例3-22】**（单选）对会计制度健全、会计核算准确真实、纳税意识较强并设有专门办税人员的纳税人，税务机关应当采取的税款征收方式为（　　）。

A.查账征收　　B.查定征收　　C.查验征收　　D.定期定额征收

【解析】A。

**【例3-23】**（单选）甲企业生产规模较小，账册不健全，财务管理和会计核算水平也较低，产品零星，税源分散，其适用的税款征收方式为（　　）。

A.查账征收　　B.查定征收　　C.查验征收　　D.定期定额征收

【解析】B。

**【例3-24】**（判断）代扣代缴税款是指与纳税人有经济往来的单位或个人在向纳税人收取款项时依法收取税款。（　　）

【解析】×。代扣代缴是负有扣缴税款的法定义务人，在向纳税人支付款项时，从所支付的款项中直接扣收税款的方式。

**（二）税款征收的其他相关规定**

（1）纳税人、扣缴义务人按照法律、行政法规规定或者税务机关依照法律、行政法规的规定确定的期限，缴纳或者解缴税款。

纳税人因有特殊困难，不能按期缴纳税款的，经省、自治区、直辖市国家税务局、地方税务局批准，可以延期缴纳税款，但是最长不得超过3个月。

（2）纳税人未按照规定期限缴纳税款的，扣缴义务人未按照规定期限解缴税款的，税务机关除责令限期缴纳外，从滞纳税款之日起，按日加收滞纳税款5‱的滞纳金。

（3）税务机关征收税款时，必须给纳税人开具完税凭证。扣缴义务人代扣、代收税款时，纳税人要求扣缴义务人开具代扣、代收税款凭证的，扣缴义务人应当开具。

（4）核定应纳税额。纳税人有下列情形之一的，税务机关有权核定其应纳税额：

①依照法律、行政法规的规定可以不设置账簿的；

②依照法律、行政法规的规定应当设置但未设置账簿的；

③擅自销毁账簿或者拒不提供纳税资料的；

④虽设置账簿，但账目混乱或者成本资料、收入凭证、费用凭证残缺不全，难以查账的；

⑤发生纳税义务，未按照规定的期限办理纳税申报，经税务机关责令限期申报，逾期仍不申报的；

⑥纳税人申报的计税依据明显偏低，又无正当理由的。

税务机关核定应纳税额的具体程序和方法由国务院税务主管部门规定。

## 五、税务代理

### （一）税务代理的概念

税务代理是指税务代理人在国家法律规定的代理范围内，接受纳税人、扣缴义务人的委托，代为办理税务事宜的各项行为总称。

### （二）税务代理的特点

1.中介性

税务代理业是一个独立的社会中介服务行业，其业务的开展、经营管理都属于社会中介服务的一部分，税务代理机构与税务机关不存在任何隶属关系。代理人必须在法律范围内为被代理人办理税收事宜，独立、公正地执行业务。

2.法定性

开展税务代理业务必须依据税收法律、法规，不能违反税法规定，这是一切税务代理活动的前提，也是税务代理必须遵循的行为准则。

3.自愿性

税务代理主要为纳税人提供服务，满足纳税人的愿望，因此是否聘请税务代理人，是纳税人、扣缴义务人自愿采取的一种办税方式。

4.公正性

税务代理作为一种社会中介服务，必须站在公正、客观的立场，按照国家的税收法律、行政法规的规定，为纳税人、扣缴义务人代理税务事宜，并要符合委托人的合法意愿，既不能损害纳税人、扣缴义务人合法权益，也不能损害国家利益。

### （三）税务代理的法定业务范围

纳税人、扣缴义务人可以将下列涉税业务委托税务代理人办理：

（1）税务登记、变更税务登记和注销税务登记；

（2）普通发票领购手续（不能代领增值税专用发票）；

（3）纳税申报和扣缴税款报告；

（4）缴纳税款和申请退税；

（5）制作涉税文书；

（6）审查纳税情况；

（7）建账建制，办理账务；

（8）开展税务咨询，受聘税务顾问；

（9）申请税务行政复议或进行税务行政诉讼；

（10）国家税务总局规定的其他业务。

**【例3-25】**（多选）下列各项中，属于税务代理的法定业务的有（　　）。

A.受聘税务顾问　　B.办理发票领购手续

C.制作涉税文书　　D.扣缴税款报告

【解析】ABCD。

## 六、税收检查及法律责任

### （一）税收检查

1.税收保全措施

税务机关有根据认为从事生产、经营的纳税人有逃避纳税义务行为的，可以在规定的纳税期之前，责令限期缴纳应纳税款；在限期内发现纳税人有明显转移、隐匿其应纳税的商品、货物以及其他财产或者应纳税的收入的迹象的，税务机关可以责成纳税人提供纳税担保。如果纳税人不能提供纳税担保，经县以上税务局（分局）局长批准，税务机关可以采取下列税收保全措施：

（1）书面通知纳税人开户银行或者其他金融机构冻结纳税人的金额相当于应纳税款的存款。

（2）扣押、查封纳税人的价值相当于应纳税款的商品、货物或者其他财产。

纳税人在前款规定的限期内缴纳税款的，税务机关必须立即解除税收保全措施；限期期满仍未缴纳税款的，经县以上税务局（分局）局长批准，税务机关可以书面通知纳税人开户银行或者其他金融机构从其冻结的存款中扣缴税款，或者依法拍卖或者变卖所扣押、查封的商品、货物或者其他财产，以拍卖或者变卖所得抵缴税款。

个人及其所扶养家属维持生活必需的住房和用品，不在税收保全措施的范围之内。

2.税收强制执行

从事生产、经营的纳税人、扣缴义务人未按照规定的期限缴纳或者解缴税款，纳税担保人未按照规定的期限缴纳所担保的税款，由税务机关责令限期缴纳，逾期仍未缴纳的，经县以上税务局（分局）局长批准，税务机关可以采取下列强制执行措施：

（1）书面通知其开户银行或者其他金融机构从其存款中扣缴税款。

（2）扣押、查封、依法拍卖或者变卖其价值相当于应纳税款的商品、货物或者其他财产，以拍卖或者变卖所得抵缴税款。

税务机关采取强制执行措施时，对前款所列纳税人、扣缴义务人、纳税担保人未缴纳的滞纳金同时强制执行。

个人及其所扶养家属维持生活必需的住房和用品，不在强制执行措施的范围之内。

**【例3-26】**（判断）从事生产、经营的纳税人未按规定的期限缴纳税款，纳税担保人未按照规定的期限缴纳所担保的税款，由税务机关责令期限缴纳，逾期仍未缴纳的，税务机关直接可以书面通知其开户银行或者其他金融机构从其存款中扣缴税款。（　　）

【解析】×。只有经县以上税务局（分局）局长批准，税务机关才可以采取税收强制执行措施。

### （二）法律责任

1.税务违法行政处罚

纳税人如果违反了税收征收管理制度，但还没有构成犯罪的，将会受到严厉的行政处罚。

（1）责令限期改正。

责令限期改正又称警告，纳税人有下列行为之一的，由税务机关责令限期改正，可以处2 000元以下的罚款；情节严重的，处2 000元以上10 000元以下的罚款：①未按照规定的期限申报办理税务登记、变更或者注销登记的；②未按照规定设置、保管账簿或者保管记账凭证和有关资料的；③未按照规定将财务、会计制度或者财务、会计处理办法和会计核算软件报送税务机关备查的；④未按照规定将其全部银行账号向税务机关报告的；⑤未按照规定安装、使用税控装置，或者损毁或者擅自改动税控装置的。

纳税人不办理税务登记的，由税务机关责令限期改正；逾期不改正的，经税务机关提请，由工商行政管理机关吊销其营业执照。

（2）罚款。

罚款是指税务机关强迫违反税法的当事人在一定期限内向国家缴纳一定数额的金钱的制裁措施，是运用最多的一种处罚形式。

纳税人未按照规定使用税务登记证件，或者转借、涂改、损毁、买卖、伪造税务登记证件的，处2 000元以上10 000元以下的罚款；情节严重的，处10 000元以上50 000元以下的罚款。

（3）没收财产。

没收财产适用于有违法所得的税收违法行为，将犯罪分子个人所有的财产的一部分或全部强制无偿地收归国有的一种处罚方法。

（4）收缴未用发票和暂停供应发票。

从事生产、经营的纳税人、扣缴义务人有《税收征管法》规定的税收违法行为，拒不接受税务机关处理的，税务机关可以收缴其发票或者停止向其发售发票。

（5）停止出口退税权。

停止出口退税权适用于骗税行为。享有出口退税权的企业，以假报出口或者其他欺骗手段，骗取国家出口退税款的，税务机关可以在规定期间内停止为其办理出口退税。

2.税务违法刑事处罚

对危害税收征管罪的刑罚，包括管制、拘役、有期徒刑、无期徒刑和死刑以及罚金和没收财产。其中，虚开增值税专用发票，虚开用于骗取出口退税、抵扣税款发票以及伪造、出售伪造的增值税专用发票罪的最高量刑是死刑；骗取出口退税罪、非法出售增值税专用发票罪的最高量刑是无期徒刑；其他最高量刑是有期徒刑。

在刑事处罚中，税款追缴优先。因犯偷税罪、抗税罪、逃避追缴欠税罪、骗取出口退税罪、虚开增值税专用发票罪，被判处罚金、没收财产的，在执行前，应当由税务机关追缴税款和所骗取的出口退税款。

3.税务行政复议

行政复议是指公民、法人或者其他组织，认为行政机关的行政行为侵犯了其合法权益，按照法定的程序和条件向作出该行政行为的上一级行政机关或法定机关提出申诉，由受理申请的行政机关对该行政行为进行复查并作出复议决定的活动。

纳税人、扣缴义务人、纳税担保人同税务机关在纳税上发生争议时，必须先依照税务机关的纳税决定缴纳或者解缴税款及滞纳金或者提供相应的担保，然后可以依法申请行政复议；对行政复议决定不服的，可以依法向人民法院起诉。

当事人对税务机关的处罚决定、强制执行措施或者税收保全措施不服的，可以依法申请行政复议，也可以依法向人民法院起诉。

当事人对税务机关的处罚决定逾期不申请行政复议，也不向人民法院起诉，又不履行的，作出处罚决定的税务机关可以采取税收强制执行措施，或者申请人民法院强制执行。

## 实务指南

### 新公司如何办理税务登记

（1）新成立公司办理营业执照之后需分别到国税、地税办理税务登记。

（2）根据公司营业执照的经营业务范围确定流转税的种类，是该缴纳增值税还是营业税；根据缴纳增值税还是营业税来确定在国税还是地税领购发票；如果销售货物（工业、商业）是缴纳增值税，在国税买发票，除此而外，一般来说都是缴纳营业税，在地税买发票。

（3）然后，分别到国税、地税办理纳税申报。到国税申报缴纳增值税、企业所得税或外资企业所得税等，到地税申报缴纳营业税、随增值税和营业税附征的税费、印花税、个人所得税（储蓄利息个人所得税在国税）、房产税、土地使用税、土地增值税（转让土地使用权和销售不动产的企业）等。

如有不清楚事宜，可以求助12366税务服务热线或者登录国家税务总局网站、当地税务局网站查询相关事宜。

## 考场指南

1.税务登记包括：开业登记，变更登记，停业、复业登记，注销登记，外出经营报验登记，纳税人税种登记，扣缴义务人扣缴税款登记等。

2.发票种类：专用发票、普通发票。

3.发票管理：印制、领购、保管、缴销等。

4.纳税申报方式：直接申报、邮寄申报、数据电文申报、简易申报及其他。

5.税款征收方式：查账征收、查定征收、查验征收、定期定额征收、代扣代缴、代收代缴、委托代征及其他。

6.税款征收措施：税收保全措施、税收强制执行措施。

## 基础训练

### 一、单项选择题

1.下列税种中，不属于流转税的有（　　）。

A.增值税　　B.营业税　　C.消费税　　D.城建税

2.甲企业是一般纳税人企业，在2月份的进项税是11 700元，当月不含税的销售额是30万元，则当月应纳增值税税额是（　　）万元。

A.3.93　　B.0　　C.2.73　　D.0.93

3.下列各项中，不得领购增值税专用发票（不考虑特殊情况）的是（　　）。

A.增值税小规模纳税人

B.销售货物的增值税一般纳税人

C.提供加工劳务的增值税一般纳税人

D.提供修理修配业务的增值税一般纳税人

4.下列关于增值税纳税地点的说法中，不正确的是（　　）。

A.固定业户应当向其机构所在地的主管税务机关申报纳税

B.非固定业户销售货物或者提供应税劳务，应当向销售地或者劳务发生地的主管税务机关申报纳税

C.进口货物，应当向报关地海关申报纳税

D.扣缴义务人应当向纳税人机构所在地或者居住地的主管税务机关申报缴纳其扣缴的税款

5.纳税人进口应税消费品，应当自海关填发海关进口消费税专用缴款书之日起（　　）内缴纳税款。

A.7日　　B.10日　　C.15日　　D.30日

6.根据消费税的规定，纳税人采取分期收款方式销售应税消费品的，其纳税义务发生时间为（　　）。

A.书面合同约定的收款日期当天　　B.收到第一笔销售款的当天

C.应税消费品发出的当天　　D.取得索取销售款凭据的当天

7.根据消费税法律制度的规定，下列应税消费品中，实行从价定率与从量定额相结合的复合计税方法的是（　　）。

A.烟丝　　B.卷烟　　C.摩托车　　D.木制一次性筷子

8.根据《营业税暂行条例》的规定，纳税人销售不动产，其申报缴纳营业税的地点是（　　）。

A.不动产所在地　　B.纳税人经营地

C.纳税人居住地　　D.销售不动产行为发生地

9.根据税法的规定，个人所得税的纳税义务人不包括（　　）。

A.个体工商户　　B.个人独资企业投资者

C.有限责任公司　　D.在中国境内有所得的外籍个人

10. 小王2015年1月份的工资为3 500元，则小王每个月应纳的个人所得税是（　　）元。

A.50　　B.350　　C.125　　D.0

11. 王先生出版一本小说，获得稿酬5 000元，则应纳个人所得税是（　　）元。

A.560　　B.800　　C.840　　D.588

12. 根据个人所得税的规定，个人所得税扣缴义务人每月所扣的税款，应当在次月（　　）内缴入国库，并向税务机关报送纳税申报表。

A.3日　　B.5日　　C.7日　　D.10日

13. 根据个人所得税的规定，个人年所得（　　）万元以上的，应当按照规定到主管税务机关办理纳税申报。

A.8　　B.10　　C.12　　D.15

14. 下列不属于个体工商户生产、经营所得的是（　　）。

A. 个体工商户从事饮食业取得的所得

B. 个体工商户从事手工业取得的所得

C. 个体工商户从事修理业取得的所得

D. 个体工商户业主出书取得的稿酬

15. 税款扣缴义务人到税务机关领取扣缴税款凭证的时间为（　　）。

A. 经营业务发生时　　B. 税务机关通知时

C. 会计年度终了　　D. 发生扣缴义务时

16. 专门用于结算销售货物和提供加工、修理修配劳务与应税服务使用的发票是（　　）。

A. 增值税专用发票　　B. 普通发票

C. 专业发票　　D. 一般普通发票

17. 单位和个人开具发票的时间是（　　）。

A. 发生经营业务、确认营业收入时　　B. 收到货款时

C. 产品发出时　　D. 合同签订时

18. 一般情况下，上市公司适用的税款征收方式是（　　）。

A. 查账征收　　B. 查定征收　　C. 查验征收　　D. 定期定额征收

19. 对临时从事经营的纳税人，（　　）。

A. 由工商行政管理机构征收应缴的税费

B. 税务机关应责令其办理工商注册登记

C. 由税务机关核定其应纳税额，责令缴纳

D. 税务机关在其办理工商登记后进行税款的征收

20. 税收的开征、停征以及减税、免税、退税、补税依照（　　）执行。

A. 国务院　　B. 国家税务总局　　C. 法律　　D. 地方政府

**二、多项选择题**

1. 下列属于普通发票的有（　　）。

A. 增值税专用发票　　B. 商业零售统一发票

C.商品房销售发票　　　　　　　　　D.邮票

2.增值税专用发票的联次包括（　　）。

A.存根联　　　B.发票联　　　C.记账联　　　D.抵扣联

3.生产经营规模小又确无建账能力的纳税人，可以（　　）。

A.聘请经批准从事会计代理记账业务的专业机构代为建账和办理账务

B.请经税务机关认可的财会人员代为建账和办理账务

C.按照税务机关的规定，建立收支凭证粘贴簿、进货销货登记簿

D.使用税控装置

4.根据《营业税暂行条例》的规定，下列各项中，属于营业税征收范围的有（　　）。

A.保险业　　　B.修理业　　　C.服务业　　　D.建筑业

5.根据营业税的规定，下列不属于营业税纳税人的有（　　）。

A.转让专利权的企业　　　　　　B.提供文化体育业的单位

C.提供修理修配劳务的个人　　　D.销售卡车的车厂

6.下列各项中，应计入增值税的应税销售额的有（　　）。

A.向购买者收取的包装物租金

B.向购买者收取的销项税额

C.因销售货物向购买者收取的手续费

D.因销售货物向购买者收取的代收款项

7.根据个人所得税的规定，以下各项所得适用累进税率形式的有（　　）。

A.工资、薪金所得　　　　　　B.个体工商户生产、经营所得

C.财产转让所得　　　　　　　D.承包、承租经营所得

8.根据税收征收管理法律制度的规定，纳税人在办理注销税务登记前，应当向税务机关（　　）。

A.结清应纳税款、滞纳金、罚款　　B.提供清缴欠税的纳税担保

C.缴纳不超过10 000元的保证金　　D.缴销发票和其他税务证件

9.下列属于我国税款征收主要方式的有（　　）。

A.查账征收　　　B.查定征收　　　C.查验征收　　　D.定期定额征收

10.根据税收征收管理法律制度规定，下列各项中，单位和个人在申请领购发票时应向税务机关提供的有（　　）。

A.税务登记证件　　　　　　B.经办人身份证明

C.工商营业执照　　　　　　D.财务印章或发票专用章印模

11.根据《企业所得税法》规定，计算企业所得税应纳税所得额时，下列支出不得扣除的有（　　）。

A.税收滞纳金

B.被没收财物的损失

C.法定比例范围内的公益性捐赠支出

D.向投资者支付的股息

12.根据税收征收管理法律制度的规定，下列单位和个人应当办理税务登记的有（　　）。

A.企业在外地设立的分支机构　　B.个体工商户

C.从事生产经营的事业单位　　D.流动性农村小商贩

13.根据税收征收管理法律制度的规定，纳税人发生的下列情形中，应办理税务注销登记的有（　　）。

A.纳税人破产　　B.纳税人变更法定代表人

C.纳税人被吊销营业执照　　D.纳税人暂停经营活动

14.下列关于消费税的纳税地点的表述中，正确的有（　　）。

A.纳税人销售的应税消费品，除国务院财政、税务主管部门另有规定外，应当向纳税人机构所在地或者居住地的主管税务机关申报纳税

B.委托个人加工的应税消费品，由委托方向其机构所在地或者居住地主管税务机关申报纳税

C.进口的应税消费品，由进口人或者其代理人向报关地海关申报纳税

D.纳税人自产自用的应税消费品，除国务院财政、税务主管部门另有规定外，应当向纳税人机构所在地或者居住地的主管税务机关申报纳税

15.下列各项中，不属于营业税征税范围的有（　　）。

A.提供加工劳务　　B.提供修理修配劳务

C.单位员工为本单位提供的劳务　　D.提供建筑劳务

**三、判断题**

1.税收属于法律范畴，而税法属于经济范畴。（　　）

2.除税务机关、税务人员以及经税务机关依照法律、行政法规委托的单位和人员外，任何单位和个人不得进行税款的征收活动。（　　）

3.查验征收是指由纳税人依据账簿记载，先自行计算缴纳，事后经税务机关查账核实，如有不符合税法规定的，则多退少补。（　　）

4.代收代缴是指按照税法规定，负有扣缴税款义务的法定义务人，在向纳税人支付款项时，从所支付的款项中直接扣收税款的方式。（　　）

5.纳税人、扣缴义务人应当按照国家有关规定，持税务登记证件，在银行或者其他金融机构开立基本存款账户和其他存款账户，并将其全部账号向税务机关报告。（　　）

6.发票分为普通发票和专业发票两种。（　　）

7.只要是一般纳税人就可以领购使用增值税专用发票。（　　）

8.增值税一般纳税人在不能开具专用发票的情况下也可使用普通发票。（　　）

9.非企业性单位、不经常发生应税行为的企业可选择按小规模纳税人纳税。（　　）

10.根据消费税的规定，我国目前只对卷烟和白酒采用复合征收方法。（　　）

11.根据营业税的规定，服务业执行5%～20%的幅度税率，具体使用的税率由各省、自治区、直辖市人民政府根据当地的实际情况在税法规定的幅度内决定。（　　）

12.根据《增值税暂行条例》规定，销售额为纳税人销售货物或者提供应税劳务和应税服务向购买方收取的全部价款，但不包括价外费用。 ( )

13.高尔夫球是应缴纳消费税的应税消费品，但高尔夫球具不属于应税消费品。 ( )

14.对企事业单位的承包、承租经营所得，以每一纳税年度的收入总额，减除必要费用后的余额，为应纳税所得额。 ( )

15.除国家税务总局另有规定外，纳税人一经认定为小规模纳税人后，不得转为一般纳税人。 ( )

**四、案例分析题**

1.某商业企业属于增值税小规模纳税人，5月份有关购销业务如下：(1) 购进服装100套，进价150元每套，取得普通发票，价款已付，另支付运货费用200元，取得运输单位开具的运输发票；(2) 购入办公设备，取得普通发票，注明价款5 500元；(3) 销售服装80套，售价412元每套，开具普通发票上注明价款32 960元，价款已全部收到；(4) 转让厂房，取得转让收入100 000元。

要求：根据上述材料，回答下列问题：

(1) 下列各项说法正确的是 ( )。

A.从事货物生产或提供应税劳务的纳税人，以及从事货物生产或提供应税劳务为主，并兼营货物批发或零售的纳税人，年应税销售额在50万元以下的，属于小规模纳税人

B.从事货物批发或零售的纳税人，年应税销售额在80万元以下的，属于小规模纳税人

C.年应税销售额超过小规模纳税人标准的个人、非企业性单位、不经常发生应税行为的企业，视同小规模纳税人纳税

D.小规模纳税人应纳增值税与购进货物没有关系，购进货物的全部支出都将记入货物的成本

(2) 小规模纳税人增值税的税率为 ( )。

A.3% B.7% C.10% D.13%

(3) 该企业销售服装应纳的增值税税额为 ( )。

A.960元 B.988.8元 C.966元 D.976元

(4) 该企业转让厂房应缴纳的营业税为 ( )。

A.3 000元 B.4 000元 C.5 000元 D.6 000元

(5) 下列各项说法正确的是 ( )。

A.该企业外购服装可抵扣的进项税额为0

B.该企业外购服装发生的运费可抵扣的进项税额为14元

C.该企业购入办公用品可抵扣的进项税额为165元

D.该企业可按3%的征收率计算可抵扣的进项税额

2.某企业某年有关财务资料如下：

(1) 销售收入为3 000万元，营业外收入为620万元，其中包括依法收取政府性基

金200万元、国债利息收入20万元、直接投资A公司取得红利收益100万元、租金收入140万元、特许权使用费收入160万元。

（2）有关销售成本支出1 800万元，缴纳营业税150万元、增值税336万元，预缴企业所得税120万元。

（3）管理费用为280万元，财务费用为100万元，销售费用为220万元。

（4）营业外支出 80万元，其中非公益性捐赠20万元。

已知：该企业上年未弥补亏损为24万元，适用的所得税税率为25%。

要求：按照企业所得税的规定和要求，选择下列符合题意的选项（保留两位小数）。

（1）下列选项中，属于不征税收入的是（　　）。

A.国债利息收入20万元　　B.租金收入140万元

C.依法收取政府性基金200万元　　D.特许权使用费收入160万元。

（2） 下列选项中，属于免税收入的是（　　）。

A.国债利息收入20万元

B.直接投资A公司取得红利收益100万元

C.依法收取政府性基金200万元

D.特许权使用费收入160万元。

（3） 下列选项中，在计算应纳税所得额是不得扣除的是（　　）。

A.营业税　　B.增值税　　C.非公益性捐　　D.企业所得税

（4） 该企业当年应纳税所得额为（　　）万元

A.690　　B.342　　C.666　　D.658

（5）该企业当年企业所得税应纳税额为（　　）万元。

A.85.5　　B.166.5　　C.172.5　　D.164.5

3.作家何某是一位自由职业者，2014年开了一家书店并取得个体工商户营业执照，其2014年收入如下：

（1）被某电视台“十一”文艺汇演组聘为顾问，取得顾问费4 000元。

（2）在某高校中文系兼课，每月两次，每次400元。

（3）与高校两位老师共写一本书，共得稿酬2.4万元，何某得主编费6 000元，其余款项3人均分。

（4）出版个人作品集，取得收入2万元。

（5）何某书店全年销售额为9万元，进货成本、税金、其他费用共为3万元。

要求：根据上述材料，回答下列问题，

（1）何某取得的顾问费4 000元属于（　　）。

A.工资薪金所得　　B.劳务报酬所得　　C.稿酬所得　　D.偶然所得

（2）何某与两位老师共写一本书，3人的个人所得税纳税情况（　　）。

A.此笔稿酬共纳税2 688元　　B. 3人各自纳税672元

C.何某一人纳税1 344元　　D.除何某外的两人各纳税672元

（3）出版个人作品集属于稿酬收入，稿酬所得应纳个人所得税的计算公式为（　　）。

A. 每次收入不足4 000元的，应纳税额=（每次收入额－800）×20%

B. 每次收入在4 000元的，应纳税额 =每次收入额×（1－20%）×20%

C. 每次收入不足4 000元的，应纳税额=（每次收入额－800）×20%×（1－30%）

D. 每次收入在4 000元的，应纳税额=每次收入额×（1−20%）×20%×（1−30%）

（4）何某2010年书店收入应缴个人所得税税额为（　　）元。

A.6 000　　B.1 050　　C.7 750　　D.3 000

（5）何某本年度应缴纳的个人所得税税额为（　　）元。

A.5 274　　B.8 302　　C.9 134　　D.8 462

# 第四章 财政法律制度

## 知识全景图

- 财政法律制度
  - 预算法律制度
    - 预算法律制度构成
      - 预算法
      - 预算法实施条例
    - 国家预算
    - 预算管理的职权
      - 各级人民代表大会及其常务委员会
      - 各级财政部门
      - 各部门、各单位
    - 预算收入与支出
    - 预算组织程序
      - 编制
      - 审批
      - 执行
      - 调整
    - 决算
    - 预决算的监督
  - 政府采购法律制度
    - 政府采购法律制度的构成
      - 政府采购法
      - 政府采购部门规章
      - 政府采购地方性法规
    - 政府采购的概念
    - 政府采购的原则
      - 公正
      - 公开透明
      - 公平竞争
      - 诚实信用
    - 政府采购的功能
    - 政府采购的执行模式
      - 集中采购
      - 分散采购
    - 政府采购当事人
      - 采购人
      - 供应商
      - 采购代理机构
    - 政府采购方式
      - 公开招标、邀请招标
      - 竞争性谈判、单一来源
      - 询价、其他方式
    - 政府采购的监督检查
  - 国库集中收付制度
    - 国库集中收付制度
    - 国库单一账户体系
    - 财政收入收缴方式和程序
    - 财政支出支付方式和程序

## ◆ 学习目标

1.了解我国预算法律制度的构成
2.掌握国家预算的概念、作用、构成和级次划分
3.熟知预算管理的职权、预算组织程度及预决算的监督
4.了解政府采购法律制度的构成
5.掌握政府采购的概念、原则、功能、执行模式、当事人及对其的监督检查
6.熟知国库集中收付制度的概念、国库单一账户体系的概念构成
7.了解财政收支的方式和程序

## 案例导引

### 初识预算

财政预算是国家机关、团体和事业单位等对于未来一定时期内的收入和支出的计划。每年两会，财政部部长所作的预算报告，都是代表们锁定的“焦点”。政府预算是一本政府公开的“财务大账”：过去的一年收了多少钱？钱投到哪里去了？今年的钱该怎么用？这些钱是不是“取之于民，用之于民”，每年都要接受人民代表大会代表的监督和审查。

然而，长期以来，由于财政预算编制较粗，“外行看不懂，内行看不清”，预算的透明度不高，造成了很多部门预算游离在人民代表大会监督范围之外。同样，在预算执行方面也不尽如人意，缺乏有效的监督制约办法。对每年人民代表大会批准的财政预算，执行随意性大。由于预算资金没有落实到具体的项目上，造成了执行难的问题。往往部门申请多，找领导批条子多，临时性支出多，变成“一年预算，预算一年”，然后再报人民代表大会常务委员会作出调整预算的决议。

为此，在近年各地的人民代表大会上，代表对财政预算的监督力度明显加大。如广东省第十届人民代表大会二次会议上，代表们对预算中“拨2 000万元给机关幼儿园”、“事业单位的行政编制外人员每人每年补贴3.2万元”等提出了质疑。浙江、四川等省的预算报告也明显加厚，列支项目也更加详尽，以利于人民代表大会代表的监督。

请问：

（1）政府预算的本质什么？

（2）为保证政府预算的科学性应坚持什么原则？

分析提示：

（1）政府预算的本质是关于民众赞同和监督国家财政活动的法律制度。政府预算反映着政府的职能与政策的方向，预算过程是政治的和决策的过程。概括而言，政府预算是具有法律效力的财政计划，即用法律形式表现，反映和规定政府在一定时期内财政收支活动的预期收支指标与平衡关系的一览表以及管理制度。它是政府分配集中性财政

资金的重要工具和调节、控制、管理社会经济活动的重要经济杠杆。

一般而言，政府预算的功能主要有两个方面：一是反映政府的财政收支状况；二是对政府支出的控制。

(2) 为保证政府预算的科学性，政府预算必须符合统一性、预测性、年度性、法律性和公开性等要求。这些特征体现了政府预算的技术性和政治性两个层面的内涵。统一性、预测性和年度性等特征可以理解为技术方面，法律性和公开性等方面则主要体现了政治内涵。

# 第一节　预算法律制度

## 一、预算法律制度的构成

预算法律制度是指国家经过法定程序制定的，用以调整国家预算关系的法律、行政法规和相关规章制度。我国预算法律制度由《中华人民共和国预算法》(以下简称《预算法》)、《中华人民共和国预算法实施条例》(以下简称《预算法实施条例》)以及有关国家预算管理的其他法规制度构成。

### (一)《预算法》

《预算法》于1994年3月22日在第八届全国人民代表大会第二次会议通过，根据2014年8月31日第十二届全国人民代表大会常务委员会第十次会议《全国人民代表大会常务委员会关于修改〈中华人民共和国预算法〉的决定》修正，自2015年1月1日起施。该法全文共11章101条。该法是我国财政法规范性文件体系中的一部至为重要的法律，是我国国家预算管理工作的根本性法律以及制定其他预算法规的基本依据。其宗旨是强化预算的分配和监督职能，健全国家对预算的管理，健全国家宏观调控，保障经济和社会的健康发展。

**【例4-1】**(单选)我国的《预算法》通过于(　　)年。

A.1983　　B.1994　　C.1995　　D.1998

【解析】B。

### (二)《预算法实施条例》

为了保证《预算法》能够有效实施，充分规范我国财政预算，国务院于1995年11月又颁布了《预算法实施条例》，对《预算法》中一些条例进行了更为详细的解释，共分为8章79条。

**【例4-2】**(单选)我国预算法律制度是由(　　)构成的。

A.《预算法》　　B.《预算法实施条例》

C.《预算法实施细则》　　D.有关国家预算管理的其他法规制度

【解析】ABD。

## 二、国家预算概述

### (一) 国家预算的概念

国家预算也称政府预算，是指经过法定程序批准的国家年度财政收支计划。它是经国家权力机关批准的法律文件，是国家管理社会经济事务、实施宏观经济调控的主要手段。

**（二）国家预算的作用**

国家预算作为财政分配和宏观调控的主要手段，具有分配、调控和监督职能。国家预算的作用是国家预算职能在经济生活中的具体体现，主要包括3个方面：

（1）财力保证作用。国家预算既是保障国家机器运转的物质条件，又是政府实施各项社会经济政策的有效保证。我国国家财政用于社会各项事业的资金，主要是通过国家预算集中和分配的。

（2）调节制约作用。国家预算作为国家的基本财政计划，是国家财政实行宏观控制的主要依据和主要手段。国家预算的收支规模可调节社会总供给和总需求的平衡，预算支出的结构可调节国民经济结构，因而国家预算的编制和执行情况对国民经济和社会发展都有直接的制约作用。

（3）反映监督作用。国家预算是国民经济的综合反映。预算收入反映了国民经济发展规模和经济效益水平，预算支出反映了各项事业发展的基本情况。通过国家预算的编制和执行，便于掌握国民经济的运行状况、发展趋势以及出现的问题，从而采取对策措施，促进国民经济稳定、协调发展。

**【例4-3】**（单选）预算收入反映国民经济发展规模，预算支出反映各项建设事业发展的基本情况。这体现的国家预算（　　）。

A.资金保护作用　　B.反映监督作用　　C.财力保证作用　　D.调节制约作用

【解析】B。通过国家预算的编制和执行，便于掌握国民经济的运行状况、发展趋势以及出现的问题，从而采取对策措施，促进国民经济稳定协调发展。

**（三）国家预算的级次划分**

预算级次是按一定原则设置和构建的预算管理层级结构。在我国，预算级次可以分为政府预算级次和单位预算级次两部分。

政府预算级次结构都是按照国家的政权结构和行政区域来划分的。我国的国家预算实行一级政府一级预算，设立中央，省、自治区、直辖市，设区的市、自治州，县、自治县、不设区的市、市辖区，乡、民族乡、镇5级预算。

**（四）国家预算的构成**

我国的国家预算根据国家的政权结构和行政区域划分的不同，可以分为中央预算、地方预算、总预算和部门单位预算。各级预算都要收支平衡。

1.中央预算

中央预算是中央总预算的简称，是指经法定程序批准的中央政府的年度财政收支计划。它是中央政府履行职能的基本财力保证，在国家预算体系中居于主导地位。

中央预算由中央各部门（含直属单位）的预算组成，包括地方向中央上解的收入数额和中央对地方返还或者给予补助的数额。

2.地方预算

地方预算是地方总预算的简称，是指经法定程序批准地方各级政府的年度财政收支计划的统称，由各省、自治区、直辖市总预算构成。地方预算在国家预算组织体系中起基础作用。

地方各级政府预算由本级各部门（含直属单位）的预算组成，包括下级政府向上级政府上解的收入数额和上级政府对下级政府返还或者给予补助的数额。其中，本级各部门是指与本级政府财政部门直接发生预算缴款、拨款关系的地方国家机关、政党组织和社会团体；直属单位是指与本级政府财政部门直接发生预算缴款、拨款关系的企业和事业单位。

3.总预算

总预算是指政府的财政汇总预算。按照国家行政区域划分和政权结构可相应划分为各级次的总预算，如我国的中央总预算、省（自治区、直辖市）总预算、市总预算、县总预算等。

各级总预算由本级政府预算和汇总的下一级总预算组成，由财政部门负责编制。没有下一级预算的，总预算即指本级预算。

4.部门单位预算

部门单位预算是指部门、单位的收支预算。部门预算是反映各本级部门（含直属单位）本系统内各级单位全部收支的预算，由本部门所属各单位预算组成。单位预算是指列入部门预算的国家机关、社会团体和其他单位的收支预算，以资金的形式反映着预算单位的各种活动。部门单位预算是总预算的基础，预算收支项目比较详细和具体，由各预算单位和部门编制。

**【例4-4】**（单选）根据我国的政权结构，可以把我国的预算分为（　　）。

A.6级　　B.3级　　C.4级　　D.5级

【解析】D。根据《预算法》第二条规定，我国国家预算实行一级政府一级预算，设立中央，省、自治区、直辖市，设区的市、自治州，县、自治县、不设区的市、市辖区，乡、民族乡、镇5级预算。

## 三、预算管理的职权

《预算法》明确规定了各级人民代表大会及其常务委员会、各级政府、各级财政部门和各部门、各单位的预算职权。

### （一）各级人民代表大会及其常务委员会的职权

1.全国人民代表大会及其常务委员会的职权

（1）全国人民代表大会的职权：①审查中央和地方预算草案及中央和地方预算执行情况的报告；②批准中央预算和中央预算执行情况的报告；③改变或者撤销全国人民代表大会常务委员会关于预算、决算的不适当的决议。

（2）全国人民代表大会常务委员会的职权：①监督中央和地方预算的执行；②审查和批准中央预算的调整方案；③审查和批准中央预算；④撤销国务院制定的同宪法、法律相抵触的关于预算、决算的行政法规、决定和命令；⑤撤销省、自治区、直辖市人民代表大会及其常务委员会制定的同宪法、法律、行政法规相抵触的关于预算、决算的地方性法规和决议。

2.县级以上地方各级人民代表大会及其常务委员会的职权

（1）县级以上地方各级人民代表大会的职权：①审查本级总预算草案及本级总预算

执行情况的报告；②批准本级预算和本级预算执行情况的报告；③改变或者撤销本级人民代表大会常务委员会关于预算、决算的不适当的决议；④撤销本级政府关于预算、决算的不适当的决定和命令。

（2）县级以上地方各级人民代表大会常务委员会的职权：①监督本级总预算的执行；②审查和批准本级预算的调整方案；③审查和批准本级决算；④撤销本级政府和下一级人民代表大会及其常务委员会关于预算、决算的不适当的决定、命令和决议。

3.乡、民族乡、镇的人民代表大会的职权

（1）审查和批准本级预算和本级预算执行情况的报告。

（2）监督本级预算的执行。

（3）审查和批准本级预算的调整方案。

（4）审查和批准本级决算。

（5）撤销本级政府关于预算、决算的不适当的决定和命令。

【例4-5】（单选）下列不属于县级以上地方各级人民代表大会的预算管理职权的是（　　）。

A.改变或者撤销全国人民代表大会常务委员会关于预算、决算的不适当的决议

B.撤销本级政府关于预算、决算的不适当的决定和命令

C.审查本级总预算草案及本级总预算执行情况的报告

D.批准本级预算和本级预算执行情况的报告

【解析】A。

【例4-6】（单选）根据我国《预算法》的规定，不属于全国人民代表大会常务委员会负责的是（　　）。

A.监督中央与地方的预算执行

B.审查和批准中央预算的调整方案

C.审查和批准中央决算

D.具体组织中央和地方预算的执行

【解析】D。

### （二）各级财政部门的职权

1.国务院财政部门的职权

（1）具体编制中央预算、决算草案。

（2）具体组织中央和地方预算的执行。

（3）提出中央预算预备费动用方案。

（4）具体编制中央预算的调整方案。

（5）定期向国务院报告中央和地方预算的执行情况。

2.地方各级政府财政部门的职权

（1）具体编制本级预算、决算草案。

（2）具体组织本级总预算的执行。

（3）提出本级预算预备费动用方案。

（4）具体编制本级预算的调整方案。

（5）定期向本级政府和上一级政府财政部门报告本级总预算的执行情况。

### （三）各部门、各单位的职权

1.各部门的职权

（1）编制本部门预算、决算草案。

（2）组织和监督本部门预算的执行。

（3）定期向本级政府财政部门报告预算的执行情况。

2.各单位的职权

（1）编制本单位预算、决算草案。

（2）按照国家规定上缴预算收入，安排预算支出，并接受国家有关部门的监督。

（3）安排预算支出。

【例4-7】（单选）下列有关各部门预算管理职权的表述中，不正确的是（　　）。

A.编制本部门预算、决算草案

B.组织和监督本部门预算的执行

C.不定期向上级政府财政部门报告预算的执行情况

D.定期向本级政府财政部门报告预算的执行情况

【解析】C。根据《预算法》第二十六条规定，各部门编制本部门预算、决算草案；组织和监督本部门预算的执行；定期向本级政府财政部门报告预算的执行情况。

## 四、预算收入与预算支出

国家预算由预算收入和预算支出组成。

### （一）预算收入

预算收入按归属可划分为中央预算收入、地方预算收入、中央和地方预算共享收入。中央预算收入是指按照分税制财政管理体制，纳入中央预算、地方不参与分享的收入，包括中央本级收入和地方按照规定向中央上解的收入。地方预算收入是指按照分税制财政管理体制，纳入地方预算、中央不参与分享的收入，包括地方本级收入和中央按照规定返还或者补助地方的收入。中央和地方预算共享收入是指按照分税制财政管理体制，中央预算和地方预算对同一税种的收入，按照一定划分标准或者比例分享的收入。

《预算法》规定的预算收入形式主要包括（按来源划分）：

1.税收收入

税收收入是政府为了分摊公共商品的生产成本、调节经济运行和公平收入分配，凭借政治权利，强制地参与各类经济主体收入再分配的一种主要形式。它具有强制性、固定性、无偿性的特点，是国家预算收入的最主要的部分。

2.依照规定应上缴的国有资产收益

依照规定应上缴的国有资产收益是指各部门和各单位占有、使用和依法处置境内外国有资产产生的收益，按照国家有关规定应当上缴预算的部分，如依法应当上缴的国有资产投资产生的股息收入、国有资产的有偿转让、出让的收益等。

3.专项收入

专项收入是指根据特定需要由国务院批准或者经国务院授权由财政部批准，设置、征集和纳入预算管理、有专项用途的收入。其主要包括：排污费收入、城市水资源费收入、教育费附加收入等。专项收入一般需要专款专用，它能够具体体现国家的宏观政策。

4.其他收入

它是指除了上述三种收入形式外，各级政府取得的各种杂项费税收入，主要包括外事服务收入、捐赠收入、罚没收入等。

【例4-8】（多选）我国《预算法》规定的预算收入形式中的其他收入包括（　　）。

A.税收收入　　B.铁道专项收入　　C.罚没收入　　D.规费收入

【解析】CD。

### （二）预算支出

预算支出按主体划分为中央预算支出和地方预算支出。中央预算支出是指按照分税制财政管理体制，由中央财政承担并列入中央预算的支出，包括中央本级支出和中央返还或者补助地方的支出。地方预算支出是指按照分税制财政管理体制，由地方财政承担并列入地方预算的支出，包括地方本级支出和地方按照规定上解中央的支出。

《预算法》规定的预算支出形式主要包括（按内容划分）：

1.经济建设支出

经济建设支出包括用于经济建设的基本建设投资支出、支持企业的挖潜改造支出、拨付的企业流动资金支出、拨付的生产性贷款贴息支出、专项建设基金支出、支持农业生产支出以及其他经济建设支出。它是预算支出的最主要部分。

2.教育、科学、文化、卫生、体育等事业发展支出

这是指用于教育、科学、文化、卫生、体育、工业、交通、商业、农业、林业、环境保护、水利、气象等方面事业的支出，具体包括公益性基本建设支出、设备购置支出、人员费用支出、业务费用支出以及其他事业发展支出。

3.国家管理费用支出

这包括国家权力机关、行政机关和司法机关的行政管理费支出。

4.国防支出

这包括国防费、国防科研事业费、民兵建设费等。

5.各项补贴支出

这包括粮油补贴、农业生产资料价差补贴等。

6.其他支出

这包括对外援助支出、财政贴息支出、国家物资储备支出、少数民族地区补助费等。

## 五、预算组织程序

预算组织程序是指国家在预算管理过程中依法定程序进行的各个工作环节所构成的有秩序活动的总体。它由预算的编制、审批、执行和调整等环节组成。

### （一）预算的编制

预算编制是指国家制定取得和分配使用预算资金的年度计划的活动。它是预算管理的一种基础性程序和重要的工作环节。国务院应当及时下达关于编制下一年度预算草案的指示。编制预算草案的具体事项由财政部门负责部署。预算草案是指各级政府、各部

门、各单位编制的未经法定程序审查和批准的预算收支计划，因此它不属于具备法律效力的国家预算。

1.预算年度

我国国家预算年度采取的是公历年制，《预算法》规定，预算年度自公历1月1日起至12月31日止。

2.预算草案的编制依据

（1）各级政府编制年度预算草案的依据包括：

①法律、法规。

②国民经济和社会发展计划、财政中长期计划以及有关的财政经济政策。

③本级政府的预算管理职权和财政管理体制确定的预算收支范围。

④上一年度预算执行情况和本年度预算收支变化因素。

⑤上级政府对编制本年度预算草案的依据。

（2）各部门、各单位编制年度预算草案的依据包括：

①法律法规。

②本级政府的指示和要求以及本级政府财政部门的部署。

③本部门、本单位的职责、任务和事业发展计划。

④本部门、本单位的定员定额标准。

⑤本部门、本单位上一年度预算执行情况和本年度预算收支变化因素。

3.预算草案的编制内容

中央预算的编制内容包括：

（1）本级预算收入和支出。

（2）上一年度结余用于本年度安排的支出。

（3）返还或者补助地方的支出。

（4）地方上解的收入。

中央财政本年度举借的国内外债务和还本付息数额应当在本级预算中单独列示。

地方各级政府预算编制内容包括：

（1）本级预算收入和支出。

（2）上一年度结余用于本年度安排的支出。

（3）上级返还或者补助的收入。

（4）返还或者补助下级的支出。

（5）上解上级的支出。

（6）下级上解的收入。

**（二）预算的审批**

《预算法》对预算的审查和批准作出了明确的规定。

1.人民代表大会审批

中央预算由全国人民代表大会审查和批准。国务院在全国人民代表大会举行会议时，向大会作关于中央和地方预算草案的报告。地方各级政府预算由本级人民代表大会审查和批准。地方各级政府在本级人民代表大会举行会议时，向大会作关于本级总预算草案的报告。

2.政府财政部门及各部门的批复

各级预算经本级人民代表大会批准后，必须依法自下而上地向相应的国家机关备案。各级政府财政部门应当自本级人民代表大会批准本级政府预算之日起20日内，批复本级各部门预算。各部门应当自本级财政部门批复本部门预算之日起15日内，批复所属各单位预算。

3.预算上报备案

乡、民族乡、镇政府将经本级人民代表大会批准的本级预算报上一级政府备案。

**【例4-9】**（多选）下列关于预算的审批，说法正确的有（　　）。

A.中央预算由全国人民代表大会审查和批准

B.地方各级政府预算由本级人民代表大会审查和批准

C.中央预算和地方各级政府预算均由全国人民代表大会审查和批准

D.中央预算和地方各级政府预算均由本级人民代表大会审查和批准

【解析】AB。根据《预算法》第四十三条规定，中央预算由全国人民代表大会审查和批准。地方各级预算由本级人民代表大会审查和批准。

**（三）预算的执行**

预算的执行是指经法定程序批准的预算进入具体实施阶段，各级政府、各部门、各预算单位在组织实施本级权力机关批准的本级预算中筹措预算收入、拨付预算支出等的活动。

我国预算执行的主体包括各级政府、各级政府财政部门、预算收入征收部门、国家金库、各有关部门和有关单位，不同的预算执行主体享有不同的权利，负担不同的职责。只有法律规定有预算执行权的主体，才能依法执行预算。《预算法》规定，各级预算由本级政府组织执行，具体工作由本级政府财政部门负责。

（1）有预算收入上缴任务的部门和单位，必须依照法律法规的规定及时、足额征收款项，并将应上缴的预算资金及时、足额地上缴国库，不得截留或者挪用应当上缴的预算收入。

（2）各级政府财政部门必须依照法律法规的规定，及时、足额地拨付预算支出资金，并加强对预算支出的管理和监督。

**【例4-10】**（多选）我国预算执行的主体包括（　　）。

A.各级政府　　B.各级政府财政部门

C.各级政府预算收入征收部门　　D.国家金库

【解析】ABCD。

**（四）预算的调整**

预算的调整是指经全国人民代表大会批准的中央预算和经地方各级人民代表大会批准的本级预算，在执行中因特殊情况需要增加支出或者减少收入，使原批准的收支平衡的预算的总支出超过总收入，或者使原批准的预算中举借债务的数额增加的部分变更。预算是一种计划，在执行过程中，由于客观的政治、经济形势变化，往往会发生一些原定预算没有考虑或者考虑不充分的减收增支因素，导致预算收支由原来的平衡变得不平衡，这时就必须依法进行预算调整。预算调整固然是正常的活动，但它又是对已经产生法律效力的预算的变动，必须严格依照法定程序来进行，任何政府或者部门都不得擅自变动预算。

根据《预算法》和《预算法实施条例》的有关规定，预算调整时应注意：

（1）预算调整方案由财政部门负责具体编制。未经批准调整预算，各级政府不得作出任何使原批准的收支平衡的预算的总支出超过总收入或者使原批准的预算中举借债务的数额增加的决定。对违反前款规定作出的决定，本级人民代表大会、本级人民代表大会常务委员会或者上级政府应当责令其改变或者撤销。

在调整方案中，应列明调整的原因、项目、数额、措施及有关说明，经本级政府审定后，提请本级人民代表大会常务委员会审批。

预算调整必须提请本级人民代表大会常务委员会审查和批准。调整方案未经批准，不得调整预算。地方各级政府预算的调整方案经批准后，由本级政府报上一级政府备案。

（2）接受上级返还或者补助的地方政府，应当按照上级政府规定的用途使用款项，不得擅自改变用途。

（3）政府有关部门以本级预算安排的资金拨付给下级政府有关部门的专款，必须经本级政府财政部门同意并办理预算划转手续。

（4）各部门、各单位的预算支出，必须按照本级政府财政部门批复的预算科目和数额执行，不得挪用；确需作出调整的，必须经本级政府财政部门同意。

（5）年度预算确定后，企业、事业单位改变隶属关系，引起预算级次和关系变化的，应当在改变财务关系的同时，相应办理预算划转。

## 六、决算

决算是年度预算收支执行结果的会计报告，是预算执行的总结，是国家管理预算活动的最后一道程序。它包括决算报表和文字说明两部分，通常按照统一的决算体系逐级汇编而成。决算制度主要包括决算草案的编制、决算草案的审查和批准、决算的批复。

### （一）决算草案的编制

每一预算年度终了后，各级政府、各部门、各单位应当在国务院规定的时间内编制决算草案，具体事项由国务院财政部门部署。决算草案的编制必须符合法律和行政法规的规定，数额要准确，内容要完整，报送要及时。

### （二）决算草案的审查和批准

（1）国务院财政部门编制中央决算草案，报国务院审定后，由国务院提请全国人民代表大会常务委员会审查和批准。

（2）县级以上地方各级政府财政部门编制本级决算草案，经本级政府审计部门审计后，由本级政府提请本级人民代表大会常务委员会审查和批准。

（3）乡、民族乡、镇政府编制本级决算草案，提请本级人民代表大会审查和批准。

### （三）决算的批复

县级以上各级政府决算草案经本级人民代表大会常务委员会批准后本级政府财政部

门应当自批准之日起20日内向本级各部门批复决算。各部门应当自本级政府财政部门批复本部门决算之日起15日内向所属各单位批复决算。

县级以上地方各级政府应当自本级人民代表大会常务委员会批准本级政府决算之日起30日内，将本级政府决算及下一级政府上报备案的决算汇总，报上一级政府备案。

【例4-11】(单选)县级以上地方各级政府财政部门编制本级决算草案，由(　　)审查和批准。

A.国务院　　B.全国人民代表大会常务委员会

C.本级人民政府　　D.本级人民代表大会常务委员会

【解析】D。

## 七、预决算的监督

各级国家权力机关、政府及其财政、审计部门，是预决算监督的主体。

1.全国人民代表大会及其常务委员会对中央和地方预算、决算进行监督。县级以上地方各级人民代表大会及其常务委员会对本级和下级政府预算、决算进行监督，乡、民族乡、镇人民代表大会对本级预算、决算进行监督。

2.各级政府应当加强对下级政府预算执行的监督，对下级政府在预算执行中违反法律、行政法规和国家方针政策的行为，依法予以制止和纠正，对本级预算执行中出现的问题，及时采取处理措施。

3.各级政府财政部门负责监督检查本级各部门及其所属各单位预算的执行，并向本级政府和上一级政府财政部门报告预算执行情况。

4.各级政府审计部门对本级各部门、各单位和下级政府的预算执行、决算实行审计监督。

【例4-12】(单选)下列对中央和地方预算、决算进行监督的机关是(　　)。

A.地方各级人民代表大会及其常务委员会　　B.财政部

C.全国人民代表大会及其常务委员会　　D.国有资产监督管理机构

【解析】C。根据《预算法》规定，全国人民代表大会及其常务委员会对中央和地方预算、决算进行监督。

### 考场指南

1.预算法律制度的构成：《预算法》、《预算法实施条例》及有关国家预算管理的其他法规制度。

2.国家预算的构成：中央预算、地方预算、总预算和部门预算、单位预算。

3.国家预算的级次划分：一级政府一级预算，设立中央，省、自治区、直辖市，设区的市、自治州，县、自治县、不设区的市、市辖区，乡、民族乡、镇5级预算。

4.我国预算管理职权划分的原则是：统一领导、分级管理、权责结合。

5.预算收入包括：税收收入、国有资产收益、专项收入、其他收入。

6.预算支出包括：经济建设支出、教科文卫体等事业发展支出、国家管理费支出、国防支出、各种补贴支出、其他支出。

7.预算组织程序包括预算的编制、审批、执行和调整等环节。

8.决算是年度预算收支执行结果的会计报告，是预算执行的总结，是国家管理预算活动的最后一道程序。

9.各级国家权力机关、政府及其财政、审计部门，是预决算监督的主体。

# 第二节　政府采购法律制度

## 一、政府采购法律制度的构成

我国的政府采购法律制度由《中华人民共和国政府采购法》（以下简称《政府采购法》）、国务院各部门特别是财政部颁布的一系列部门规章，以及地方性法规和政府规章组成。这些法规数量众多，形成了一个从中央到地方、从上位法到下位法都衔接得较为严密的制度体系。

### （一）政府采购法

2002年6月29日第九届全国人民代表大会常务委员会第二十八会议通过的《政府采购法》，于2003年1月1日施行，是我国政府采购的主要法律依据。它的立法宗旨是为了规范政府采购行为，提高政府采购资金的使用效益，维护国家利益和社会公众利益，保护政府采购当事人的合法权益，促进廉政建设。《政府采购法》只适用于在我国境内发生的政府采购活动，且不适用于军事采购、紧急采购、安全秘密采购和使用国外资金进行的采购活动。

### （二）政府采购部门规章

政府采购部门规章是指国务院各部门根据法律和国务院的行政法规、决定、命令，在部门的职权范围内制定的采购规章，如《政府采购信息公告管理办法》、《中央单位政府采购管理实施办法》等。

### （三）政府采购地方性法规

政府采购地方性法规是指省、自治区、直辖市以及省、自治区人民政府所在地的市和经国务院批准的较大的市的人民代表大会及其常务委员会，在其法定权限内制定的有关采购的法律规范性文件，如《辽宁省政府采购管理规定》、《关于印发<鸡西市政府采购合同>文本的通知》等。

**【例4-13】**（判断）《政府采购法》的立法宗旨是为了规范政府采购行为，提高政府采购资金的使用效益，维护国家利益和社会公共利益，保护政府采购当事人的合法权益，促进廉政建设。（　　）

【解析】√。根据《政府采购法》第一条规定，为了规范政府采购行为，提高政府采购资金的使用效益，维护国家利益和社会公共利益，保护政府采购当事人的合法权益，促进廉政建设，制定本法。

**【例4-14】**（判断）《政府采购信息公告管理办法》、《中央单位政府采购管理实施办法》均属于政府采购地方性法规。（　　）

【解析】×。政府采购地方性法规是指省、自治区、直辖市以及省、自治区人民政府所在地的市和经国务院批准的较大的市的人民代表大会及其常务委员会，在其法定权限内制定的有关采购的法律规范性文件。

## 二、政府采购的概念

政府采购是指各级国家机关、事业单位和团体组织，使用财政性资金采购依法制定的集中采购目录以内或者采购限额标准以上的货物、工程和服务的行为。

### （一）政府采购的主体范围

《政府采购法》规定“在中华人民共和国境内进行的政府采购适用本法”，即在我国境内进行的各级国家机关、事业单位和社会团体等，而所有个人、私人企业和公司均不能成为政府采购的采购方主体。供应商主体却可以是任何有供货条件的个人或企业公司。

国家机关是指各级国家权力机关、行政机关、司法机关、党务机关等；事业单位是指依法设立的履行科教文卫体等公共事业发展职能的机构和单位；社会团体是指依法设立的由财政供养的从事公共社会活动的团体组织，如有关行业协会等。

**【例4-15】**（单选）下列选项中，适用《政府采购法》的有（　　）。

A.某合伙企业采购工程物资　　B.中国香港政府从内地采购纺织用品

C.中国澳门政府采购农产品　　D.教育局以财政预算外资金采购工程劳务

【解析】D。各级国家机关、事业单位和团体组织，使用财政性资金采购依法制定的集中采购目录以内的或者采购限额标准以上的货物、工程和服务的行为都适用《政府采购法》。

**【例4-16】**（多选）下列选项中，不适用《政府采购法》的有（　　）。

A.某外商独资企业购买原材料

B.某国有独资企业采购生产设备

C.某体育局用体育经费拨款购买体育设施

D.某建筑公司承揽了国家的某重点工程新建项目而采购建筑材料

【解析】ABD。采购人是指依法进行政府采购的国家机关、事业单位、团体组织。目前企业不适用《政府采购法》。

### （二）政府采购的资金范围

政府采购资金是指采购机关获取货物、工程和服务时支付的资金，其性质是确定采购行为是否属于政府采购制度规范范围的重要依据。我国规定政府采购资金为财政性资金，包括预算内资金、预算外资金，以及与财政资金相配套的单位自筹资金。预算内资金是指财政预算中批复的资金以及预算执行中追加的资金；预算外资金是指根据国家财政制度和财务制度的规定，不纳入国家预算，由地方各部门、各企事业单位自收自支的资金，即按规定缴入财政专户和经财政部门批准留用的未纳入财政预算收入管理的财政性资金；单位自筹资金是指采购人按照规定用单位自有资金安排的采购资金。

### （三）政府集中采购目录和政府采购限额标准

政府集中采购目录和政府采购限额标准，是采购人编制政府采购预算和计划的依据，也是政府采购监督部门进行监督检查的依据。

政府集中采购目录和政府采购限额标准由省级以上人民政府确定并公布，每年在政府预算编制前予以公布，以利于政府采购预算的编制。属于中央预算的政府采购项目，其集中采购目录和政府采购限额标准由国务院确定并公布；属于地方预算的政府采购项目，其集中采购目录和政府采购限额标准由省、自治区、直辖市人民政府或者其授权的机构确定并公布。

**（四）政府采购的对象范围**

政府采购的对象包括货物、工程和服务。其中，货物指各种形态和种类的物品，包括原材料、燃料、设备、产品等；工程指建设工程，包括建筑物和构筑物的新建、改建、扩建、装修、拆除、修缮等；服务指除货物和工程以外的其他政府采购对象，如会议服务、保险服务等。

【例 4-17】（单选）政府采购中的集中采购的范围由（　　）公布的集中采购目录确定。

A.省级以上人民政府　　B.县级人民政府

C.财政部　　D.镇级以上人民政府

【解析】A。《政府采购法》第七条规定，政府采购实行集中采购和分散采购相结合，集中采购的范围由省级以上人民政府公布的集中采购目录确定。

## 三、政府采购的原则

**（一）公开透明原则**

公开透明原则要求政府采购的信息和行为不仅要全面公开，而且要完全透明。仅公开信息但仍搞暗箱操作属于违法行为。依《政府采购法》精神，公开透明要求做到政府采购的法规和规章制度要公开，招标信息及中标或成交结果要公开，开标活动要公开，投诉处理结果或司法裁定都要公开，使政府采购活动在完全透明的状态下运作，全面、广泛地接受监督。

**（二）公平竞争原则**

公平竞争原则是市场经济运行的重要法则，是政府采购的基本规则。公平竞争要求在竞争的前提下公开地开展政府采购活动。公平竞争是指政府采购的竞争是有序竞争，要公平地对待每一个供应商，不能有歧视某些潜在的符合条件的供应商参与政府采购活动的现象，而且采购信息要在政府采购监督管理部门指定的媒体上公平地披露。

**（三）公正原则**

公正原则是为采购人与供应商之间在政府采购活动中处于平等地位而确立的。要求政府采购要按照事先约定的条件和程序进行，对所有供应商一视同仁，不得有歧视条件和行为，任何单位或个人无权干预采购活动的正常开展。为了实现公正，《政府采购法》提出了评标委员会以及有关的小组人员必须要有一定数量的要求，要有各方面的代表，而且人数必须为单数，相关人员要回避，同时规定了保护供应商合法权益及方式。

【例 4-18】（单选）下列体现政府采购中“公正原则”的是（　　）。

A.政府采购当事人不得伪造、变造、隐匿、销毁需要依法保存的文件

B.政府采购的法规和规章制度要公开

C.将竞争机制引入采购活动中，实行优胜劣汰

D.评标委员会以及有关的小组人员必须要有一定数量的要求，要有各方面的代表，而且人数必须为单数

【解析】D。

**(四) 诚实信用原则**

诚实信用原则是发展市场经济的内在要求，在市场经济发展初期向成熟时期过渡阶段，尤其要大力推崇这一原则。诚实信用原则要求政府采购当事人在政府采购活动中，本着诚实信用的态度履行各自的权利和义务，讲究信誉，兑现承诺，不得散布虚假信息，不得有欺诈、串通、隐瞒等行为，不得伪造、变造、隐匿、销毁需要依法保存的文件，不得规避法律、法规，不得损害第三人的利益。

【例4-19】(多选) 政府采购公开的信息应当符合的标准包括（　　）。

A.内容真实　　B.准确可靠　　C.发布及时　　D.便于获得

【解析】ABCD。

## 四、政府采购的功能

**(一) 节约财政支出，提高采购资金的使用效益**

实行政府集中采购，一是节约采购成本；二是可以在保证产品性能与质量的前提下，压低产品与劳务的价格；三是政府采购实行国库支付，将采购资金直接拨付给供应商，减少了资金流通环节，所以通过政府采购可以以尽量少的财政投入获得最大的产出，因而实行政府采购可以提高财政资金的使用效益。

**(二) 强化宏观调控**

政府采购作为财政支出形式之一，是实现财政支出政策的重要工具。政府在政府采购市场处于有利地位，可以通过调整采购规模、采购时间、采购规则等方式来实现特定的宏观调控目标。例如，政府可以通过调整采购总量来调控社会总需求，进而促进社会总供给和总需求的平衡；可以通过调整采购品种、数量和频率等影响国民经济产业结构和产品结构；可以通过对采购地区的选择来平衡地区间的经济发展。我国《政府采购法》明确规定，政府采购应当有助于实现国家的经济和社会发展政策目标，包括保护环境、扶持不发达地区和少数民族地区、促进中小企业发展。

**(三) 活跃市场经济**

政府采购遵循公开透明、公平竞争、公正的原则，在竞标过程中执行严密透明的“优胜劣汰”机制，所有这些都会调动供应商参与政府采购的积极性，并能够促使供应商不断提高产品质量、降低生产成本或改善售后服务，以使自己能够赢得政府订单。供应商竞争能力的提高又能够带动整个国内市场经济的繁荣。从国际竞争的角度看，政府采购有助于供应商迈出国门、走向国际市场，提高我国产品在国际市场上的竞争力，并早日进入国际政府采购市场。

**(四) 推进反腐倡廉**

政府采购作为一项制度安排可以从两方面推进政府的反腐倡廉工作。首先，政府采购中的采购人、采购代理机构和供应商三者之间在各自内在利益驱动下所形成的内在互

相监督机制，可以促进反腐倡廉；其次，实行政府采购制度的同时也建立了一套外在的监督制度，如法律监督，政府采购主管部门的监督，各级纪检、监察、审计等部门的监督等，这些监督都最大限度地增加了政府采购的透明度，尽可能避免腐败现象的发生。

**（五）保护民族产业**

在众多的非关税贸易壁垒中，政府采购是世界各国为保护民族产业所普遍采用的有效手段。根据我国《政府采购法》的规定，除极少数法定情形外，政府采购应当采购本国货物、工程和服务。这一规定就体现了“国货优先”原则，即政府采购保护民族产业的功能。

## 五、政府采购的执行模式

政府采购按是否进行集中管理以及集中管理的程度，可以分为集中采购、分散采购与集中采购和分散采购相结合三种模式。根据我国《政府采购法》的规定，我国的政府采购实行集中采购和分散采购相结合的执行模式。

**（一）集中采购**

集中采购是指由政府设立的职能机构统一为其他政府机构提供采购服务的一种采购组织形式。采购人采购纳入集中采购目录的政府采购项目，应当实行集中采购。列入集中采购的项目往往是一些大宗的、通用性的项目。按照集中程度的不同，集中采购又可分为政府集中采购和部门集中采购两类：政府集中采购是指采购单位委托政府集中采购机构（政府采购中心）组织实施的，纳入集中采购目录以内的属于通用性的项目采购活动；部门集中采购则是指由采购单位主管部门统一负责组织实施的，纳入集中采购目录以内的属于本部门或本系统有专业技术等特殊要求的项目采购活动。

集中采购具有采购成本低、操作相对规范和便于监督管理的优势，有利于发挥政府采购的规模优势和政策作用，体现政府采购的效益性和公共性原则。其不利之处是难以适应紧急情况采购和满足用户多样性需求，采购程序复杂，采购周期较长等。

**（二）分散采购**

分散采购是指由各预算单位自行开展采购活动的一种采购组织形式。按照《政府采购法》的规定，采购未纳入集中采购目录的政府采购项目，可以自行采购，也可以委托集中采购机构在委托的范围内代理采购。列入分散采购的项目往往是一些专业化程度较高或单位有特定需求的项目，一般不具有通用性特征。

分散采购可以借助采购单位的技术优势和社会中介代理机构的专业优势，充分调动其进行政府采购活动的积极性和主动性，提高采购效率，从而满足采购的及时性和多样性的需求。其不利之处是失去了规模效益，加大了采购成本，不便于监督管理等。

## 六、政府采购当事人

政府采购当事人是指在政府采购活动中享有权利和承担义务的各类主体，包括采购人、供应商和采购代理机构。

**（一）采购人**

采购人是购买和使用所购买的货物、服务或工程的主体，是依法进行政府采购的国家机关、事业单位和团体组织。

1.采购人的权利

我国《政府采购法》对采购人的权利作出了明确规定，主要包括：①自行选择采购代理机构的权利。②要求采购代理机构遵守委托协议约定的权利。③审查政府采购供应商的资格的权利。④依法确定中标供应商的权利。⑤签订采购合同并参与对供应商履约验收的权利。⑥特殊情况下提出特殊要求的权利。例如，对于纳入集中采购目录属于本部门、本系统有特殊要求的项目，可以实行部门集中采购；属于本单位有特殊要求的项目，经省级以上人民政府批准，可以自行采购。⑦其他合法权利。

2.采购人的义务

根据《政府采购法》的规定，采购人的义务主要包括：①遵守政府采购的各项法律、法规和规章制度；②接受和配合政府采购监督管理部门的监督检查，同时还要接受和配合审计机关的审计监督以及监察机关的监督；③尊重供应商的正当合法权益；④遵守采购代理机构的工作程序；⑤在规定时间内与中标供应商签订政府采购合同；⑥在指定媒体及时向社会发布政府采购信息、招标结果；⑦依法答复供应商的询问和质疑；⑧妥善保存反映每项采购活动的采购文件；⑨其他法定义务。

**【例4-20】**（单选）下列各项中，不属于政府采购人的权利的是（　　）。

A.要求采购代理机构遵守委托协议约定

B.有权按照国家有关规定收取中介服务费

C.依法确定中标供应商的权利

D.自行选择采购代理机构的权利

【解析】B。

**（二）供应商**

供应商是指向采购人提供货物、工程或者服务的法人、其他组织或者自然人。我国《政府采购法》对供应商应具备的条件、权利和义务都作出了规定。

1.供应商应当具备的条件

①具有独立承担民事责任的能力；②具有良好商业信誉和健全的财务会计制度；③具有履行合同所必需的设备和专业技术能力；④有依法缴纳税收和社会保障资金的良好记录；⑤参加政府采购活动前3年内，在经营活动中没有重大违法记录；⑥法律、行政法规规定的其他条件。

2.供应商的权利

①平等地取得政府采购供应商资格的权利；②平等地获得政府采购信息的权利；③自主、平等地参加政府采购竞争的权利；④就政府采购活动事项提出询问、质疑和投诉的权利；⑤自主、平等地签订政府采购合同的权利；⑥要求采购人或采购代理机构保守其商业秘密的权利；⑦监督政府采购依法公开、公正进行的权利；⑧其他合法权利。

3. 供应商的义务

①遵守政府采购的各项法律、法规和规章制度；②按照规定接受供应商资格审查，并在资格审查中客观真实地反映自身情况；③在政府采购活动中，满足采购人或采购代理机构的正当要求；④投标中标后，按规定程序签订政府采购合同并严格履行合同义

务；⑤其他法定义务。

【例4-21】（多选）下列各项中，属于供应商权利的是（　　）。

A.平等地签订政府采购合同的权利

B.确定中标供应商

C.平等地获得政府采购信息

D.有权根据法律规定行使对政府采购活动的监督

【解析】ACD。

**（三）采购代理机构**

采购代理机构是指具备一定条件，经政府有关部门批准而依法拥有政府采购代理资格的社会中介机构。采购代理机构分为一般采购代理机构和集中采购代理机构两种。一般采购代理机构的资格由国务院有关部门或省级人民政府有关部门认定，主要负责分散采购的代理业务。集中采购代理机构是进行政府集中采购的法定代理机构，由设区的市、自治州以上人民政府根据本级政府采购项目组织集中采购的需要设立。

采购代理机构最基本的职责是通过采购代理行为实现采购人的采购需求，其最主要的权利包括：①接受采购人的采购委托，承办实施有关采购项目的采购事宜；②建立政府采购信息网络，搜集和整理供应商、产品和服务信息，记录政府采购过程，总结采购经验；③依法组织实施具体采购工作，包括编制招标文件、发布采购信息、组织接标、开标、评标和定标等活动；④按照委托协议的要求，代理采购人与中标供应商签订采购合同、监督合同履行和对采购结果进行验收；⑤有拒绝、防范任何单位和个人对采购过程实施非法干预的权利；⑥有按规定向采购人收取法定的代理费用的权利。

采购代理机构作为一种特殊的利益主体，应当对包括自身在内的政府采购当事人负责，自觉履行政府采购法律规定的义务，依法开展代理采购活动，维护国家利益和社会公共利益。其义务和主要责任包括：①依法开展代理采购活动并提供良好服务；②依法发布采购信息；③依法接受监督管理；④不得向采购人行贿或者采取其他不正当手段谋取非法利益；⑤其他法定义务和责任。

## 七、政府采购方式

**（一）公开招标**

公开招标是指采购人或其委托的政府采购代理机构以招标公告的方式邀请所有潜在的不特定的供应商参加投标竞争，从所有投标人中择优选出中标供应商，并与之签订合同的一种采购方式。公开招标应作为政府采购的主要采购方式。

公开招标的程序主要包括招标、投标、开标、评标和定标5个环节。这种采购方式具有采购程序复杂、采购规模大和采购效率高的特点。

采用公开招标方式进行政府采购，应符合下列要求：①招标采购单位必须在财政部指定的政府采购信息发布媒体上发布招标公告；②自招标文件发出之日起至投标人提交投标文件截止之日止，不得少于20日。

采购人采购货物或者服务应当采用公开招标方式的，其具体数额标准，属于中央预算的政府采购项目，由国务院规定；属于地方预算的政府采购项目，由省、自治区、直辖市人民政府规定；因特殊情况需要采用公开招标以外的采购方式的，应当在采购活动开始前获得设区的市、自治州以上人民政府采购监督管理部门的批准。采购人不得将应当以公开招标方式采购的货物或者服务化整为零或者以其他任何方式规避公开招标采购。

**【例4-22】**（判断）采购人不得将应当以公开招标方式采购的货物或者服务化整为零来规避公开招标采购。（　　）

【解析】√。《政府采购法》第二十八条规定，采购人不得将应当以公开招标方式采购的货物或者服务化整为零或者以其他任何方式规避公开招标采购。

**（二）邀请招标**

邀请招标是指采购人或其委托的政府采购代理机构以投标邀请书的方式邀请3家或3家以上特定的供应商参与投标的采购方式。

《政府采购法》规定，符合下列情形之一的货物或者服务，可以采用邀请招标方式采购：①具有特殊性，只能从有限范围的供应商处采购的；②采用公开招标方式的费用占政府采购项目总价值的比例过大的项目。

采用邀请招标采购方式，采购人应当在省级以上人民政府财政部门指定的政府采购信息发布媒体发布资格预审公告，公布投标人资格条件，资格预审公告的期限不得少于7个工作日，投标人应当在资格预审公告期结束之日起3个工作日前，按公告要求提交资格证明文件。招标采购单位从评审合格的投标人中通过随机方式选择3家以上的投标人，并向其发出投标邀请书。

**【例4-23】**（单选）根据政府采购法律制度的规定，采用邀请招标方式的，采购人应当从符合相应资格条件的供应商中随机邀请（　　）以上的供应商，并以投标邀请书的方式，邀请其参加投标。

A.3家　　B.5家　　C.10家　　D.15家

【解析】A。

**（三）竞争性谈判**

竞争性谈判是指采购人或代理机构通过与多家供应商（不少于3家）进行谈判，最后从中确定中标供应商。

竞争性谈判主要适用于招标后没有供应商投标或者没有合格标的或者重新招标未能成立的；技术复杂或者性质特殊，不能确定详细规格或者具体要求的；采用招标所需时间不能满足用户紧急需要的；不能事先计算出价格总额的项目。

**【例4-24】**（单选）根据《政府采购法》的有关规定，招标后没有供应商投标或者没有合格标的或者重新招标未能成立的，其适用的政府采购方式是（　　）。

A.询价方式　　B.邀请招标方式　　C.公开招标方式　　D.竞争性谈判方式

【解析】D。

**【例4-25】**（多选）根据政府采购法律制度的规定，下列情形中，采购人可以采用竞争性谈判方式采购的有（　　）。

A.采用招标方式所需时间不能满足用户紧急需要的

B.不能事先计算出价格总额的

C.采用公开招标方式的费用占政府采购项目总价值的比例过大的

D.技术复杂或者性质特殊，不能确定详细规格或者具体要求的

【解析】ABD。

**（四）单一来源**

单一来源方式是指采购人采购不具备竞争条件的物品，只能从唯一的供应商取得采购货物或服务的情况下，直接向该供应商协商采购的方式，也称直接采购。

《政府采购法》规定，符合下列情形之一的货物或者服务，可以采用单一来源方式采购：①只能从唯一供应商处采购的；②发生了不可预见的紧急情况，不能从其他供应商处采购的；③必须保证原有采购项目一致性或者服务配套的要求，需要继续从原供应商处添购，且添购资金总额不超过原合同采购金额10%的。这种采购的特点是没有竞争性。

**【例4-26】**（判断）单一来源方式是指采购人向唯一供应商进行采购的方式。(　　)

【解析】√。

**（五）询价**

询价是指询价小组（由采购人的代表和有关专家共3人以上的单数组成，其中专家的人数不得少于成员总数的2/3）根据采购需求，从符合相应资格条件的供应商名单中确定不少于3家的供应商向其发出询价单让其报价，由供应商一次报出不得更改的报价，然后询价小组在报价的基础上进行比较，并确定最优供应商的一种采购方式，这也就是我们通常所说的货比三家，它是一种相对简单而又快速的采购方式。

询价主要适用采购的货物规格、标准统一，现货货源充足且价格变化幅度小的政府采购项目，而且一般采购的额度较小。

## 八、政府采购的监督检查

**（一）政府采购的外部监督**

各级人民政府财政部门是负责政府采购的监督管理的部门，依法履行对政府采购活动的监督管理职责。其监督检查的主要内容是：

（1）有关政府采购的法律、行政法规和规章的执行情况；

（2）采购范围、采购方式和采购程序的执行情况；

（3）政府采购人员的职业素质和专业技能；

（4）集中采购机构的有关情况，如采购价格、节约资金效果、服务质量、信誉状况、有无违法行为等事项。

**（二）政府其他有关部门的监督**

（1）审计机关的监督，审计机关对政府采购监督管理部门、政府采购各当事人有关政府采购活动进行审计监督。

（2）监察机关的监督，监察机关应当加强对参与政府采购活动的国家机关、国家公务员和国家行政机关任命的其他人员的监察。

（3）其他有关部门的监督，依照法律、行政法规的规定对政府采购负有行政监督职

责的其他政府有关部门，应当按照其职责分工，加强对政府采购活动的监督。

**（三）集中采购机构的内部监督**

1.建立健全内部监督管理制度

采购活动的决策和执行程序应当明确，并相互监督、相互制约。经办采购的人员与负责采购合同审核、验收人员的职责权限应当明确，并相互分离。

2.提高采购人员的职业素质和专业技能

集中采购机构的采购人员应当具有相关职业素质和专业技能，符合政府采购监督管理部门规定的专业岗位任职要求。

集中采购机构对其工作人员应当加强教育和培训；对采购人员的专业水平、工作实绩和职业道德状况定期进行考核。采购人员经考核不合格的，不得继续任职。

**考场指南**

1.政府采购法律制度的构成：由《政府采购法》、政府采购部门规章和政府采购地方性法规和政府规章构成。

2.政府采购：主体范围是国家机关、事业单位和团体组织；采购资金为财政性资金；采购对象包括货物、工程和服务。

3.政府采购的原则：公开透明原则、公平竞争原则、公正原则、诚实信用原则。

4.政府采购的功能：（1）节约财政支出，提高采购资金的使用效益；（2）强化宏观调控；（3）活跃市场经济；（4）推进反腐倡廉；（5）保护民族产业。

5.政府采购的执行模式：集中采购、分散采购。

6.政府采购当事人：采购人、供应商、采购代理机构。

7.政府采购方式：公开招标、邀请招标、竞争性谈判、单一来源、询价，其中以公开招标为主。

## 第三节　国库集中收付制度

国库是负责办理政府预算资金的收纳、划分报解、保管、支拨和监督等工作的机构。在我国，由中国人民银行代行国库职能。国库资金收付是政府预算执行的重要环节，是政府预算管理的基础。我国自2001年开始实施国库集中收付制度改革以来，建立起了比较完善的制度体系，其中最主要的文件包括财政部与中国人民银行联合印发的《财政国库管理制度改革试点方案》（财库[200-324号]）、《中央单位财政国库管理制度改革试点资金支付管理办法》（财库[2002]28号）等。

### 一、国库集中收付制度

**（一）国库集中收付制度的概念**

国库集中收付制度又称国库单一账户制度，包括国库集中支付制度和收入收缴管理制度，是指由财政部门代表政府设置国库单一账户体系，所有的财政性资金均纳入国库单一账户体系收缴、支付和管理的制度。

实行国库收付制度，有利于提高财政资金的使用效率和规范化运作程度，加强对收入缴库和支出拨付过程的监管，有利于预算单位用款及时和便利，增强财政资金收付过程的透明度，解决财政资金截留、挤占、挪用等问题。

**（二）我国国库集中收付制度改革的主要内容**

（1）建立国库单一账户体系，改变预算单位自行开设账户的做法，统一由财政在中国人民银行或商业银行开设，包括国库单一账户、零余额账户、预算外资金账户、小额现金账户和特设专户。

（2）规范收入收缴程序，将目前预算资金的3种缴库方式简并为直接缴库和集中汇缴两种方式，取消现行的某些收入通过过渡性账户缴库的做法。

（3）规范支出拨付程序，改变目前由财政部门将资金拨付到各部门、各部门再层层下拨的做法，实行财政直接拨付和财政授权支付两种方式，基本消除资金流经环节多的弊端。

## 二、国库单一账户体系

**（一）国库单一账户体系的概念**

国库单一账户体系是指以财政国库存款账户为核心的各类财政性资金账户的集合，所有财政性资金的收入、支付、存储及资金的清算活动均在该账户体系运行。

财政部门是持有和管理国库单一账户体系的职能部门，任何单位不得擅自设立、变更或撤销国库单一账户体系中的各类银行账户。中国人民银行按照有关规定，对国库单一账户和代理银行进行管理和监督。这里所指的代理银行，是指财政部门指定的具体办理财政性资金支付业务的商业银行。

实行国库单一账户集中支付，其作用在于建立预算执行的监督管理机制。一方面，通过单一账户集中化管理，灵活地调度和使用资金，提高政府资金使用效率，降低成本；另一方面，从根本上杜绝在预算执行中的克扣、截留、挪用资金的现象，促进政策资金使用信息公开化、透明化，强化约束力和社会监督力，从源头上堵住政府资金使用的行政干预和腐败现象。

**（二）国库单一账户体系的构成**

国库单一账户体系主要由国库单一账户、财政部门零余额账户、预算单位零余额账户、预算外资金财政专户和特设专户5类银行账户构成。

1.国库单一账户

它是财政部门在中国人民银行开设的国库存款账户，用于记录、核算和反映纳入预算管理的财政收入和支出，并用于与财政部门在商业银行开设的零余额账户进行清算和实现支付的账户。国库单一账户在财政总预算会计中使用，行政单位和事业单位在会计中不设置。

2.财政部门零余额账户

它是由财政部门按资金使用性质在商业银行开设的零余额账户，用于财政直接支付以及与国库单一账户支出清算。该账户每日发生的支付，于当日营业终了前与国库单一账户清算。该账户不得提取现金。财政部门零余额账户在国库会计中使用，行政单位和事业单位会计中不设置。

3.预算单位零余额账户

它是由财政部门在商业银行为预算单位开设的零余额账户，用于财政授权支付和清算。预算单位零余额账户可以办理转账、提取现金等结算业务，可以向本单位按账户管理规定保留的相应账户划拨工会经费、住房公积金、房租补贴以及经财政部门批准的特殊款项，不得违反规定向本单位其他账户和上级主管单位、所属下级单位划拨资金。

4.预算外资金财政专户

它是财政部门在商业银行开设的预算外财政专户，按收入和支出设置分类账。预算外资金财政专户用于记录、核算和反映预算外资金的收入和支出活动，由财政部门负责管理。代理银行根据财政部门的要求和支付指令，办理预算外资金专户的收入和支出业务。

5.特设专户

它是经国务院和省级人民政府批准或授权财政部门开设的特殊过渡性专户，用于记录、核算和反映预算单位的特殊专项支出活动，并用于与国库单一账户清算。特设专户在按规定设置特设专户的预算单位使用。预算单位不得将特设专户的资金转入本单位其他账户，也不得将其他账户资金转入特设专户核算。

【例4-27】（单选）用于记录、核算和反映纳入预算管理的财政收入和支出的账户是（　　）。

A.国库单一账户　　B.财政部门零余额账户

C.预算外资金财政专户　　D.特设账户

【解析】A。国库单一账户是财政部门在中国人民银行开设的，用于记录、核算和反映纳入预算管理的财政收入和支出，并与财政部门零余额账户进行清算，实现支付。

【例4-28】（多选）下列账户中，属于国库单一账户体系的有（　　）。

A.预算外资金财政专户　　B.特设专户

C.国库单一账户　　D.财政部门零余额账户

【解析】ABCD。我国财政国库账户设置为国库单一账户、财政部门零余额账户、预算单位零余额账户、预算外资金财政专户和特设专户5类账户的集合，统称为国库单一账户体系。

## 三、财政收入收缴方式和程序

为实现对财政资金的统一管理，按照新的收入分类方法，将财政收入分为税收收入、社会保险基金收入、非税收入、贷款转贷回收本金收入、债务收入、转移性收入。

### （一）收缴方式

财政收入收缴方式分为直接缴库和集中汇缴两种方式。

1.直接缴库

直接缴库方式是由预算单位和缴款人按规定直接将收入缴入国库单一账户，属预算外资金的，则直接缴入预算外资金财政专户，不再设立各类过渡性账户。

2.集中汇缴

集中汇缴方式由征收机关和依法享有征收权限的单位按规定将所收取的应缴收入汇

总直接缴入国库单一账户，属预算外资金的，则直接缴入预算外资金财政专户，也不再通过过渡性账户收缴。

**（二）收缴程序**

1.直接缴库程序

直接缴库的税收收入，由纳税人或税务代理人提出纳税申报，经征收机关审核无误后，由纳税人通过开户银行将税款缴入国库单一账户。直接缴库的其他收入，如社会保险基金收入、非税收入、债务收入和转移性收入等，比照上述程序缴入国库单一账户或预算外资金财政专户。

2.集中汇缴程序

小额零散税收和法律另有规定的应缴收入，由征收机关于收缴收入的当日汇总缴入国库单一账户。非税收入中的现金缴款，比照本程序缴入国库单一账户或预算外资金财政专户。

## 四、财政支出支付方式和程序

按照国库管理办法的规定，财政支出从总体上分为购买性支出和转移性支出。根据支付管理需要，具体分为4类：工资支出，即预算单位的工资性支出；购买支出，即预算单位除工资支出、零星支出之外购买服务、货物、工程项目等支出；零星支出，即预算单位购买支出中的日常小额部分，除“政府采购品目分类表”所列品目以外的支出，或列入“政府采购品目分类表”，但未达到规定数额的支出；转移支出，即拨付给预算单位或下级财政部门未指明具体用途的支出，包括拨付企业补贴和未指明具体用途的资金、中央对地方的一般性转移支付等。

**（一）支付方式**

按照不同的支付主体，对不同类型的财政性资金支付，实行财政直接支付和财政授权支付两种方式。

1.财政直接支付

财政直接支付是指由财政部门向中国人民银行和代理银行签发支付指令，代理银行根据支付指令通过国库单一账户体系将资金直接支付到收款人或用款单位账户。

2.财政授权支付

财政授权支付是指预算单位按照财政部门的授权，自行向代理银行签发支付指令，代理银行根据支付指令，在财政部门批准的预算单位的用款额度内，通过国库单一账户体系将资金支付到收款人账户。

**（二）支付程序**

1.财政直接支付程序

预算单位实行财政直接支付的财政性资金包括工资支出、工程采购支出、物品和服务采购支出。

财政直接支付的申请由一级预算单位汇总，填写“财政直接支付汇总申请书”，报财政部门国库支付执行机构。财政部门国库支付执行机构审核一级预算单位提出的支付申请无误后，开具“财政直接支付汇总清算额度通知单”和“财政直接支付凭证”，经财政部门国库管理机构加盖印章签发后，分别送交中国人民银行和代理银行。代理银行根据“财政直接支付凭证”及时将资金直接支付给收款人或用款单位。代理银行依据财政部门国库支付执行机构的支付指令，将当日实际支付的资金，按一级预算单位分预算科目汇总，附实际支付清单与国库单一账户进行资金清算。代理银行根据“财政直接支付凭证”办理支出后，开具“财政直接支付入账通知书”并送交一级预算单位和基层预算单位。“财政直接支付入账通知书”作为一级预算单位收到或付出款项的凭证。一级预算单位有所属二级或多级预算单位的，由一级预算单位负责向二级或多级预算单位提供收到或付出款项的凭证。预算单位根据收到的支付凭证做好相应的会计核算。

2.财政授权支付程序

财政授权支付程序适用于未纳入工资支出、工程采购支出、物品和服务采购支出管理的购买支出和零星支出，包括：单件物品或单项服务购买额不足10万元人民币的购买支出；年度财政投资不足50万元人民币的工程采购支出；特别紧急的支出；经财政部门批准的其他支出。

财政部门根据批准的一级预算单位用款计划中月度授权支付额度，每月25日前以“财政授权支付汇总清算额度通知单”、“财政授权支付额度通知单”的形式分别通知中国人民银行、代理银行。代理银行在收到财政部下达的“财政授权支付额度通知单”时，向相关预算单位发出“财政授权支付额度到账通知书”。基层预算单位根据“财政授权支付额度到账通知书”所确定的额度支用资金，代理银行根据“财政授权支付额度通知单”受理预算单位财政授权支付业务，控制预算单位的支付金额，并与国库单一账户进行资金清算。预算单位支用授权额度时，填制财政部门统一制定的“财政授权支付凭证”送代理银行，代理银行根据“财政授权支付凭证”，通过零余额账户办理资金支付。

【例4-29】（单选）财政支出支付方式中，由财政部门向中国人民银行和代理银行签发支付指令，代理银行根据支付指令通过国库单一账户体系将资金直接支付到收款人或用款单位账户的方式称为（　　）。

A.财政直接支付　　B.财政授权支付　　C.财政委托支付　　D.财政集中支付

【解析】A。财政直接支付是指由财政部门向中国人民银行和代理银行签发支付指令，代理银行根据支付指令通过国库单一账户体系将资金直接支付到收款人或用款单位账户。

## 考场指南

1．国库集中收付制度：由财政部门代表政府设置国库单一账户体系，所有的财政性资金均纳入国库单一账户体系收缴、支付和管理的制度。

2．国库单一账户体系主要包括：国库单一账户、财政部门零余额账户、预算单位零余额账户、预算外资金财政专户和特设专户。

3．财政收入收缴方式：直接缴库、集中汇缴。

4．财政支出支付方式：财政直接支付、财政授权支付。

## 基础训练

### 一、单项选择题

1.我国的预算制度实行（　　）。

A.一级政府一级预算　　B.统一管理

C.分级领导　　D.各级自行决定

2.下列采购活动中，适用《政府采购法》调整的是（　　）。

A.某事业单位使用财政性资金采购办公用品

B.某军事机关采购军需品

C.某省政府因严重自然灾害紧急采购救灾物资

D.某省国家安全部门采购用于情报工作的物资

3.下列各项不属于国务院财政部门预算管理职权的是（　　）。

A.提出本级预算预备费用动用方案

B.定期向国务院报告中央和地方预算的执行情况

C.定期向本级政府和上一级政府财政部门报告本级总预算的执行情况

D.具体编制本级预算的调整方案

4.下列表述违反《预算法》的规定的是（　　）。

A.国家实行一级政府一级预算

B.我国国家预算共分四级

C.不设区的市、自治县、市辖区作为一级预算

D.设区的市（自治州）作为一级预算

5.我国国家预算收入的主要部分是（　　）。

A.税收收入　　B.依照规定应该上缴的国有资产收益

C.专项收入　　D.其他收入

6.决算是按照年度预算执行最终结果所编制的全年度（　　）报告。

A.财政　　B.审计　　C.会计　　D.决算

7.乡政府编制的决算草案，由（　　）审查批准。

A.国务院　　B.县级以上人民政府

C.本级人民代表大会　　D.县级人民代表大会

8.任何单位不得擅自设立、变更或撤销国库单一账户体系中的各类银行账户，管理国库单一账户体系的职能部门是（　　）。

A.国家税务总局　　B.财政部　　C.中国人民银行　　D.商务部

9.对本级各部门、各单位和下级政府的预算执行、决算实施审计监督的部门是（　　）。

A.各级政府财政部门　　B.各级政府

C.各级政府审计部门　　D.上一级政府财政部门

10.根据我国《预算法》的规定，不属于全国人民代表大会常务委员会负责的是（　　）。

A.监督中央与地方的预算执行情况

B.审查和批准中央预算的调整方案

C.审查和批准中央决算

D.具体组织中央和地方预算的执行

11.根据我国《预算法》的规定，不属于国务院财政部门预算职权的是（　　）。

A.具体编制中央预算、决算草案

B.具体组织中央和地方预算的执行

C.审查和批准中央预算的调整方案

D.具体编制中央预算的调整方案

12.下列关于预算体系组成的表述，错误的是（　　）。

A.地方预算由省、自治区、直辖市预算组成

B.部门单位预算是指部门、单位的收支预算

C.总预算包括本级预算和本级政府行政隶属的下一级政府的总预算

D.预算组成不受限制，可随意编制

13.下列选项中，不属于我国国家预算体系的是（　　）。

A.中央预算

B.省级（省、自治区、直辖市）预算

C.县市级（县、自治县、不设区的市、市辖区）预算

D.县级以上地方政府的派出机关预算

14.下列选项中，不属于政府采购当事人的是（　　）。

A.采购人　　B.保证人　　C.供应商　　D.采购代理机构

15.下列选项中，不属于我国政府采购主体的是（　　）。

A.国家机关　　B.事业单位

C.从事公共社会活动的团体组织　　D.国有企业

**二、多项选择题**

1.下列各项体现政府采购中"公开透明原则"的有（　　）。

A.政府采购当事人在政府采购活动中，本着诚实、守信的态度履行各自的权利和义务

B.政府采购要按照事先约定的条件和程序进行，对所有供应商一视同仁

C.政府采购的招标信息要公开

D.政府采购的中标结果要公开

2.下列情形中，体现政府采购功能中的"节约财政支出、提高采购资金的使用效益"功能有（　　）。

A.优先采用国产的货物

B.通过规范化的政府采购以避免暗箱操作

C.实行政府集中采购

D.将采购资金直接拨付给供应商，减少了资金流通环节

3.政府采购是指各级国家机关、事业单位和团体组织，使用财政性资金采购依法制定的集中采购目录以内的或者采购限额标准以上的（　　）的行为。

A.工程　B.服务　C.股票　D.货物

4.下列情形中，体现政府采购功能中的“强化宏观调控”的功能有（　）。

A.在竞标过程中执行严密、透明的“优胜劣汰”机制

B.通过对采购地区的选择以平衡地区间的经济发展

C.政府通过调整采购总量来影响社会总需求，促进社会总供给和总需求的平衡

D.通过政府采购形成买方市场，提高政府采购资金使用效益

5.政府采购的功能包括（　）。

A.节约财政支出、提高采购资金的使用效益

B.强化宏观调控

C.活跃市场经济

D.保护民族产业

6.根据《政府采购法》的规定，政府采购采用的方式包括（　）等。

A.公开招标　B.邀请招标　C.竞争性谈判　D.单一来源

7.政府采购的执行模式应当包括（　）。

A.自行采购　B.集中采购　C.供应商采购　D.分散采购

8.下列各项中，属于政府采购当事人范围的有（　）。

A.采购人　B.供应商　C.政府预算部门　D.采购代理机构

9.下列选项中，可以作为政府采购当事人中采购人的有（　）。

A.中华人民共和国商务部　B.人民教育出版社

C.中国红十字会　D.甲个人独资企业

10.根据我国《预算法》的规定，不属于全国人民代表大会常务委员会负责的有（　）。

A.具体编制中央预算、决算草案　B.监督中央和地方预算的执行

C.审查和批准中央预决算　D.具体组织中央和地方预算的执行

11.我国《预算法》规定的预算收入形式中的专项收入包括（　）。

A.征收排污费专项收入　B.铁道专项收入

C.罚没收入　D.电力建设基金专项收入

12.关于我国预算法律制度，下列说法正确的有（　）。

A.预算是指国家预算，它是国家对会计年度的收入和支出的预算结算

B.预算法律制度是调整国家进行预算资金的筹措、分配、使用和管理过程中发生的经济关系的法律规范的总称

C.预算包括中央预算和地方预算

D.现行的《预算法》为1994年3月22日第八届全国人民代表大会第二次会议通过，2014年8月31日修正

13.下列选项中，属于各部门、各单位编制年度预算草案依据的有（　）。

A.本级政府的指示和要求以及本级政府财政部门的部署

B.本部门、本单位的职责、任务和事业发展计划

C.本部门、本单位的定员定额标准

D.本部门、本单位上一年度预算执行情况和本年度预算收支变化因素

14.下列有关各部门预算管理职权的表述中正确的有（　　）。

A.编制本部门预算、决算草案

B.组织和监督本部门预算的执行

C.定期向上一级政府财政部门报告本级预算的执行情况

D.定期向本级政府财政部门报告预算的执行情况

15.关于我国国家预算的级次和构成，下列说法正确的有（　　）。

A.我国国家预算实行一级政府一级预算

B.地方各级总预算由本级政府预算和汇总下一级总预算组成

C.中央预算由中央各部门（含直属单位）的预算组成

D.地方预算由各省、自治区、直辖市的总预算组成

**三、判断题**

1.撤销本级政府关于预算、决算的决定和命令是全国人民代表大会的预算管理职权。（　　）

2.地方各级政府预算由本级各部门（含直属单位）的预算组成。（　　）

3.定期向本级政府和上一级政府财政部门报告本级总预算的执行情况是地方各级政府财政部门的预算职权。（　　）

4.国家预算既是保障国家机器运转的物质条件，又是政府各项社会经济政策的有效保证。（　　）

5.国务院财政部门编制中央决算草案，报国务院审定后，由国务院提请全国政协常务委员会审查和批准。（　　）

6.国家预算作为财政分配和宏观调控的主要手段，具有分配、调控和监督的职能。（　　）

7.国家预算作为国家的基本财政计划，是国家财政实行宏观控制的主要依据和主要手段。（　　）

8.国民经济和社会发展计划、财政中长期计划以及有关的财政经济政策是各级政府、各部门和各单位编制年度预算草案的依据。（　　）

9.国务院财政部门编制的中央决算草案，报国务院审定后，由国务院提请全国人民代表大会常务委员会批准。（　　）

10.国家预算是指经过法定程序批准的国家年度财政收支计划。（　　）

11.即使是纳入集中采购目录的政府采购项目，也可以根据具体情况实行分散采购。（　　）

12.预算收入征收部门可以根据自己的权限自行决定免征或者减征应征收的预算收入。（　　）

13.财政收入的收缴分为直接缴库和集中汇缴两种方式。（　　）

14.财政授权支付适用于年度财政资金不足50万元人民币的工程采购支出。（　　）

15.决算实质上是对年度预算执行结果的汇总，是国家管理活动的最后一道程序。（　　）

16.预算草案一经审批，就成为正式的国家预算，并具有法律约束力。（　　）

17.邀请招标应作为政府采购的主要采购方式。（　　）

18.政府集中采购目录和采购限额标准由县级以上人民政府确定并公布。（　）

19.本级预算收入和支出与上一年度结余用于本年度安排的支出均是中央预算和地方各级政府预算的编制内容。（　）

20.无论乡、民族乡、镇是否有设立预算条件，都一定要设立预算。（　）

**四、案例分析题**

1.甲市某财政重大项目预算在执行过程中，因核心采购设备原材料急剧上涨，导致项目采购预算不足，该项目财务负责人刘某认为应当申请预算调整，方可确保项目如期完工。该项目总负责人张某认为，项目预算调整是正常的活动，只要报请财政部门审批即可。

请根据以上资料，回答如下与预算调整有关的问题：

（1）下列关于甲市预算调整原因的叙述中，正确的为（　）。

A.原批准的预算在执行中因特殊情况需要增加支出

B.原批准的预算在执行中因特殊情况需要减少收入

C.原批准的收支平衡的预算的总支出超过总收入

D.原批准的预算中举借债务的数额增加的部分变更

（2）下列各项中，属于甲市政府提出预算调整申请应当编制的为（　）。

A.决算方案　　B.预算调整方案

C.预算执行情况报告　　D.预算批复报告

（3）根据《预算法》的规定，负责具体编制预算调整方案的为（　）。

A.甲市人民代表大会　　B.甲市人民代表大会常务委员会

C.甲市政府税务部门　　D.甲市政府财政部门

（4）下列各项中，负责审查和批准甲市政府预算调整方案的为（　）。

A.甲市人民代表大会　　B.甲市人民代表大会常务委员会

C.甲市政府审计部门　　D.甲市政府财政部门

（5）下列各项中，属于甲市政府预算调整方案应当列明的内容有（　）。

A.原因　　B.项目　　C.数额　　D.措施

2.甲单位是实行国库集中支付的行政单位。2015年3月，审计机构对甲单位2014年度预算执行情况进行检查，了解到以下情况：（1）2014年3月，甲单位通过零余额账户向下属单位支付设备采购款100万元；（2）2014年4月，甲单位通过零余额账户向本单位按照账户管理规定保留的相应账户划拨工会经费1万元；（3）2014年8月，甲单位为采购一台精密仪器A设备，以邀请招标的方式向两家设备供应商发出招标邀请书，甲单位未认真审核供应商资质，直接选择了报价低的供应商B企业，但B企业不具备生产该类精密仪器设备的资质，而且财务状况混乱，未中标供应商C企业向甲单位提出质疑，但甲单位不予以答复，政府采购监督管理部门接到C企业投诉后对甲单位进行调查，发现甲单位未按照规定保管该项采购活动的采购文件。根据以上情况，请回答以下问题：

（1）下列各项中关于预算单位使用零余额账户的情形中，正确的为（　）。

A.通过零余额账户向所属下级单位账户划拨资金，为本单位支付设备采购款

B.通过零余额账户向所属下级单位账户划拨资金，为下属单位支付设备采购款

C.通过零余额账户向本单位按账户管理规定保留的相应账户划拨工会经费

D.通过零余额账户向本单位按账户管理规定保留的相应账户划拨住房公积金及提租补贴

(2) 下列各项中，属于政府采购可以采用的采购方式的为（　　）。

A.邀请招标　　B.单一来源采购　　C.询价　　D.公开招标

(3) 邀请招标方式中，受邀参与投标的供应商数量不得少于的数量为（　　）。

A.2家　　B.4家　　C.1家　　D.3家

(4) 下列各项中，属于甲企业作为政府采购供应商原本应具备条件的为（　　）。

A.具有履行合同所必需的设备和专业技术能力

B.具有良好的商业信誉和健全的财务会计制度

C.有依法缴纳税收和社会保障资金的良好记录

D.具有独立承担民事责任的能力

(5) 下列各项中，属于甲单位作为政府采购人应承担义务的为（　　）。

A.妥善保存反映每项采购活动的采购文件

B.在指定媒体及时向社会发布政府采购信息、招标结果

C.依法答复供应商的询问和质疑

D.接受和配合政府采购监督管理部门的监督检查

3.某事业单位2014年年初准备使用财政性资金修缮和装修一幢办公楼，预算金额为800万元，采用公开招标方式（经确认，此次采购项目已经达到公开招标的标准）。该单位委托A招标公司代理进行公开招标的事宜，已知A招标公司是取得政府采购代理机构资格的中介公司。A招标公司于2014年2月1日在财政部指定的媒体上公开发布招标文件，招标文件中确认的投标截止时间为2014年2月17日。招标活动中，A招标公司确定的符合专业条件的供应商为5家，最终确定中标的供应商为B建筑公司。工程于2014年10月1日完工验收，实际结算金额与预算相同。由于施工质量极佳，事业单位准备再将其另外一幢楼房按照同样的标准进行外墙修缮，但不再进行内部装修，并与B建筑公司签订补充合同，该合同的预算金额为100万元。

要求：根据本题所述内容，结合《政府采购法》法律制度的规定，回答下列问题：

(1) 采购代理机构分为（　　）。

A.一般采购代理机构　　B.集中采购代理机构

C.重要采购代理机构　　D.分散采购代理机构

(2) 政府采购方式有（　　）。

A.公开招标　　B.邀请招标　　C.竞争性谈判　　D.单一来源及询价

(3) 采购人需向（　　）以上供应商询价。

A.1家　　B.2家　　C.3家　　D.4家

(4) 政府采购当事人包括（　　）。

A.采购人　　B.供应商　　C.采购代理机构　　D.其他人员

(5) 财政授权支付程序适用于（　　）。

A.工资支出　　B.工程采购支出

C.物品服务采购支出　　D.零星支出

# 第五章　会计职业道德

## 知识全景图

- 会计职业道德
  - 会计职业道德概述
    - 会计职业道德概念与特征
    - 会计职业道德功能与作用
    - 会计职业道德与会计法律制度联系与区别
  - 会计职业道德规范主要内容
    - 爱岗敬业
    - 诚实守信
    - 廉洁自律
    - 客观公正
    - 坚持准则
    - 提高技能
    - 参与管理
    - 强化服务
    - （以上各项）含义及基本要求
  - 会计职业道德教育
    - 含义
    - 形式
    - 内容
    - 途径
      - 接受教育
      - 自我修养
  - 会计职业道德建设组织与实施
    - 财政部门组织推动
    - 会计职业组织行业自律
    - 企事业单位内部监督
    - 社会各界监督与配合
  - 会计职业道德的检查与奖惩
    - 意义
    - 机制

## ◆ 学习目标

1. 了解会计职业道德的功能
2. 熟悉会计职业道德的概念
3. 熟悉加强会计职业道德教育的途径
4. 掌握会计职业道德规范的主要内容
5. 了解会计职业道德建设的途径

### 案例导引

**会计专业教学中职业道德教育的特殊重要性**

王某，23岁，会计专业大学本科毕业后到某市一国债服务部工作，担任柜台出纳兼任金库保管员。2000年5月11日，王某偷偷从金库中取出1998年国库券30万元，4个月后，王某见无人知晓，胆子开始大了起来，又取出1998年国库券50万元，通过证券公司融资回购方法，拆借人民币89.91万元用来炒股，没想到赔了钱。王某在无力返还单位国库券的情况下，索性于2000年12月14、15日，将金库里剩余的14.03万元国库券和股市上所有的证券（价值73.7万元人民币）全部取出后潜逃，用化名在市内一处民房租住隐匿。至此，王某共贪污1998年国库券94.03万元，折合人民币118.51万元。案发后，当地人民检察院立案侦查，王某迫于各种压力，于2001年1月8日投案自首，检察院依法提起公诉。

请问：从此案例中，你会汲取哪些经验教训？

分析提示：王某从学校刚刚走上工作岗位就犯罪，说明其在学校缺乏会计职业道德教育，没有丝毫法制观念和会计职业道德观念，道德防线十分脆弱，不堪一击。从会计职业道德规范的角度分析，他违背了“爱岗敬业”、“诚实守信”、“廉洁自律”等会计职业道德规范。作为会计专业学生，在校期间不仅要重视专业技能的培养，还要有意识地培养职业道德观念、风险意识、保密意识和责任意识，把会计职业道德规范变成未来执业活动中遵循的信念和标准。

资料来源　王静泉.会计职业道德案例分析[EB/OL].[2010-12-23].http：//www.lyyy.gov.cn/html/gqxx/2010/1223/368.html.

# 第一节　会计职业道德概述

## 一、会计职业道德的概念与特征

### (一) 职业道德的概念、特征和作用

1.职业道德的概念

职业道德的概念有广义和狭义之分。广义的职业道德，是指从业人员在职业活动中

应该遵循的行为准则，涵盖了从业人员与服务对象、职业与职工、职业与职业之间的关系。狭义的职业道德，是指在一定职业活动中应遵循的、体现一定职业特征的、调整一定职业关系的职业行为准则和规范。其本质表现在：

（1）职业道德是社会经济关系所决定的社会意识形态；

（2）职业道德是职业活动对职业行为的道德要求，与职业活动的要求密切相关；

（3）职业道德是调节职业活动形式的各种职业关系的手段。

2.职业道德的特征

（1）职业性。职业道德的内容与职业实践活动密切相关，反映着特定职业活动对从业人员的行为要求。一定的职业道德规范只适用于一定的职业活动领域。有些具体的行业道德规范，只适用于本行业，其他行业就不完全适用，或完全不适用。

（2）实践性。职业道德的作用是调整职业关系，对从业人员职业活动的具体行为进行规范，并解决职业实践活动中的具体道德冲突，因此职业道德具有较强的实践性。

（3）继承性。无论在何种社会经济环境下，由于同一种职业服务对象、服务手段、职业利益、职业责任和义务相对稳定，因此职业行为的道德要求的核心内容将被继承和发扬，从而形成了被不同社会发展阶段普遍认同的职业道德规范。

**【例5-1】**（多选）职业道德的特征有（　　）。

A.职业性　　B.广泛性　　C.实践性　　D.继承性

【解析】ACD。职业道德的内容与职业实践活动密切相关，它主要解决职业实践活动中的具体道德冲突，职业道德规范只适用于一定的职业活动领域。同时，无论在何种社会经济环境下，职业行为的道德要求的核心内容都将被继承和发扬，所以职业道德具有职业性、实践性和继承性的特征。

3.职业道德的作用

（1）促进职业活动的有序进行

职业道德最重要的作用就是通过调节职业关系，维护正常的职业活动秩序。人们在从事的各种职业活动中所涉及的各方都会存在着责、权、利的矛盾和差异，职业道德作为职业行为的规范，用来协调职业关系中的各种矛盾和差异，确保职业活动的有序进行。

（2）对社会道德风尚会产生积极的影响

职业道德是社会道德的一个重要组成部分。职业道德状况对社会道德风尚会产生极大的影响。在我们的现实生活中，人们把商业、交通、医疗、供电、供热等对社会生活影响较大的一些行业和部门形象地比喻为“窗口”行业，这些行业和部门的道德水准，直接体现着社会道德风尚的全貌。如果人们都能自觉地遵守各自的职业道德规范，必将形成良好的道德风尚。

**（二）会计职业道德的概念和特征**

1.会计职业道德的概念

会计职业道德是指在会计职业活动中应当遵循的、体现会计职业特征的、调整会计职业关系的职业行为准则和规范。理解会计职业道德的概念，应把握以下几点：

（1）会计职业道德是调整会计职业活动利益关系的手段。会计职业活动中的各种经济关系十分复杂，这些经济关系的实质是经济利益关系。在国家经济体系建设中，各经济主体的利益与国家利益、社会公众利益时常发生冲突。会计职业道德可以配合国家法律制度，调整职业关系中的经济利益关系，维护正常的经济秩序。会计职业道德允许个人和各经济主体获取合法的自身利益，但反对通过损害国家和社会公众利益而获取违法利益。

（2）会计职业道德具有相对稳定性。会计人员在对单位经济业务事项进行确认、计量、记录和报告中，在会计标准的设计、会计政策的制定、会计方法的选择中，都必须遵循其内在的客观经济规律和要求。由于人们面对的是共同的客观经济规律，因此会计职业道德主要依附于历史继承性和客观经济规律，在社会经济关系不断的变迁中，保持自己的相对稳定性。任何社会制度都不会容忍虚假会计信息，任何经济主体也都不会允许会计人员私自向外界提供或者泄露单位的商业秘密，会计人员在职业活动中诚实守信、客观公正等是会计职业的普遍要求。

（3）会计职业道德具有广泛的社会性。会计核算和监督的基本职能，决定了会计人员在其职业活动中需要协调组织内部管理者与被管理者之间的关系，协调组织与外部当事人之间的关系，协调会计职业技术性与职业社会性之间的关系。会计人员的工作偏袒任何一方，实际上都是对另一方的侵害。可见，会计职业道德缺失触及的是方方面面的利益（投资者、政府、公众）。严重的会计职业道德缺失甚至会威胁一个国家、一个地区甚至是整个世界经济的安全。因此会计职业道德具有广泛的社会性。

**【例 5-2】**（判断）会计职业道德具有相对的稳定性。（　　）

【解析】√。由于人们面对的是共同的客观经济规律，因此会计职业道德主要依附于历史继承性和客观经济规律，在社会经济关系不断的变迁中，保持自己的相对稳定性。

2. 会计职业道德的特征

会计职业道德的特征主要表现在：

（1）具有一定的强制性。法律是具有强制性的，而道德一般不具有强制性。但在我国，为了强化会计职业道德的调整职能，我国会计职业道德中的许多内容都被纳入了会计法律法规。如《会计法》、《会计基础工作规范》等，均对会计职业道德的内容和要求作出了规定。因此，会计职业道德也体现出了一定的强制性。会计职业道德这种独特的强制性，是由会计工作在市场经济活动中的特殊地位所决定的。当然，会计职业道德中还有许多非强制性的内容，而且也在发挥着作用。例如，会计职业道德中的提高技能、强化服务、参与管理等内容都是非强制性要求，但其直接影响到专业胜任能力、会计信息质量和会计职业的声誉，因此也要求会计人员遵守。

（2）较多关注公众利益。会计人员在遵循会计职业道德的过程中，往往会受到利益因素的驱动。由于会计人员的利益取决于经济主体的利益，当个人利益、经济主体利益与国家利益、社会公众利益出现矛盾时，如果会计人员与经济主体利益协调一致，而忽视了国家利益和社会公众利益，便产生了会计职业道德危机。在会计确认、计量、记录和报告的程序、方法的选择和运用等职业行为上的任何变化，都会直接影响到会计职业关系中的各方利益。因此，会计职业的社会公众利益性，要求会计人员客观公正，在会计职业活动中，发生道德冲突时要坚持准则，把国家利益、社会公众利益放在第一位。

**【例5-3】**（判断）在我国，会计职业道德与法律相比不具有任何强制性，因此会计人员是否遵守会计职业道德规范，没有约束性。（　　）

【解析】×。在我国，会计职业道德体现出了一定的强制性。为了强化会计职业道德的调整职能，我国会计职业道德中的许多内容都被纳入了会计法律法规。如《会计法》、《会计基础工作规范》等，均对会计职业道德的内容和要求作出了规定。会计职业道德这种独特的强制性，是由会计工作在市场经济活动中的特殊地位所决定的。因此，会计人员必须遵守这些规定，以此来约束自己的行为。同时，会计职业道德规范中还有许多非强制性的内容，如提高技能、强化服务、参与管理、奉献社会等，但它们也直接影响到专业胜任能力、会计信息质量和会计职业的声誉，因此也要求会计人员遵守。

**【例5-4】**（判断）当单位利益与社会公众利益发生冲突时，会计人员应首先考虑单位利益，然后再考虑社会公众利益。（　　）

【解析】×。会计人员在会计职业活动中，发生道德冲突时要坚持准则，把社会公众利益放在第一位。

## 二、会计职业道德的功能与作用

### （一）会计职业道德的功能

1.指导功能

会计职业道德的指导功能是指会计职业道德指导会计人员会计行为的功能。会计行为是由会计人员的内心信念来支配的，信念的善与恶将导致行为的是与非。会计职业道德是会计人员共同遵守的行为准则和规范，属于社会意识形态范畴。它对会计人员的行为动机提出相应要求，能正确引导、规劝和约束会计人员树立良好的职业观念，遵循职业道德要求，从而达到规范会计行为的目的。会计人员只有在会计职业道德规范的指导下才能开展好会计工作。

2.评价功能

会计职业道德的评价功能是指对会计人员的行为，根据会计职业道德标准进行客观评判和认定的功能。道德是公正的法官，是人们评价一个人的标尺。会计人员若遵守会计职业道德，如爱岗敬业、诚实守信、廉洁自律、客观公正等，就会得到社会正面的评价或赞扬，就会给自己带来好的声誉；反之，若违背会计职业道德，那么社会就会给他负面的评价或批评，造成不好的名声，对他形成一种来自周边人群的社会压力，进而约束他的行为。因此，道德评价是一种巨大的社会力量和人们内在的意志力量，是人们以评价来把握现实的一种方式，它通过把周围的社会现象判断为“善”与“恶”而实现。

3.教化功能

会计职业道德的教化功能是指会计职业道德对会计人员具有教育和感化的功能。人们常把道德比作催人奋进的引路人，说的就是道德对人的这种教育和感化功能。会计职业道德不仅明确了会计人员会计行为方面的要求，还明确了会计人员自身素质方面的要求，如提高技能、参与管理、强化服务等。能否遵守会计职业道德是会计人员素质高低的重要体现。一个高素质的会计人员必然是遵守会计职业道德规范的典范。会计职业道德规范的这种内在要求对会计人员能起到积极的教育和引导作用，促使其在日常工作和生活中，以此规范来约束和鞭策自己，树立正确的道德观念，培养良好的道德意识，养成高尚的道德品质。另外，会计职业道德规范也会对会计人员的思想、感情和行为产生一种潜移默化的感化作用。现实生活中，会计人员是否遵守道德规范，常常会受到良心的拷问，出现思想上的斗争和情感上的挣扎，即使有人违反了规范，其内心深处也会产生一种羞愧、自责和内疚感，这实际上都是道德规范教化功能的表现。

可见，会计职业道德的这些功能及可能产生的作用，是一些行政命令甚至会计法律制度所不及的。因此，加强对会计人员会计职业道德规范的教育意义重大。

### （二）会计职业道德的作用

1.规范会计行为的基础

动机是行为的先导，有什么样的动机就有什么样的行为。会计职业道德对会计的行为动机提出了相应的要求，如诚实守信、客观公正等，引导、规劝、约束会计人员树立正确的职业观念，建立良好的职业品行，从而规范会计行为的目的。

2.实现会计目标的重要保证

从会计职业关系角度讲，会计目标就是为会计职业关系中的各个服务对象提供真实、可靠的会计信息。由于会计职业活动既涉及技术性的处理过程，同时又涉及对多种经济利益关系的调整，所以会计目标能否顺利实现，既取决于会计从业者专业技术水平，也取决于会计从业者能否严格履行职业行为的准则。如果会计从业者故意或非故意地提供了不真实、不可靠的会计信息，就会导致服务对象的决策失误，甚至导致社会经济秩序混乱。因此，依靠会计职业道德规范约束会计从业者的职业行为，是实现会计目标的重要保证。

3.对会计法律制度的重要补充

在现实生活中，人们的很多行为很难由法律作出规定。例如，会计法律只能对会计人员不得违法的行为作出规定，不宜对他们如何爱岗敬业、诚实守信、提高技能等提出具体要求，但是如果会计人员缺爱岗敬业的热情和态度，缺乏诚实守信的做人准则，没有必要的职业技能，则很难保证会计信息达到真实、完整的法规要求。很显然，会计职业道德是其他会计法律制度所不能代替的，会计职业道德是对会计法律规范的重要补充。

4.提高会计人员职业素质的内在要求

社会的进步和发展对会计职业者的素质要求越来越高。会计职业道德是会计人员素质的重要体现。一个高素质的会计人员应当做到爱岗敬业、提高专业胜任能力，这不仅是会计职业道德的主要内容，也是会计职业者遵循会计职业道德的可靠保证。倡导会计职业道德，加强会计职业者进一步提高自我修养、提高专业胜任能力，有利于促进会计职业整体素质的不断提高。

## 三、会计职业道德与会计法律制度的联系与区别

### （一）会计职业道德与会计法律制度的联系

会计职业道德与会计法律制度两者联系密切，有着共同的目标、相同的调整对象，承担着同样的职责。

1.两者在根本目的上一致

会计法律制度是国家意志在会计领域中的法律表现，是根据国家利益和需要来进行调整、处理会计工作与其他各方面关系的特殊行为规范，也是国家领导和管理会计工作的重要手段。会计职业道德和会计法律制度一样，都是由社会经济关系决定的社会意识形态和上层建筑，都为经济基础服务。共同的经济基础决定着目的和内容的一致性，都是服务于我国的现代化建设。

2.两者在作用上相互补充

在规范会计行为时，既需要依赖于会计法律制度的强制功能，又需要借助于会计职业道德的教化功能。极端的会计违规行为必须运用会计法律制度来强制控制和约束，而大量的会计规范则需要会计职业道德来维系。会计职业道德是会计法律制度正常运行的社会和思想基础，会计法律制度是促进会计职业道德规范形成和遵守的制度保障。

3.两者在内容上相互渗透、相互重叠

会计法律制度中含有会计职业道德规范的内容，同时，会计职业道德规范中也包含有会计法律制度的某些条款。会计法律制度禁止的行为，也是职业道德谴责的行为；会计法律制度鼓励的行为，也是职业道德倡导的行为，这些都表现它们的一致性。

4.两者在地位上相互转化、相互吸收

最初的会计职业道德规范就是对会计职业行为约定俗成的基本要求，后来有些需要强制实行的规范要求逐渐被吸收到会计法律制度当中，便形成了会计法律制度的重要条款。会计法律制度则是会计职业道德的最低要求。

5.两者在实施上相互作用、相互促进

会计职业道德是会计法律制度正常运行的社会和思想基础，会计法律制度则是促进会计职业道德规范形成和遵守的制度保障。

**【例5-5】**（判断）会计职业道德是对会计法律制度的重要补充。（　　）

【解析】√。在规范会计行为时，既需要依赖于会计法律制度的强制功能，又需要借助于会计职业道德的教化功能。极端的会计违规行为必须运用会计法律制度来强制控制和约束，而大量的会计规范则需要会计职业道德来维系，会计职业道德和会计法律制度两者在作用上相互补充。

### （二）会计职业道德与会计法律制度的区别

1.两者性质不同

在一个阶级社会里，只有一种会计法律制度体系。会计法律制度要充分体现统治阶级的愿望和意志。会计法律制度通过国家机器来强制执行，具有很强的他律性。会计职业道德并不都是统治阶级的意志，很多来自于职业习惯和约定俗成。在一个阶级社会里，会计职业道德不是唯一的。会计职业道德主要依靠会计从业人员的自觉性，自愿地执行，并依靠社会舆论和良心来实现，基本上是非强制执行的，具有很强的自律性。

2.两者作用范围不同

会计法律制度侧重于调整会计人员的外在行为和结果的合法化，具有较强的客观性；会计职业道德不仅要求调整会计人员的外在行为，还要调整会计人员的内心精神世界，具有很强的自律性。会计法律制度的各种规定是会计职业关系得以维系的最基本条件，是对会计从业人员行为的最低限度要求，用以维持现有的会计职业关系和正常的会计工作秩序。在实践中，虽然有很多不良的会计行为在违反了会计法律制度的同时也违反了会计职业道德，但也有许多不良会计行为只违反了会计职业道德而没有违反会计法律制度。违反会计职业道德的行为，不一定违反会计法律制度。

3.两者表现形式不同

会计法律制度是通过一定的程序由国家立法机关或行政管理机关制定的，其表现形式是具体的、明确的、正式形成文字的成文规定。会计职业道德则出自于会计人员的职业生活和职业实践，其表现形式既有明确的成文规定，也有不成文的规范。有的规范仅存在于人们的意识和信念之中，并无具体的表现形式，它依靠社会舆论、道德教育、传统习俗和道德评价来实现。

4.两者实施保障机制不同

会计法律制度需要一套实施保障机制。这种保障机制不仅体现在其法律规范的内容中具有明确的制裁和处罚条款，而且体现在设有与之相配合的权威的制裁和审判机关。而会计职业道德并没有权威机构对其中的是非曲直明确作出裁定，即使有裁定也是舆论性质的，缺乏权威机构保障对裁定的执行。

5.评价标准不同

会计法律制度是以会计人员享有的权利和义务为标准来判定其行为是否违法；而会计职业道德则以善恶为标准来判定人们的行为是否违背道德规范。

**【例 5-6】**（单选）会计法律制度所规定的行为规范是会计职业道德的（　　）要求。

A.最高　　B.最低　　C.一般　　D.常规

【解析】B。会计职业道德规定了会计人员的最高行为标准和一些基本原则以及行为规范。会计法律制度所规定的行为规范是会计职业道德的最低要求，会计法律制度所规定的行为规范包括在会计职业道德要求之中。会计职业道德的行为规范不仅标准比会计法律制度高得多，而且内容和范围也广得多，它贯穿于社会经济活动的各个领域、各个方面。

## 考场指南

1.职业道德的特征：职业性、实践性、继承性。

2.职业道德的作用：促进职业道德活动的有序进行、对社会道德风尚会产生积极的影响

3.会计职业道德的特征：强制性、较多关注公众利益。

4.会计职业道德的功能：指导、评价、教化。

5.会计职业道德和会计法律制度的联系：根本目的上一致；作用上相互补充；内容上相互渗透、重叠；地位上相互转化、吸收；实施上相互作用、促进。

6.会计职业道德和会计法律制度的区别：性质不同；作用范围不同；表现形式不同；实施保障机制不同；评价标准不同。

## 第二节　会计职业道德规范的主要内容

会计职业道德规范是指一定社会经济条件下，对会计职业行为及职业活动的系统要求或明文规定，是会计人员处理职业活动中各种关系的行为准则，是职业道德在会计职业行为和会计职业活动中的具体体现。我国会计职业道德规范的主要内容为：爱岗敬业、诚实守信、廉洁自律、客观公正、坚持准则、提高技能、参与管理和强化服务。

### 一、爱岗敬业

#### （一）爱岗敬业的含义

爱岗敬业指的是忠于职守的事业精神，这是会计职业道德的基础。爱岗就是会计人员热爱本职工作，安心本职岗位，并为做好本职工作尽心尽力、尽职尽责。它是会计人员的一种意识活动，是敬业精神在其职业活动方式上的有意识的表达。敬业是指人们对其所从事的会计职业或行业的正确认识和恭敬态度，并用这种严肃恭敬的态度，认真地对待本职工作，将身心与本职工作融为一体。会计人员对会计职业的不同认识和采取的不同态度可以直接导致不同的职业行为及其后果。爱岗敬业是爱岗与敬业的总称。爱岗和敬业，互为前提，相互支持，相辅相成。“爱岗”是“敬业”的基石，“敬业”是“爱岗”的升华，“敬”由“爱”生，“爱”由“敬”起。

#### （二）爱岗敬业的基本要求

爱岗敬业是会计人员做好本职工作的基础和条件，是其应具备的基本道德素质。爱岗敬业不仅仅是一种观念、一种精神、一句口号，它更需要有具体的行动来体现，即要有安心会计工作、献身会计事业的工作热情，严肃认真的工作态度，勤学苦练的钻研精神，忠于职守的工作作风。爱岗敬业对会计人员的基本要求是：

1.热爱会计工作，敬重会计职业

这是要求会计人员要树立“干一行爱一行”的职业思想，体会会计职业中的乐趣，对会计职业充满敬意之情，全身心地投入到会计事业中。热爱会计工作，前提是要正确认识会计职业，树立爱岗敬业的精神。会计人员的爱岗敬业精神，自始至终都是以他们对职业的认识程度以及所采取的态度作为行动的指导，并体现在实际工作当中。如果会计人员对所从事职业的重要性缺乏正确的认识，必然会自觉或不自觉地反映到其职业行为当中，或迟或早地会表现出“懒”、“惰”、“拖”的不良行为，给会计职业及其声誉造成不良影响。只有正确认识会计本质和会计工作的重要性，树立爱岗敬业的精神，会计人员才能安心工作，任劳任怨，从而克服“懒”、“惰”、“拖”的不良习惯和作风。

2.严肃认真，一丝不苟

这是要求会计人员对待会计工作要严肃细致，不能有丝毫的马虎，防止会计工作出现偏差。对一些损失浪费、违法乱纪的行为和一切不合法不合理的业务开支，要严肃认真地对待，把好关、守好口。

3.忠于职守，尽职尽责

这是要求会计人员忠实于服务主体、忠实于社会公众、忠实于国家，严格执行岗位规范，认真履行岗位职责，切实对单位、对社会公众、对国家负责。会计人员忠实于服务主体，就是要客观真实地记录和反映服务主体的经济活动状况，监督其财产安全，同时还应筹划其资金的有效运作，积极参与经营和决策。会计人员忠实于社会公众，就是要正确、真实地对外提供有关服务主体的会计信息，以便让投资者、债权人及其他社会公众获取客观真实的会计信息，从而进行正确判断和合理决策。会计人员忠实于国家，就是要对社会整体利益负责。会计人员所提供的会计信息是否真实、完整、准确，最终影响着国家宏观经济调控的决策。

## 二、诚实守信

### （一）诚实守信的含义

诚实是指言行跟内心思想一致，不弄虚作假、不欺上瞒下，做老实人、说老实话、办老实事。守信就是遵守自己所作出的承诺，讲信用，重信用，信守诺言，保守秘密。一般来说，诚实即为守信，守信就是诚实。它们是职业道德的两种不同表现形式。有诚无信，道德品质得不到推广和延伸；有信无诚，信就失去了根基，德就失去了依托。诚实必须守信，可见，诚为本，信为用；诚涵内，信显外。诚与信是一而二，二而一。诚实守信是做人的基本原则，也是会计职业活动和职业道德的精髓。

**【例5-7】**（判断）爱岗敬业是会计职业活动和职业道德的精髓。（　　）

【解析】×。诚实守信是做人的基本原则，也是会计职业活动和职业道德的精髓。

### （二）诚实守信的基本要求

"诚"从何来？"信"从何立？"诚"从"心"起，"信"从"行"立。诚实守信要求会计人员在职业活动中讲求信用，保守秘密，以实际发生的经济业务进行真实、完整的会计核算。诚实守信对会计人员的基本要求是：

1.做老实人，说老实话，办老实事，不搞虚假

做老实人，要求会计人员要言行一致，表里如一，光明正大。说老实话，要求会计人员说话诚实，不夸大，不缩小，不隐瞒，如实反映和披露单位经济业务事项。办老实事，要求会计人员在工作中踏踏实实，不弄虚作假，不欺上瞒下。总之，会计人员应言行一致，实事求是，正确核算，尽量减少和避免各种失误，不为个人和小集团利益伪造账目，弄虚作假，损害国家和社会公众利益。

2.保守秘密，不为利益所诱惑

保密就是指会计人员在履行自己的职责时，应有保密意识，依法保守秘密，对机密资料不外传、不外泄，守口如瓶。秘密主要有国家秘密、商业秘密和个人隐私3类。秘密一旦泄露就会对国家、单位或个人造成损失。其中，商业秘密又可分为3类：一是不能向竞争对手公开的秘密，包括生产技术、经营策略、客户及市场情况等；二是对投资者保守的秘密，主要是上市公司在有关信息正式发布前应保守的各项秘密，如尚未正式公布的财务数据、重组计划或意向等；三是对内部人员应保守的秘密，包括上述两类秘密对除有知悉权以外的人员应保密，有些管理活动的手段不能公开等。

我国有关会计法律制度对会计人员保守秘密作了相关的规定。如《注册会计师法》第十九条规定："注册会计师对执行业务中知悉的商业秘密，负有保密义务。"《会计基

础工作规范》第二十三条规定："会计人员应当保守本单位的商业秘密。除法律规定和单位领导人同意外，不能私自向外界提供或者泄露单位的会计信息。"会计人员不仅要做到不在工作岗位以外的场所谈论、评价企业的经营状况和财务数据，而且要抵制住各种各样的利益诱惑，除法律规定或经单位规定程序批准外，不得以任何借口和形式向其他单位或个人提供单位内部的会计数据和相关资料。

3.执业谨慎，信誉至上

这是侧重于对注册会计师行业的要求。其要求注册会计师在执业中应始终保持谨慎态度，正确地选择客户，或根据自己的实际能力接受委托业务，认真履行委托合同，严格遵守独立审计准则和执业规范要求，对客户和社会公众尽职尽责，形成"守信光荣，失信可耻"的氛围，以维护职业信誉。

## 三、廉洁自律

### （一）廉洁自律的含义

廉洁自律是会计职业道德的内在要求，是会计人员的行为准则。廉洁是指不收受贿赂、不贪污钱财。自律是指会计人员按照一定的标准，自己约束自己、自己控制自己的言行和思想的过程。自律的核心就是用道德观念来自觉地抵制自己的不良欲望。会计职业自律包括两层含义：会计人员自律和会计行业自律。会计人员自律是一个个体概念，是指会计人员的自我约束，是靠其正确的价值观和人生观来实现的。会计人员自律是会计职业道德的最高境界。会计行业自律是一个群体概念，是会计职业组织对整个会计职业的会计行为进行自我约束、自我控制的过程。

会计人员的廉洁是会计职业道德自律的基础，自律是廉洁的保证。会计人员必须做到既廉洁又自律，二者不可偏废。

### （二）廉洁自律的基本要求

廉洁自律是会计职业道德的前提，这既是会计职业道德的内在要求，也是会计职业声誉的"试金石"。会计人员要严格自律，防微杜渐，构筑思想道德防线，这也是防止腐败和非职业道德行为的有效手段。会计工作的特点决定了廉洁自律是会计职业道德的内在要求，是会计人员的行为准则。廉洁自律对会计人员的基本要求是：

1.树立正确的人生观和价值观

这是要求会计人员必须加强世界观的改造，树立正确的人生观和价值观，自觉摒弃个人主义、享乐主义、拜金主义等错误思想，增强抵制行业不正之风的能力，这是奠定廉洁自律的思想基础。

2.公私分明，不贪不占

公私分明是指会计人员严格划分公私界限，公是公，私是私。不贪不占是指会计人员不贪、不占、不收礼、不同流合污、不损公肥私，做到一身正气，两袖清风。会计人员因其职业特点最易犯的就是"贪"、"欲"，其根本原因是会计人员忽视了世界观的自我改造，放松了道德的自我修养，弱化了职业道德的自律。

3.遵纪守法，一身正气

所谓遵纪守法，是指每个从业人员都要遵守纪律和法律，尤其是要遵守职业纪律和与职业活动相关的法律法规。

“正人先正己，无私才无畏。”由于会计人员处在管家理财的特殊地位，经常会遇到不道德的行为，特别是面对金钱的诱惑，容易不知不觉地产生不道德的欲望，因此会计人员要严格遵纪守法。会计人员遵纪守法是职业活动正常进行的基本保证，是正确处理会计职业权利与职业义务的关系、增强抵制行业不正之风的能力，是会计人员廉洁自律的又一个基本要求。会计作为一种职业，就会有相应的职业权利和职业义务，会计人员的权利和义务在《中华人民共和国会计法》作出了明确规定。会计人员在履行其工作职责和义务时要做到遵纪守法、不违法乱纪、以权谋私，做到廉洁自律；凡是损害国家利益、损害人民利益的，我们都有责任、有义务揭露和批评他们的错误，要坚持正义，扶持正气，打击邪气，树立自己的职业形象和人格尊严，敢于抵制歪风邪气。

## 四、客观公正

### （一）客观公正的含义

客观公正是会计人员必须具备的行为品德，是会计职业道德规范的灵魂。客观是指按事物的本来面目去反映，不带个人偏见，也不为他人意见所左右。公正就是公平正直，没有偏失。客观是公正的基础，公正是客观的反映。对于会计职业和会计工作而言，客观就是以客观事实为依据，真实地记录和反映实际经济业务事项；会计核算要准确，记录要可靠，凭证要合法。公正就是要求会计工作按照国家统一的会计准则、财经法律、法规和规章制度的要求依法办事，不偏不倚，做到铁面无私，不避亲疏。客观公正是会计工作的根本，也是维护国家和社会公众利益、维护社会主义市场经济秩序的需要。

### （二）客观公正的基本要求

客观公正对会计人员的基本要求是：

1.依法办事

这是要求会计人员在工作过程中必须遵守各种法律、法规、准则和制度，依照法律规定进行会计核算，并作出客观的会计职业判断。依法办事是会计工作保持客观公正的前提。

2.实事求是

这是要求会计人员在具体进行会计业务处理时，要实事求是，保持客观公正的态度。既不损害国家利益，同时又维护单位合法利益和职工个人利益，做到不偏不倚。

3.如实反映

会计人员在工作中要养成实事求是的工作作风，从原始资料的取得、凭证的管理、账簿的登记、报表的编制，到经济活动的分析，都要做到如实反映。

**【例5-8】**（多选）会计职业道德规范中的“客观公正”对会计人员的基本要求有（　　）。

A.遵循准则　　B.依法办事　　C.实事求是　　D.如实反映

【解析】BCD。“客观公正”中的客观，是指按事物的本来面目去反映，不带个人偏见，也不为他人意见所左右；公正，就是公平正直，没有偏失。因此，客观公正对会计人员的基本要求是依法办事、实事求是、如实反映。

## 五、坚持准则

### （一）坚持准则的含义

坚持准则是指会计人员在处理业务过程中，严格按照会计法律制度办事，不为主观或他人意志所左右，是会计职业道德的核心。这里所指的“准则”，不仅指会计准则，而且包括会计法律、国家统一的会计制度以及与会计工作相关的法律制度。

### （二）坚持准则的基本要求

会计人员在进行核算和监督的过程中，要以坚持准则作为发生道德冲突时的行动指南，维护国家利益、社会公众利益和正常的经济秩序。坚持准则对会计人员的基本要求是：

1.熟悉准则

这是要求会计人员应熟悉和掌握《会计法》、国家统一的会计制度及与会计相关的法律制度，这是遵循准则、坚持准则的前提。只有熟悉准则，才能按准则办事，才能遵纪守法，才能保证会计信息的真实性、完整性。

2.遵循准则

遵循准则即执行准则。准则是会计人员开展会计工作的外在标准和参照物。会计人员在进行会计核算和监督时要自觉地严格遵守各项准则，自律在先，将单位具体的经济业务事项和经济行为与会计法律和国家统一的会计制度相对照，先作出是否合法合规的判断，对不合法的经济业务不予受理。同时，面对经济生活中的新情况、新问题以及准则未涉及的事项，能够运用会计专业理论知识和技能，作出客观的判断，予以妥善的处理。

3.敢于同违法行为作斗争

为了切实维护会计人员的合法权益，《会计法》强化了单位负责人对单位会计工作的法律责任，赋予了会计人员相应的权利，改善了会计人员的执法环境。会计人员应认真执行国家统一的会计制度，依法履行会计监督职责，发生道德冲突时，应坚持准则，对法律负责，对国家和社会公众负责，敢于同违反会计法律法规和财务制度的现象作斗争，确保会计信息的真实性和完整性。

**【例5-9】**（判断）会计职业道德规范中的“坚持准则”就是指坚持企业会计准则。（　　）

【解析】×。坚持准则是指会计人员在处理业务过程中，严格按照会计法律制度办事，不为主观或他人意志所左右。这里所指的“准则”，不仅指会计准则，而且包括会计法律、国家统一的会计制度以及与会计工作相关的法律制度。

## 六、提高技能

### （一）提高技能的含义

会计工作的专业性极强，提高技能就是要求会计人员不断通过学习、培训和实践等途径，持续提高会计专业理论水平和职业技能，以达到和维持足够的专业胜任能力。会计职业技能包括会计理论水平、会计实务能力、职业判断能力、自动更新知识能力、沟通交流能力以及职业经验等。

**（二）提高技能的基本要求**

会计工作质量的优劣，一方面受会计人员技能水平的影响，另一方面则受会计人员道德品行的影响。会计人员的道德品行是会计职业道德的根本和核心，会计人员的技能水平是会计人员职业道德水平的保证。没有娴熟的会计技能，再好的个人道德品行，也无法干好会计工作。提高技能对会计人员的基本要求是：

1.要有不断提高会计技能的意识和愿望

会计人员应增强提高专业技能的自觉性和紧迫感，主动求知、求学。坚持不懈地学习会计知识，提高专业技术能力，提高业务水平。

2.要有勤学苦练、刻苦钻研的精神和科学的学习方法

会计人员要勤奋学习、苦练本领。同时，还要会学习，有效学习。通过学习，真正提高会计职业能力。能否做到这一点，既是衡量会计人员事业心的重要尺度，也是衡量会计人员职业道德水准高低的标志。

## 七、参与管理

**（一）参与管理的含义**

参与管理，简单地说就是间接参加管理活动，为管理者当参谋，为管理活动服务。会计人员或会计工作并不能够直接进行企业生产经营活动的管理或决策。会计工作或会计人员与管理决策者在管理活动中分别扮演着参谋人员与决策者的角色，承担着不同的职责和义务。会计人员应当树立参与管理的意识，在记账、算账、报账的过程中，积极主动地利用会计数据来分析企业生产经营状况，查找存在的问题，提出合理建议，从而当好参谋。

**（二）参与管理的基本要求**

会计人员在参与管理的过程中并不直接从事管理活动，而是尽职尽责地履行会计职责，间接地从事管理活动或者说参与管理活动，为管理活动服务。参与管理对会计人员的基本要求是：

1.努力钻研相关业务，熟悉财经法规和相关制度，提高业务技能，为参与管理奠定坚实的基础

娴熟的业务、精湛的技能，是会计人员参与管理的前提。因此，要求会计人员要有扎实的基本功，掌握会计的基本理论、基本方法和基本技能，做好会计核算的各项基础性工作，同时运用科学的方法对单位财务状况进行分析，提出合理建议。

2.熟悉服务对象的经营活动和业务流程，使提出的合理化建议更具有针对性和有效性

会计人员应当熟悉本单位的生产经营、业务流程和管理状况，了解经营能力、技术设备条件、产品市场和资源情况，结合财务部门的综合信息优势，积极参与管理，提出有针对性和有效性的意见和建议。

## 八、强化服务

**（一）强化服务的含义**

强化服务就是要求会计人员具有文明的服务态度、强烈的服务意识和优良的服务质量。会计工作的性质决定了会计人员要经常与各方面打交道，其一言一行、一举一动不仅反映出自身素质和道德水平的高低，直接影响着会计工作的质量，而且也维系会计人员的社会形象。因此，强化服务也是会计职业道德规范的重要内容之一。

**（二）强化服务的基本要求**

会计人员的服务态度直接关系到会计行业的声誉和全行业运作的效率。强化服务的关键是提高服务质量。会计人员服务态度好、质量高，就能提高会计职业的信誉，增强会计职业的生命力；反之，就会影响会计职业的声誉，甚至直接影响到全行业的生存和发展。强化服务对会计人员的基本要求是：

1.强化服务意识，树立文明服务形象

这是要求会计人员要树立强烈的服务意识，不论是为经济主体服务，还是为社会公众服务，都要摆正自己的工作位置。只有树立了强烈的服务意识，才能做好会计工作，履行会计职能，为单位和社会经济的发展作出应有的贡献。同时，会计人员对任何服务对象都要做到态度温和，语言文明，尊重同事，尊重事实，谦虚谨慎，彬彬有礼，以理服人，团结协作，以人为本。

2.提高服务质量

提高服务质量并非无原则地满足服务主体的需要，而是在坚持原则、坚持准则的基础上尽量满足用户或服务主体的需要。

**考场指南**

1.会计职业道德的主要内容：爱岗敬业、诚实守信、廉洁自律、客观公正、坚持准则、提高技能、参与管理和强化服务。

2.会计职业道德的基础：爱岗敬业。

3.会计职业道德的精髓：诚实守信。

4.会计职业道德的最高境界：廉洁自律。

5.会计职业道德的灵魂：客观公正。

6.坚持准则的“准则”，不仅指会计准则，而且包括会计法律、国家统一的会计制度以及与会计工作相关的法律制度。

7.会计职业技能包括会计理论水平、会计实务能力、职业判断能力、自动更新知识能力、沟通交流能力以及职业经验等。

8.参与管理是指间接参加管理活动，为管理者当参谋，为管理活动服务。

# 第三节　会计职业道德教育

人的道德品质不是与生俱来的，更多是靠后天的教育督促和自我修养而成的。同样，会计人员的会计职业道德规范的养成，也需要靠对会计人员加强会计职业道德方面的教育，以及需要会计人员自身加强会计职业道德方面的修养。前者大都属于他律，后者属于自律。他律是会计人员会计职业道德规范养成的首要阶段，自律也是必不可少的重要阶段，两者相辅相成，缺一不可。从他律走向自律，是会计职业道德的最高境界。

## 一、会计职业道德教育的含义

会计职业道德教育是指为了促使会计人员正确履行会计职能，而对其施行有目的、有计划、有组织、有系统的道德教育活动。它是通过一定的教育方式和方法，把会计职业道德观念灌输到会计人员的头脑中，逐步增强其会计职业道德意识，培养会计职业道德情感，不断提高会计职业道德素质。因此，加强对会计人员会计职业道德教育，是提高会计人员道德水平，促使其养成自觉遵守会计职业道德规范良好行为的必要途径。

## 二、会计职业道德教育的形式

1.接受教育（外在教育）

接受教育即外在教育，是指通过学校或培训单位对会计从业人员进行以职业责任、职业义务为核心内容的正面灌输，以规范其职业行为，维护国家和社会公众利益的教育。

2.自我修养（内在教育）

自我修养即内在教育，是会计从业人员自我学习、自我改造、自我道德修养的行为活动。自我修养是把外在的职业道德的要求，逐步转变为会计人员内在的职业道德情感、职业道德意志和职业道德信念。

## 三、会计职业道德教育的内容

会计职业道德教育的主要任务是帮助和引导会计人员培养会计职业道德情感，树立会计职业道德信念，遵守会计职业道德规范。因此，会计职业道德教育的内容主要包括以下几个方面：

1.会计职业道德观念教育

通过普及会计职业道德知识，使会计人员了解会计职业道德对社会经济秩序、会计信息质量的影响，以及违反会计职业道德将会受到的惩戒和处罚，树立会计职业道德观念，形成会计人员遵循会计职业道德光荣、违背会计职业道德可耻的氛围。

2.会计职业道德规范教育

对会计人员开展以会计职业道德规范为主要内容的教育，这是会计职业道德教育的核心内容，并贯穿于会计职业道德教育的始终。通过会计职业道德规范教育，使会计人员深刻领会到爱岗敬业、诚实守信、廉洁自律、客观公正、坚持准则、提高技能、参与管理和强化服务等会计职业道德规范的真谛。

3.会计职业道德警示教育

通过对违反会计职业道德行为和违法会计行为的典型案例进行讨论和剖析，使会计人员从中得到警示，以增强其法律意识、会计职业道德观念和辨别是非的能力。

除此之外，还应加强对会计人员进行与会计职业道德相关内容的教育，如法制教育、形势教育、政策教育等。

【例5-10】（多选）下列各项中，属于会计职业道德教育内容的是（　　）。

A.会计职业道德观念教育　　B.会计职业道德警示教育

C.会计职业道德规范教育　　D.会计继续教育

【解析】ABC。会计职业道德教育的主要任务是帮助和引导会计人员培养会计职业道德情感，树立会计职业道德信念，遵守会计职业道德规范。因此，会计职业道德教育的内容包括会计职业道德观念教育、会计职业道德规范教育和会计职业道德警示教育。

## 四、会计职业道德教育的途径

### （一）接受教育的途径

目前，我国会计职业道德教育的途径主要有岗前职业道德教育和岗位职业道德继续教育。

1.岗前职业道德教育

岗前职业道德教育是指对将要从事会计职业的人所进行的道德教育，主要包括会计专业学历教育和取得会计从业资格中的职业道德教育。这方面教育的重点是会计职业观念、职业情感和职业规范等。

（1）会计专业学历教育中的会计职业道德教育，即对大、中专院校会计专业的在校学生进行会计职业道德教育。在各大、中专院校会计类专业就读的学生，是会计队伍的预备人员，在校学习阶段是他们的会计职业道德情感、道德观念、是非善恶判断标准初步形成的时期，因此在大、中专院校会计类专业学生中开展会计职业道德教育，是对会计人员实施会计职业道德教育的重要环节。各大、中专院校应在会计类专业中专门开设“会计职业道德”或相关课程，对学生进行全面、系统、细致的会计职业道德教育。这样可以使即将踏入会计行业的学生，在学习会计理论知识和技能的同时，也能领会会计职业道德规范的内容，了解会计职业所面临的道德风险，从而树立会计职业道德情感和观念，提高运用道德标准判断是非的能力。

（2）取得会计从业资格中的会计职业道德教育，即对所有将从事会计职业的人员在进入会计职业岗位之前所进行的职业道德教育。会计职业的特殊性要求从事该职业的人员必须了解其职业道德规范，树立良好的道德观念，具有良好的道德素质。只有这样，才能指引和约束会计人员的会计行为符合会计职业道德规范的要求，有利于保证会计信息的真实性和完整性，维护社会主义市场经济秩序。因此，会计职业道德教育是会计从业人员岗前的一门必修课。目前，我国大、中专院校的毕业生即使已接受过会计专业学历教育中的会计职业道德教育，也要接受取得会计从业资格中的会计职业道德教育，这是由我国会计从业资格的考试制度所决定的。

2.岗位职业道德继续教育

岗位职业道德继续教育是指对已进入会计职业岗位的会计人员所进行的继续教育。我国《会计人员继续教育规定》明确了会计职业道德教育是会计人员继续教育的一项重要内容，会计人员继续教育是强化会计职业道德教育的有效形式。会计人员继续教育中的会计职业道德教育的目标是：在不断更新、补充、拓展会计专业理论知识，提高业务能力的同时，通过会计职业道德信念教育、会计职业义务教育、会计职业荣誉教育，形成良好的会计职业道德品行。

**（二）自我修养的途径**

加强道德修养的具体方法可以是多种多样的。会计职业道德修养，虽然是道德品质和思想素质方面的自我锻炼，但绝非指“闭门思过”。我们所说的修养，是在社会实践中的自我锻炼。只有在社会实践中不断磨练，才能不断提高会计职业道德修养。根据职业道德品德形成和发展规律的要求，以及优秀人物成长的经验，加强会计职业道德修养应综合运用以下几种具体方法：

1.慎独慎欲

慎独是加强会计职业道德修养的优良传统方法。古人云：“古之成大器者，无不慎独。”慎独，是指在独立工作、无人监督，甚至如果做坏事难以被发现的情况下，仍能坚持自己的道德信念，依据一定的道德原则去行事，不做任何对国家、社会、对他人不道德的事情。慎独即是一种加强道德修养的方法，又是一种很高的道德境界。

会计职业道德讲慎独，就是要求每个会计从业人员严格要求自己，出于对会计事业的热诚，在履行职责时自律、谨慎，不管财务制度本身是否有漏洞，也不管有人没人、制度管理严不严，都应按照职业道德要求去做。

慎欲是指用正当的手段获得物质利益。会计人员做到慎欲，一是要把国家、社会公众和集体利益放在首位，在追求自身利益的时候，不损害国家、社会和他人利益；二是做到节欲，对利益的追求要适度，要合理合法，反对用不正当手段达成利己的目的。

2.慎省慎微

慎省是指提升道德修养时一定要认真，自觉主动遵循会计职业道德标准进行“内省”，要结合工作实际，经常反省检查、剖析自己。会计人员对自己所做的会计工作要进行自我批评、为我解剖，用会计职业道德这面镜子对照检查，认真找出自己的缺点、差距，并通过主观努力来加以改正，使自己的行为纳入职业道德规范要求的轨道，用自我批评的方法来提升自己的职业道德修养。

慎微是指在微处、小处自律，从微处小处着眼，积小善成大德。慎微，首先要求从微处自律，俗话说：“千里之堤，溃于蚁穴。”其次要求从小事着手，从一点一滴的小事做起，日积月累，就能获得良好的信誉。

3.自警自励

自警就是要随时警惕、告诫自己，要警钟长鸣，防止各种不良思想对自己的侵袭。自励就是要以崇高的会计职业道德理想、信念激励自己、教育自己。经常用会计职业道德规范这把标尺，认真度量自己在职业实践中的一切言行，树立起正确的会计职业道德观。

**【例5-11】**（判断）会计人员讲慎独，是指反复不断地检点自己的言行，反省自己的缺点，不断修正错误。（　　）

【解析】×。会计人员讲慎独，就是要求每个会计从业人员严格要求自己，出于对会计事业的热诚，在履行职责时自律、谨慎，不管财务制度本身是否有漏洞，也不管有人没人、制度管理严不严，都应按照职业道德要求去做。

**考场指南**

1.会计职业道德教育的内容：观念教育、规范教育、警示教育。

2.会计职业道德教育的途径：接受教育和自我修养。

3.会计职业道德接受教育的途径：岗前职业道德教育和岗位职业道德教育。

4.会计职业道德自我修养的方法：慎独慎欲、慎省慎微、自警自励。

## 第四节　会计职业道德建设组织与实施

加强会计职业道德建设是发挥会计职能作用、保证会计工作质量的重要手段。会计职业道德建设是一项复杂的系统工程，要抓好会计职业道德建设，关键在于加强和改善会计职业道德建设的组织和领导，并得到切实的贯彻和实施。各级财政部门、会计职业组织、机关和企事业单位应充分认识到加强会计职业道德建设的重要性，不断建立健全会计职业道德建设的组织与实施制度和机制，齐抓共管，保证会计职业道德建设的各项任务和要求落到实处。

### 一、财政部门的组织推动

#### （一）采用多种形式开展会计职业道德宣传教育

会计职业道德建设是会计管理工作的重要组成部分，作为会计管理工作的职能部门，财政部门应把会计职业道德建设纳入管理会计工作的重要议事日程。要充分认识当前形势下加强会计职业道德建设的必要性、艰巨性、紧迫性以及长期性，切实履行管理职能，有计划、有步骤、有重点地开展好各项工作。要根据本地区的实际情况，加大对会计职业道德的宣传教育力度，注重发挥网络、媒体的宣传作用和舆论的监督作用，积极组织开展形式多样的宣传教育活动，如开展会计职业道德模范评比，举办会计职业道德演讲、论坛、征文、展览及知识竞赛等活动，牢牢把握正确的宣传导向，唱响主旋律，弘扬正气。要深入实际，调查研究，及时发现、总结和推广会计职业道德建设的新经验，探索会计职业道德建设的有效途径和实现形式，努力营造会计职业道德建设的良好氛围。

#### （二）会计职业道德建设与会计从业资格证书注册登记管理相结合

《会计从业资格管理办法》规定会计从业资格证书实行注册登记制度，即取得会计从业资格的人员，被单位聘用从事会计工作时，应由本人或本人所在单位提出申请，按照会计从业资格管理部门规定的时间到会计从业资格管理部门进行注册登记。《会计法》、《会计从业资格管理办法》和《会计基础工作规范》均规定会计人员必须遵守会计职业道德，《会计基础工作规范》还明确规定："会计人员违反会计职业道德的，由所在单位进行处罚；情节严重的，由会计从业资格证书发证机关吊销其会计从业资格证书。"因此，将会计从业资格证书注册登记制度与会计职业道德建设结合起来，有利于强化对会计人员行为的约束，使会计人员像重视自己的会计从业资格一样珍视自己的会计职业道德操守。

**（三）会计职业道德建设与会计专业技术资格考评、聘用相结合**

我国《会计专业技术资格考试暂行规定》及其实施办法规定，报考初级资格、中级资格的会计人员，应“坚持原则，具备良好的职业道德品质”等。会计专业技术资格考试管理机构在组织报名时，应对参加报名的会计人员的职业道德情况进行检查，对有不遵守会计职业道德规范记录的，应取消其报名资格。高级会计师的考评不仅关注申报人员的学历条件、工作成绩及专业水平，会计职业道德考评也是一项重要内容，考评的主要方式有：一是在考试时增加关于会计职业道德方面的内容；二是在评审方面要对申报人的会计职业道德情况进行严格审查；三是规定一些关于会计职业道德规范的否决条款，比如，申报人如曾在会计、审计、企业管理或其他经济管理工作中犯有严重错误而受到党纪、政纪处分，或者曾参与偷税、会计舞弊等活动，则不能参加高级会计师的评审。

另外，各单位在聘用会计人员时，除考察其专业胜任能力外，还应将遵守会计职业道德的情况作为一项重要的考核内容。如果会计人员在遵守会计职业道德方面不符合要求，专业能力即使再强，单位也不会聘用，这将对其个人的发展及切身利益带来直接影响。因此，把会计职业道德建设与会计专业技术资格考评、聘用结合起来，也有利于对会计人员起到约束作用，促使其不断提高职业道德修养，严格遵守职业道德规范。

**（四）会计职业道德建设与会计执法检查相结合**

财政部门作为《会计法》的执法主体，可以依法对社会各单位执行会计法律制度情况及会计信息质量进行不同形式的检查。在检查中发现的会计人员违反《会计法》的行为，同时也一定是违反会计职业道德的行为，会计人员不仅要承担《会计法》所规定的法律责任，要受到相应的行政处罚或刑事处罚，同时还必须接受相应的道德制裁，如暂停会计从业资格、在会计行业范围内通报批评、指令其参加相应的继续教育课程学习等。各级财政部门要把会计职业道德建设与会计法制建设紧密结合起来，加大对《会计法》等会计法律制度的检查执法力度，严厉打击违法会计行为，维护国家和社会公众利益，维护正常经济秩序，为会计职业道德建设提供强有力的法律支持和政策保障。

改革开放以来，我国财政部门多次开展了全国性的财经大检查，检查的重点是《会计法》及国家统一的会计制度的执行情况，其具体内容实际上与会计职业道德的内容存在着密切的联系，所以国家在开展《会计法》执法检查的同时，也对会计人员是否遵守会计职业道德规范的情况进行了检查。财政部门把会计职业道德建设与会计执法检查相结合，是构筑会计职业道德检查与奖惩机制的重要组成部分和有力抓手。

**（五）会计职业道德建设与会计人员表彰奖励制度相结合**

依据我国《会计法》等法律法规的规定，对于认真执行《会计法》，忠于职守，坚持原则，作出显著成绩的会计人员，应给予精神的或者物质的奖励。因此，对于会计职业道德规范的贯彻与实施，既要对违反会计职业道德规范的行为进行惩戒，同时也要对自觉遵守会计职业道德规范的先进单位和先进个人进行表彰，以起到弘扬正气、激励先进、鞭策后进的作用。对会计人员的表彰奖励应注意将物质奖励和精神激励有机结合起来，具体形式有：晋升工资、职级，发放一定数额的奖金，授予荣誉称号，颁发荣誉证书，在公共媒体上积极宣传其先进事迹等。通过表彰奖励先进，可以树立学习上的榜样，进一步调动广大会计人员模范遵守会计职业道德规范的积极性，不断推动会计职业道德建设活动。

## 二、会计职业组织的行业自律

行业自律也是一种重要手段，会计职业道德建设还应当充分发挥会计职业组织的自律作用。对于尚未违反会计法律制度，但违反了会计职业道德规范的行为，可由会计职业组织通过自律性监管，根据情节轻重程度采取通报批评、罚款、支付费用、取消其会员资格、警告、参加后续教育等方式进行相应的惩罚。

在我国，目前主要由中国注册会计师协会作为注册会计师的行业自律组织对注册会计师进行自律管理与约束，先后发布了《中国注册会计师职业道德基本准则》、《中国注册会计师职业道德规范指导意见》以及《注册会计师、注册资产评估师行业诚信建设实施纲要》等。这些准则、意见和纲要的出台，对于加强我国注册会计师的职业道德建设，提高其职业道德水平起到了积极的促进作用。另外，中国会计学会作为全国会计领域各类专业组织及个人自愿结成的学术性、专业性、非营利性社会组织，为了加强对个人会员的服务与管理，不断提高会员的职业道德水平，也制定了《中国会计学会个人会员分级管理办法（试行）》。中国总会计师协会也是我国目前会计工作行业自律管理的主要组织之一。

会计职业组织作为联系政府和会员的桥梁纽带，应不断改革和完善自律机制，加强自身建设，充分发挥自律机制在会计职业道德建设中的促进作用。

【例5-12】（判断）会计职业组织在会计职业道德建设中具有不可替代的作用。(　　)

【解析】√。会计职业道德建设除了依靠财政部门组织推动外，还应当充分发挥会计职业组织的自律作用，行业自律也是一种重要手段。对于尚未违反会计法律制度，但违反了会计职业道德规范的行为，可由会计职业组织通过自律性监管，根据情节轻重程度采取通报批评、罚款、支付费用、取消其会员资格、警告、参加后续教育等方式进行相应的惩罚。

## 三、企事业单位的内部监督

企事业单位应任用合格会计人员，开展会计人员职业道德教育，建立和完善内部控制制度，形成内部约束机制，防范舞弊和经营风险，支持并督促会计人员遵循会计职业道德，依法开展会计工作。各企事业单位必须任用具有会计从业资格的人员从事会计工作，在任用重要会计岗位的人员时，应审查其职业记录和诚信档案，选择业务素质高、职业道德好的会计人员；在日常工作中，应注意开展对会计人员的道德和纪律教育，并加强检查、督促会计人员坚持原则，诚实守信；在制度建设上，要加强单位内部控制制度的建立和完善，形成内部约束机制，依法开展会计工作，为会计人员遵守职业道德提供良好的执业环境，从而可以有效地防范舞弊和经营风险，规避道德失范。同时，单位负责人要做遵纪守法的表率，支持会计人员依法开展工作。

### 四、社会各界的监督与配合

会计职业道德建设除了依靠财政部门组织推动、会计职业组织的行业自律外，还要求社会各界齐抓共管。不仅各级党组织要管，各级机关、组织、群众等也要管。只有重视和发挥各级组织、广大群众和新闻媒体的监督作用，明确职责、各司其职，齐抓共管、形成合力，才能有效地搞好会计职业道德建设，更好地提高广大会计人员的职业道德素质。

各有关部门要根据会计职业道德规范的标准，结合本部门、本系统、本行业特点，有针对性地制定出具体的执行要求，通过开展形式多样的宣传教育活动，加大对会计职业道德的宣传力度，认真抓好督促检查工作，推动会计职业道德建设活动的不断深入。

良好的会计职业道德风尚的树立，离不开社会舆论的支持和监督。开展舆论监督是加强社会主义民主法制建设的重要方面，也是强化会计职业道德约束机制的重要手段。加强舆论监督，发挥舆论监督的作用，有利于在全社会形成会计职业道德建设的良好氛围。舆论监督要以新闻媒体为阵地，通过广泛开展会计职业道德的宣传教育，使社会各界了解会计职业道德规范的内容，促进良好的会计职业道德深入人心。社会舆论监督体现在会计人员当中，就是要在全社会会计人员中倡导诚信为荣、失信为耻的职业道德意识，积极引导其加强会计职业修养，自觉遵守会计职业道德规范。要通过对职业道德建设中正反面典型的宣传，发挥舆论监督的力量，更好地弘扬正气、打击歪风邪气。

**考场指南**

1. 会计职业道德建设：财政部门的组织推动、会计职业组织的行业自律、企事业单位的内部监督、社会各界的监督与配合。

2. 财政部门组织推动会计职业道德建设：宣传教育，与会计从业资格证书注册登记管理相结合，与会计专业技术资格考评、聘用相结合，与会计执法检查相结合，与会计人员表彰奖励制度相结合。

3. 会计职业组织的行业自律：中国注册会计师协会、中国会计学会、中国总会计师协会。

## 第五节　会计职业道德的检查与奖惩

### 一、会计职业道德检查与奖惩的意义

会计职业道德检查的目的在于强化会计职业道德规范得以遵循，也为进行会计职业道德的奖惩提供依据。开展会计职业道德检查与奖惩是道德规范付诸实施的必要方式，也是促使道德力量发挥作用的必要手段，有着很重要的现实意义：

**（一）具有促使会计人员遵守职业道德规范的作用**

奖惩机制利用人类趋利避害的特点，以利益的给予或剥夺为砝码，对会计人员起着引导或威慑的作用，使会计行为主体不论出于什么样的动机，都必须遵循会计职业道德规范，否则就会遭受利益上的损失。奖惩机制把会计职业道德要求与个人利益结合起来，体现了义务与权利统一的原则。

**（二）裁决与教育作用**

作为会计人员，其会计行为是与非、对与错，均可通过会计职业道德的检查与奖惩作出裁决。在这里，会计职业道德检查与奖惩起着道德法庭的作用。它是运用各会计各种会计法律法规、条例及道德要求等一系列标准，鞭笞违反道德的行为，同时褒奖那些符合职业道德要求的行为，并使其发扬光大。

**（三）有利于形成抑恶扬善的社会环境**

就道德规范自身特点而言，它主要是依靠传统习俗、社会舆论和内心信念来维系的。会计职业道德是整个社会道德的一个组成部分，对社会道德的优劣会产生一定的影响；反之，社会道德环境的好坏，也影响着会计的职业行为。奖惩机制是抑恶扬善的杠杆，对会计的职业行为而言，判断善恶的标准就是会计职业道德规范。那些遵守职业道德规范的行为，可称为善行；反之，就称为恶行。倡导、赞扬自觉遵守会计职业道德规范的行为，鞭挞、谴责查处违背会计职业道德的不良行为，有助于人们分清是非，形成良好的社会风气，从而进一步促进会计职业道德的发展。

## 二、会计职业道德检查与奖惩机制

**（一）财政部门的监督检查**

《会计法》规定，国务院财政部门主管全国的会计工作，县级以上财政部门管理本行政区域内的会计工作。《注册会计师法》规定，财政部对注册会计师、会计师事务所和注册会计师协会进行监督指导。

各级财政部门应负起组织和推动本地区会计职业道德建设的责任。

1.执法检查与会计职业道德检查相结合

财政部门作为《会计法》的执法主体，可以依法对社会各单位执行会计法律制度情况及会计信息质量进行不同形式的检查或抽查。通过检查或抽查，一方面督促各单位严格执行会计法律制度，另一方面也是对各单位会计人员执行会计职业道德情况的检查和检验。

会计人员违反《会计法》，同时也一定违反了会计职业道德要求，不仅要承担《会计法》规定的法律责任，受到行政处罚或刑事处罚，同时还必须接受相应的道德制裁，如可以采取在会计行业范围内通报批评、指令其参加一定学时的继续教育课程、暂停从业资格、在行业内部的公开刊物上予以曝光等。法律惩罚和道德惩罚两者是并行不悖、不可替代的，应同时并举。

2.会计从业资格证书注册登记和年检与会计职业道德检查相结合

《会计基础工作规范》规定，财政部门、业务主管部门和各单位应当定期检查会计人员遵守职业道德的情况，并作为会计人员晋升、晋级、聘任专业职务、表彰奖励的重要考核依据。会计人员违反职业道德的，由所在单位进行处罚；情节严重的，由会计从业资格证书发证机关吊销其会计从业资格证书。

会计从业资格证书注册登记和年检与会计职业道德检查相结合，有利于强化对会计人员行为的约束，强制引导会计人员遵守会计职业道德。

财政部可以通过会计从业资格证书注册登记、继续教育和其他行政检查工作，将会计人员执行会计法律制度和会计职业道德情况，以及受到的奖惩情况等，输入电子档案，形成会计人员的诚信档案，不仅作为财政部门监管会计人员的依据，也可以向用人单位和社会公众开放，从而督促、约束、激励会计人员严格自律，认真执行会计职业道德规范。

3.会计专业技术资格考评、聘用与会计职业道德检查相结合

我国《会计专业技术资格考试暂行规定》及其实施办法规定，报考初级资格、中级资格的人员，应“坚持原则，具备良好的职业道德品质”等。由于高级会计师资格的取得是采取考试和评审相结合，因此有必要在考试和评审两个方面对其会计职业道德进行检查、考核。一是在考试方面，考虑到职业道德对高级会计师的重要性，有必要增设会计职业道德的内容，从理论上加深其对会计职业道德的理解和认识。二是在评审方面要对申报人的会计职业道德情况严格审查。三是规定一些关于职业道德规范的否决条款。

**（二）会计职业组织的自律管理与约束**

会计行业自律是一个群体概念，是会计职业组织对整个会计职业的会计行为进行自我约束、自我控制的过程。

中国注册会计师协会先后颁布了《中国注册会计师职业道德基本准则》、《中国注册会计师职业道德规范指导意见》以及《注册会计师、注册资产评估师行业诚信建设实施纲要》。

目前，我国会计职业的行业自律机制尚不健全，对违反会计职业道德的会计人员和会计师事务所惩处力度不够。所以，必须建立健全会计职业组织自律性监管机制，确保会计职业的健康发展。

对于尚未违反会计法律制度，但违反了会计职业道德规范的行为，可以由会计职业组织通过自律性监管，对发现违反会计职业道德规范的行为进行相应的惩罚，根据情节轻重程度采取通报批评、罚款、支付费用、取消其会员资格、警告、退回向客户收取的费用、参加后续教育等方式。

**（三）激励机制的建立**

我国会计人员表彰制度早在1963年就已实现制度化。

《中华人民共和国会计法》规定，对认真执行本法，忠于职守，坚持原则，作出显著成绩的会计人员，给予精神或者物质的奖励。具体可以采用给予一定数额的奖金、晋升工资、授予荣誉称号、颁发荣誉证书等方式，并通过公开刊物等大众媒体予以广泛宣传。

对于符合会计职业道德规范的行为予以奖赏、表彰，可以使受奖者感到对遵守道德规范的回报和社会肯定，从而促使其强化道德行为。因此，在对违反会计职业道德的行为进行惩戒的同时，还应对自觉遵守会计职业道德的先进人物进行表彰。

## 考场指南

1．会计职业道德检查与奖惩的意义：具有促使会计人员遵守职业道德规范的作用、裁决与教育作用、有利于形成抑恶扬善的社会环境。

2．会计职业道德检查与奖惩机制包括：财政部门的监督检查、会计职业组织的自律管理与约束、激励机制的建立。

## 基础训练

### 一、单项选择题

1.《公民职业道德建设实施纲要》中提出的职业道德的主要内容是（　　）。

A.爱岗敬业、诚实守信、廉洁自律、客观公正、坚持准则

B.爱岗敬业、诚实守信、办事公道、服务群众、奉献社会

C.诚信为本、依法治国、民主理财、科学决策、奉献社会

D.文明礼貌、助人为乐、爱护公物、保护环境、遵纪守法

2.职业道德的出发点和归宿是（　　）。

A.诚实守信　　B.奉献社会　　C.爱岗敬业　　D.服务群众

3.会计人员对于工作中知悉的商业秘密应依法保守秘密，不得泄露，这是会计职业道德中（　　）的具体体现。

A.客观公正　　B.诚实守信　　C.坚持准则　　D.服务群众

4.在会计职业中，（　　）是会计人员必须具备的行为品德，是会计职业道德规范的灵魂。

A.廉洁自律　　B.客观公正　　C.坚持准则　　D.提高技能

5.会计职业道德教育的各种途径中，具有基础性地位的是（　　）。

A.会计学历教育　　B.会计继续教育　　C.会计自我教育　　D.会计职业荣誉教育

6.以未经审核的会计凭证为依据登记账簿的是（　　）。

A.违反单位会计监督规则的行为　　B.违反单位会计人员任用要求的行为

C.违反单位会计核算规则的行为　　D.伪造、变造凭证、账簿和报表的行为

7.搞好会计职业道德建设的关键在于（　　）。

A.社会舆论监督，形成良好的社会氛围

B.加强和改善会计职业道德建设的组织和领导

C.制定完善的会计法律体系

D.对违反会计职业道德的行为进行严厉制裁。

8.会计工作特点决定，（　　）是会计职业道德的前提，也是会计职业道德的内在要求。

A.提高技能　　B.坚持准则　　C.客观公正　　D.廉洁自律

9.（　　）是做人的基本准则，是人们在古往今来的交往中产生出的最根本的道德规范，也是会计职业道德的精髓。

A.爱岗敬业　　B.诚实守信　　C.坚持准则　　D.奉献社会

10.“坚持好制度胜于做好事，制度大于天，人情薄如烟”，这句话体现的会计职业道德要求是（　　）。

A.参与管理　　B.提高技能　　C.坚持准则　　D.强化服务

11.下列各项中，作为会计职业道德教育的核心内容，并贯穿于会计职业道德教育始终的是（　　）。

A.会计职业道德观念教育　　B.会计职业道德规范教育

C.会计职业道德警示教育　　D.其他相关教育

12.“宁可清贫自乐，不可浊富多忧”体现在会计工作中的职业道德是（　　）。

A.客观公正　　B.廉洁自律　　C.爱岗敬业　　D.坚持准则

13.下列各项中，体现公私分明，不贪不占会计职业道德的是（　　）。

A.爱岗敬业　　B.诚实守信　　C.廉洁自律　　D.客观公正

14.下列各项对参与管理的说法中，不正确的是（　　）。

A.主动地向领导反映经济管理活动中的情况和存在的问题

B.主动提出合理化建议

C.代替领导决策

D.参与经营管理活动

15.会计职业道德“爱岗敬业”的“岗”是指（　　）。

A.税务工作岗位　　B.会计工作岗位

C.审计工作岗位　　D.管理工作岗位

**二、多项选择题**

1.下列说法正确的是（　　）。

A.廉洁自律是会计人员的行为准则

B.客观公正是会计职业道德规范的灵魂

C.诚实守信是职业道德的根本

D.爱岗敬业是会计人员应具备的基本道德素质

2.会计职业道德中提倡的爱岗敬业的基本要求包括（　　）。

A.安心本职工作，任劳任怨　　B.忠于职守，尽职尽责

C.热爱会计工作，敬重会计职业　　D.严肃认真，尽心尽力

3.廉洁自律的基本要求可以概述为（　　）。

A.保持会计人员从业的独立性　　B.公私分明，不贪不占

C.遵纪守法，抵制行业不正之风　　D.重视会计职业声望

4.会计职业道德“参与管理”要求的是（　　）。

A.具备较高的业务水平　　B.熟悉财经法规和相关制度

C.熟悉本单位经营活动　　D.积极主动地提供合理化建议

5.会计职业道德的内容中有“坚持准则”一项，这里的“准则”是指（　　）。

A.会计法律　　B.会计准则

C.与会计相关的法律制度　　D.会计行政法规

6.会计职业技能的主要内容包括（　　）。

A.会计专业基础知识　　　　　　B.会计专业操作的创新能力

C.组织协调能力　　　　　　　　D.提供会计信息的能力

7.会计人员参与企业管理主要体现在（　　）。

A.向领导反映经营管理活动中的情况和存在的问题

B.主动提供合理化建议

C.做好记账、算账和报账工作

D.一切按领导的要求去办

8.会计职业道德与会计法律制度的区别主要包括（　　）。

A.实施保障机制不同　　　　　　B.实现形式不同

C.作用范围不同　　　　　　　　D.性质不同

9.会计职业道德与会计法律制度的联系主要体现在（　　）。

A.实施过程中相互作用、相互促进

B.两者有着共同目标、相同的调整对象

C.两者在作用上相互补充

D.两者在内容上相互渗透、相互重叠、相互吸收

10.下列关于会计职业道德作用的表述中，正确的是（　　）。

A.会计职业道德是规范会计行为的重要基础

B.会计职业道德是实现会计目标的重要保证

C.会计职业道德是对会计法律制度的重要补充

D.会计职业道德是提高会计人员素质的内在要求

**三、判断题**

1.会计职业道德属于会计人员行为规范的范畴，而会计法律制度则不属于会计人员行为规范的范畴。（　　）

2.违反了会计职业道德，也就违反了会计法律制度。（　　）

3.会计职业道德与会计法律制度有着不同的性质、作用和表现形式，但保障实施机制是相同的。（　　）

4.遵守会计法律制度是会计职业道德的最低要求。（　　）

5.开展《会计法》执法检查，同时也是对会计人员是否遵守会计职业道德规范情况进行检查。（　　）

6.财政部门是会计工作的主管部门，因此会计人员职业道德教育主要应由财政部门来实施，其他部门配合。（　　）

7.会计职业组织起着联系会员与政府的桥梁作用，会计职业组织主要通过他律的形式实现对会员的职业道德约束。（　　）

8.对于那些自觉遵守会计职业道德规范的优秀会计人员，《会计法》明确规定应当给予物质奖励。（　　）

9.财政部门可以通过将会计从业资格证书注册登记管理与会计职业道德检查相结合的途径来实现对会计职业道德的检查。（　　）

10.会计职业道德与会计法律制度一样，都是以国家强制力作为实施的保障。（　　）

**四、案例分析题**

1.宏大集团公司因经济效益下降，亏损已成定局，董事长赵某授意财务科长刘某在年度财务报告上作一些技术处理，刘某认为“对外报送的财务报告的真实性、完整性由单位负责人承担责任，我服从就行了”，便虚拟了几笔销售业务，使公司报表由亏变盈后，经财务部门签字并作了相应的处理，请回答下列问题：

（1）对董事长赵某可以给予的罚款是（　　）。

A.2 000~2万元　　B.5 000~5万元

C.3 000~5万元　　D.5 000~10万元

（2）刘某违反的会计职业道德规范主要是（　　）。

A.爱岗敬业　　B.强化服务　　C.参与管理　　D.客观公正

（3）对于公司伪造财务报告行为，财政部门给予通报时可并处罚款（　　）。

A.2 000~2万元　　B.3 000~5万元

C.3 000~5万元　　D.5 000~10万元

（4）对直接责任者刘某可能给予的法律制裁形式有（　　）。

A.责令限期改正　　B.罚款3 000~5万元

C.给予直接开除的行政处分　　D.吊销会计从业资格证

（5）对刘某违反《会计法》行为除要承担法律责任外，还必须给予道德制裁，两者并不相悖，其主要形式有（　　）。

A.行业内部通报批评　　B.责令参加一定学时的继续教育

C.暂停从业资格　　D.内部公开刊物上曝光

2.（1）某集团组织本系统会计人员进行会计职业道德培训，与会会计人员对培训的认识各抒己见：

A.张某认为违反会计法律必定违反会计职业道德，两者性质相同，所以学好会计法律就可以了

B.李某认为会计法律制度与会计职业道德性质不同，会计法律制度是会计职业道德的最低要求

C.孙某认为会计职业道德只约束单位会计人员，而对注册会计师没有约束力

D.丁某认为违反会计职业道德也必定违反会计法律制度

以上观点正确的为（　　）。

（2）该集团公司下属一个分公司，会计人员王某总认为干会计一行，没有多大出息，工作马马虎虎，他开出的一张转账支票金额数字只写了小写金额，给对方公司可乘之机，对方公司宋某多提走8万元资金。

问：王某缺乏的是会计职业道德规范中的（　　）的修养。

A.爱岗敬业　　B.诚实守信　　C.客观公正　　D.廉洁自律

（3）对方公司宋某之所以能多提走8万元资金是因为（　　），宋某行为的性质属于（　　）。

A.王某未在结算凭证上同时填写大写金额和小写金额，且两者必须一致

B.王某未在小写金额前填写人民币符号

C.宋某行为属于伪造结算凭证

D.宋某行为属于变造结算凭证

3.财政部门于2015年4月派出检查组对甲公司的会计工作进行检查，检查中了解到以下情况：

（1）2014年2月，甲公司购买5台计算机，会计人员刘某在审核其发票时，发现发票金额栏中的数字有更改现象，经查阅相关买卖合同单据，确认更改后的金额数字是正确的，于是要求该发票的出具单位在发票金额栏更改之处加盖出具单位印章。之后，甲公司财会机构据此登记入账。

（2）2014年3月，甲公司收到一张应由甲公司与乙公司共同负担费用支出的原始凭证，甲公司会计人员张某以该原始凭证及应承担的费用进行账务处理，并保存该原始凭证。同时应乙公司要求将该原始凭证复印件提供给乙公司用于账务处理。

（3）2014年7月，甲公司从现金收入中直接支取50万元用于职工福利。财会机构负责人王某称当时曾口头向公司负责人反映这样做不妥，但甲公司负责人仍要求其办理。

（4）2014年9月，甲公司产品转型急需外购一批原材料，供货方提出先预付材料款120万元。为了争取到这批原材料，财会机构负责人王某指令会计人员给供货方开出一张120万元空头转账支票。

要求：请根据上述事项回答下列问题：

（1）对于甲公司购买计算机后的做法，下列判断分析中正确的有（　　）。

A.甲公司要求发票出具单位在发票金额栏更改之处加盖单位印章的做法符合《会计法》的规定

B.甲公司的做法违反了《会计法》的规定，甲公司应要求发票出具单位重开发票

C.甲公司会计人员刘某的行为不符合会计职业道德规范中强化服务的要求

D.甲公司会计人员刘某的行为不符合会计职业道德规范中坚持准则的要求

（2）对于甲公司会计人员张某的做法，下列判断分析中正确的有（　　）。

A.甲公司将原始凭证复印件提供给乙公司用于账务处理的做法是错误的

B.甲公司将原始凭证复印件提供给乙公司用于账务处理的做法是正确的

C.甲公司应当保存该原始凭证，并开具原始凭证分割单给乙公司用于账务处理

D.甲公司应当保存该原始凭证，并开具原始凭证单或提供原始凭证复印件给乙公司用于账务处理

（3）甲公司从现金收入中直接支取50万元用于职工福利，财会机构负责人王某曾口头向公司负责人反映这样做不妥，但公司负责人仍要求其办理。这种做法不符合规定。理由是（　　）。

A.甲公司负责人违反了《会计法》应当保证会计机构会计人员依法履行职责，不得授意指使强令会计机构会计人员违法办理会计事项的规定

B.甲公司违反了《会计法》关于任何单位或者个人不得以任何方式授意指使强令会计机构会计人员伪造变造会计凭证会计账簿和其他会计资料，提供虚假财务

会计报告的规定

C.甲公司财会机构负责人王某违反了《会计法》关于会计机构会计人员对认为是违法的会计事项，有权拒绝办理规定

D.甲公司财会机构负责人王某违反了《会计法》关于各单位发生的各项经济业务事项应当在依法设置的会计账簿上统一登记核算，不得违反规定私设会计账簿登记核算的规定

(4) 甲公司财会机构负责人王某指令会计人员给供货方开出一张120万元空头转账支票，这种行为（　　）。

A.违反了办理支付结算的基本要求

B.违反了《会计基础工作规范》的有关规定

C.违反了关于支票办理的要求

D.违反了《企业会计制度》的有关规定

4.2013年某国有低压电器厂的财会机构负责人于某由于工作调动，该厂厂长刘某任命他的好友刚刚取得会计从业资格证书的行政科李某为新的财会机构负责人，按照规定办理交接后于某调离该厂。李某为报答厂长刘某的知遇之恩，将刘某刚刚财会专业中专毕业没有会计从业资格证书的女儿招聘到厂里担任出纳工作，并负责往来款项账簿的登记工作。同年，该厂出租闲置厂房一处，取得租赁收入150万元，厂长刘某暗示李某此笔收入可不入账，留作厂领导交际应酬和年终发放奖金。随即，李某指派会计人员张某办理此事，张某提出反对意见，坚持将此笔收入入账，并按规定缴纳各项税金。厂长刘某为了达到目的，坚持将会计人员张某调离财会机构下放到车间。2014年年末，该厂年终预计亏损80万元。为了完成上级主管部门下达的利润指标，厂长刘某授意李某将应计入2014年度的部分费用挂在长期待摊费用科目，待今后企业经营形势好转再计入成本费用。经过调整，该厂对外报出的2014年度会计报告反映的利润额为180万元，超额30万元完成利润指标。2015年年初，审计部门接到举报信后进驻该厂进行审计，厂长刘某为了防止小金库等问题败露，指使李某销毁有关小金库的会计资料，经过审计部门的严格审计，发现了该厂的上述问题并加以证实，据此给予相关人员处分。

要求：请根据上述事项回答下列问题：

(1) 该企业会计机构负责人李某的所作所为违反了（　　）会计职业道德的规定。

A.爱岗敬业　　B.诚实守信　　C.参与管理　　D.客观公正

(2) 对受到打击报复的会计人员张某，该企业应该按照《会计法》的规定（　　）。

A.另行安排　　B.恢复其名誉　　C.恢复其原职务　D.恢复其原级别

(3) 按照《会计法》的规定，授意、指使、强领会计人员编制虚假的财务会计报告，故意销毁依法应当保存的会计资料的行为，构成犯罪的，依法应追究刑事责任；尚不构成犯罪的，可处不同程度的罚款和行政处分。因此，财政部门对该厂厂长刘某（　　）。

A.可处以3 000元以上5万元以下的罚款

B.可处以4 000元以上5万元以下的罚款

C.可处以5 000元以上5万元以下的罚款

D.可依法给予撤职直至开除的行政处分

（4）对该企业财会机构负责人李某（　　）的行为，财政部门可以根据《会计法》的规定给予行政处罚。

A.租赁收入不入账，私设小金库

B.聘用未持有会计从业资格证书人员从事会计工作

C.编制虚假的财务会计报告

D.销毁会计资料

（5）该企业聘用未持有会计从业资格证书的该厂厂长刘某的女儿作为出纳人员，同时负责往来款项的账簿登记工作，这种行为违反了（　　）。

A.《会计法》关于从事会计工作的人员，必须取得会计从业资格证书的规定

B.《会计法》关于出纳人员不得兼任债权、债务账目登记工作的规定

C.《会计专业职务试行条例》关于会计专业职务基本条件的规定

D.《会计基础工作规范》关于会计人员回避制度的规定

（6）该厂厂长刘某任用行政科李某为财务机构负责人，这种行为违反了（　　）。

A.《会计法》关于从事会计工作的人员，必须取得会计从业资格证书的规定

B.《会计基础工作规范》关于会计人员回避制度的规定

C.《会计法》关于担任单位会计机构负责人（会计主管人员）的，应当具备会计师以上专业技术职务资格或者从事会计工作3年以上经历的规定

D.《会计专业职务试行条例》关于会计专业职务聘（任）用的规定

# 主要参考文献


[1]《中华人民共和国会计法》(中华人民共和国主席令第24号)。

[2]《会计基础工作规范》(财会[1996]19号)。

[3]《支付结算办法》(银发[1997]393号)。

[4]《企业会计准则》(中华人民共和国财政部令第33号)。

[5]《企业财务通则》(中华人民共和国财政部令第41号)。

[6]《企业内部控制规范》(财会[2008]7号)。

[7]《中华人民共和国票据法》(中华人民共和国主席令[2004]第22号)。

[8]《会计从业资格管理办法》(中华人民共和国财政部令第73号)。

[9]《现金管理条例》(中国人民银行2004年3月12日)。

[10]《人民币银行结算账户管理办法》(中国人民银行令[2003]第5号)。

[11]《中华人民共和国增值税暂行条例》(中华人民共和国国务院令第538号)。

[12]《中华人民共和国增值税暂行条例实施细则》(财政部国家税务总局第50号令)。

[13]《中华人民共和国消费税暂行条例》(中华人民共和国国务院令第539号)。

[14]《中华人民共和国消费税暂行条例实施细则》(财政部国家税务总局第51号令)。

[15]《中华人民共和国营业税暂行条例》(中华人民共和国国务院令第540号)。

[16]《中华人民共和国营业税暂行条例实施细则》(财政部国家税务总局第52号令)。

[17]《中华人民共和国企业所得税法》(中华人民共和国主席令第63号)。

[18]《中华人民共和国企业所得税法实施条例》(中华人民共和国国务院令第512号)。

[19]《中华人民共和国个人所得税法》(2011年6月30日第六次修正)(中华人民共和国主席令第48号)。

[20]《中华人民共和国个人所得税法实施条例》(2011年7月19日修正)(中华人民共和国国务院令第600号)。

[21]《中华人民共和国税收征收管理法》(2001年4月28日第九届全国人民代表大会常务委员会第二十一次会议修订)。

[22]《中华人民共和国预算法》(1994年3月22日第八届全国人民代表大会第二次会议通过,中华人民共和国主席令第21号;根据2014年8月31日第十二届全国人民代表大会常务委员会第十次会议《全国人民代表大会常务委员会关于修改〈中华人民共和国预算法〉的决定》修正)。

[23]《中华人民共和国预算法实施条例》(1995年11月22日国务院令第186号)。

[24]《中华人民共和国政府采购法》(2002年6月29日中华人民共和国第九届全国人民代表大会常务委员会第二十八次会议通过)(中华人民共和国主席令第68号)。

[25]会计从业资格考试辅导教材组.财经法规与会计职业道德[M].大连：东北财经大学出版社，2014.

[26]白肖红.财经法规与会计职业道德[M].北京：北京师范大学出版社，2011.

[27]程淮中.财经法规与会计职业道德[M].北京：高等教育出版社，2014.

[28]会计从业资格考试命题研究组.财经法规与会计职业道德[M].上海：立信会计出版社，2011.

[29]中国会计学会编写组.财经法规与会计职业道德[M].北京：经济科学出版社，2009.

[30]中华会计网校会计从业资格考试辅导教材编写组.财经法规与会计职业道德[M].北京：人民出版社，2009.

[31]中华会计网校会计从业资格考试辅导教材编写组.财经法规与会计职业道德应试指南[M].北京：人民出版社，2009.